MÄRCHENSCHÄTZE

Herausgegeben von Sigrid Früh

Mit Beiträgen von
Ulrike Krawczyk, Hannelore Marzi,
Silvia Studer-Frangi, Heinrich Dickerhoff,
Wolfgang Schultze und Hans-Christian Kirsch

KÖNIGSFURT-URANIA

Ungekürzte Sonderausgabe des Titels »Sigrid Frühs Märchenschätze«
von Sigrid Früh (2005).

Bibliographische Information der Deutschen Bibliothek

*Die Deutsche Bibliothek verzeichnet diese Publikation in
der Deutschen Nationalbibliographie; detaillierte bibliographische
Daten sind im Internet über http://dnb.ddb.de abrufbar.*

Sonderausgabe
2012 Krummwisch bei Kiel

© 2012 by Königsfurt-Urania Verlag GmbH
D-24796 Krummwisch
www.koenigsfurt-urania.com

Umschlaggestaltung: Jessica Quistorff, Rendsburg, unter Verwendung des
folgenden Motivs „Schlüsselbund gold auf Holz" © styleuneed – Fotolia.com
Satz: Satzbüro Noch & Noch, Menden
Druck und Bindung: CPI Moravia
Printed in EU

ISBN 978-3-86826-032-8

INHALT

Vorwort 7

MÄRCHEN MEINER KINDHEITSTAGE

Jungfrau Maleen 10
Die Kristallkugel 16
Das Märchen vom Ritter Blaubart 19
Der goldne Rehbock 22
Joringel und Jorinde 25
Rattenkönig Birlibi 28
Der Grabhügel 36
Die schöne junge Braut 40
Das Lumpengesindel 42
Die Tiere auf dem Margrethimarkt 44
Prinzessin Mäusehaut 47
Das Nußzweiglein 49

MÄRCHEN, DIE MEIN LEBEN PRÄGTEN

Der Ritt auf den Glasberg 54
Die Mausbraut 58
Die Mohrenkönigin vom grünen Land 62
Die Tochter des Erbsenkönigs 66
Die Schwanenprinzessin 72
Die Waldfrau 74
Das Eselein 78
Das Rosenmädchen 81
Der Schäferssohn und die zauberische Königstochter 86
Der Teufel und der Goldhahn 90
Die Geschichte vom armen Stanschu 99
Tam Lin 106
Wie die Geige auf die Welt kam 109
Wie Dummhans für ein Gerstenkorn ein Königreich bekam 112

5

Peter und Lene 119
Der hoffärtige Rehbock 121
Der Kater und das Lamm 126
Weiberlist 131
Der Trunkenbold im Himmel 136
Die Schwanenkinder des Lir 138
Der Krug der alten Frau 142
Hansel und die drei Schwanenfrauen 145

Märchen von Freunden

Der Herr Per 156
Die spukenden Füchse im Moor 161
Der König von Papierland und von Kummerland 165
Wie die Milchstraße an den Himmel kam 168
Kari Holzrock 171

Anhang

Hans-Christian Kirsch
Laudatio auf Sigrid Früh 182

Quellenverzeichnis 187

Vorwort

Als Kind wurden mir Märchen von meiner Familie und von meinem Umfeld erzählt. Noch heute denke ich mit Dankbarkeit an meinen Großvater, der mir während der Fliegerangriffe im Luftschutzkeller immer wieder das Märchen von der »Jungfrau Maleen« erzählte und mir damit meine Angst nahm. Am Krankenbett mußte mir meine Mutter immer wieder »Der goldne Rehbock« und »Das Nußzweiglein« vorlesen.

Als ich eines Tages in einem Märchenbuch blätterte, fiel mir das Bild vom »Ritter Blaubart« auf. Diese Darstellung faszinierte mich so sehr, daß ich meinen Bruder immer wieder bedrängte, mir dieses Märchen vorzulesen – auch wenn es nicht gerade ein für Kinder geeignetes Märchen ist. Als ich dann selber lesen konnte, waren es die Märchen vom »Rattenkönig Birlibi«, »Der Grabhügel«, »Das Lumpengesindel« und vor allen Dingen »Das Eselein«, die mich beeindruckten. Seit meiner frühen Kindheit begleiten mich also Märchen auf meinem Lebensweg.

Märchen schöpfen aus den Quellen einer universellen Mythologie. Sie berichten in einer bildhaften Symbolsprache von übernatürlichen Dingen, von magischen Phänomenen und von Wünschen, die in Erfüllung gehen. Sie schildern aber auch alle Freuden und Leiden, alle Höhen und Tiefen des menschlichen Daseins. Sie vermitteln uns die Stimmung des Wunderbaren und Zauberhaften.

Märchen schenken uns die Hoffnung auf das gute Ende, Vertrauen auf die eigenen seelischen Kräfte, mit deren Hilfe man notfalls durch alle Fährnisse des Lebens hindurchgelangen kann. Märchen geben uns Lebensmut und Nahrung für unsere seelische Phantasiekraft: Sie lassen vor unserem inneren Auge »Bilder« entstehen, wie sie kein Fernsehgerät wiedergeben kann, denn die Zuhörenden und Lesenden können sich ihre jeweils individuellen Vorstellungen bilden.

Überall dort, wo sich Menschen zusammenfinden, um zu sprechen, zu erzählen, wird sich ein »Märchen« ereignen können. Wir können mit ihm unsere verborgenen Sinne öffnen und unser Denken erweitern. Vielleicht kommen wir einmal so weit, daß wir mit den Märchen im Alltag in lieber Freundschaft umgehen, weil sie unserer Natur entstammen, weil sie die Welt umgreifen.

Alle Märchen, die ich erzähle oder in meinen Büchern versammelt habe, sind mir lieb. Dennoch gibt es aus dem reichen Schatz der Märchen einige, die für mich in bestimmten Lebensabschnitten von besonderer Bedeutung waren. Diese habe ich im vorliegenden Band zusammengestellt. Mögen meine Märchenschätze auch für Sie zu wertvollen Weggefährten werden!

Ich danke allen Menschen, die mich in bezug auf die Märchen auf meinem Lebensweg begleitet und unterstützt haben. Mein besonderer Dank geht an dieser Stelle an Heinrich Dickerhoff, Wolfgang Schultze, Hannelore Marzi, Silvia Studer-Frangi und meine Tochter Ulrike, die in freundschaftlicher Verbundenheit Märchen zu diesem Band beigesteuert haben.

Sigrid Früh

MÄRCHEN
MEINER
KINDHEITSTAGE

JUNGFRAU MALEEN

Es war einmal ein König, der hatte einen Sohn, der warb um die Tochter eines mächtigen Königs, die hieß Jungfrau Maleen und war wunderschön. Weil ihr Vater sie einem andern geben wollte, so ward sie ihm versagt. Da sich aber beide von Herzen liebten, so wollten sie nicht voneinander lassen, und die Jungfrau Maleen sprach zu ihrem Vater: »Ich kann und will keinen andern zu meinem Gemahl nehmen.« Da geriet der Vater in Zorn und ließ einen finstern Turm bauen, in den kein Strahl von Sonne oder Mond fiel. Als er fertig war, sprach er: »Darin sollst du sieben Jahre lang sitzen, dann will ich kommen und sehen, ob dein trotziger Sinn gebrochen ist.« Für die sieben Jahre ward Speis und Trank in den Turm getragen, dann ward sie und ihre Kammerjungfer hineingeführt und eingemauert und also von Himmel und Erde geschieden. Da saßen sie in der Finsternis, wußten nicht, wann Tag oder Nacht anbrach.

Der Königssohn ging oft um den Turm herum und rief ihren Namen, aber kein Laut drang von außen durch die dicken Mauern. Was konnten sie anders tun als jammern und klagen? Indessen ging die Zeit dahin, und an der Abnahme von Speise und Trank merkten sie, daß die sieben Jahre ihrem Ende sich näherten. Sie dachten, der Augenblick ihrer Erlösung wäre gekommen, aber kein Hammerschlag ließ sich hören, und kein Stein wollte aus der Mauer fallen: Es schien, als ob ihr Vater sie vergessen hätte. Als sie nur noch für kurze Zeit Nahrung hatten und einen jämmerlichen Tod voraussahen, da sprach die Jungfrau Maleen: »Wir müssen das letzte versuchen und sehen, ob wir die Mauer durchbrechen.« Sie nahm das Brotmesser, grub und bohrte an dem Mörtel eines Steins, und wenn sie müd war, so löste sie die Kammerjungfer ab.

Nach langer Arbeit gelang es ihnen, einen Stein herauszunehmen, dann einen zweiten und dritten, und nach drei Tagen fiel der erste Lichtstrahl in ihre Dunkelheit, und endlich war die Öffnung so groß, daß sie hinausschauen konnten. Der Himmel war blau, und eine frische Luft wehte ihnen entgegen, aber wie traurig sah ringsumher alles aus: Das Schloß ihres Vaters lag in Trümmern, die Stadt und die Dörfer waren, so weit man sehen konnte, verbrannt, die Felder weit und breit verheert; keine Menschenseele ließ sich erblicken. Als die Öffnung in der Mauer so groß war, daß sie hindurchschlüpfen konnten, so sprang zuerst die Kammerjungfer herab, und dann folgte die Jungfrau Maleen.

Aber wo sollten sie sich hinwenden? Die Feinde hatten das ganze Reich verwüstet, den König verjagt und alle Einwohner erschlagen. Sie wanderten fort, um ein anderes Land zu suchen, aber sie fanden nirgend ein Obdach oder einen Menschen, der ihnen einen Bissen Brot gab, und ihre Not war so groß, daß sie ihren Hunger an einem Brennesselstrauch stillen mußten.

Als sie nach langer Wanderung in ein anderes Land kamen, boten sie überall ihre Dienste an, aber wo sie anklopften, wurden sie abgewiesen, und niemand wollte sich ihrer erbarmen. Endlich gelangten sie in eine große Stadt und gingen nach dem königlichen Hof. Aber auch da hieß man sie weitergehen, bis endlich der Koch sagte, sie könnten in der Küche bleiben und als Aschenputtel dienen.

Der Sohn des Königs, in dessen Reich sie sich befanden, war aber gerade der Verlobte der Jungfrau Maleen gewesen. Der Vater hatte ihm eine andere Braut bestimmt, die ebenso häßlich von Angesicht als bös von Herzen war. Die Hochzeit war festgesetzt und die Braut schon angelangt, bei ihrer großen Häßlichkeit aber ließ sie sich vor niemand sehen und schloß sich in ihre Kammer ein, und die Jungfrau Maleen mußte ihr das Essen aus der Küche bringen. Als der Tag herankam, wo die Braut mit dem Bräutigam in die Kirche gehen sollte, so schämte sie sich ihrer Häßlichkeit und fürchtete, wenn sie sich auf der Straße zeigte, würde sie von den Leuten verspottet und ausgelacht. Da sprach sie zur Jungfrau Maleen:»Dir steht ein großes Glück bevor, ich habe mir den Fuß vertreten und kann nicht gut über die Straße gehen; du sollst meine Brautkleider anziehen und meine Stelle einnehmen: Eine größere Ehre kann dir nicht zuteil werden.«

Die Jungfrau Maleen aber schlug es aus und sagte:»Ich verlange keine Ehre, die mir nicht gebührt.«Es war auch vergeblich, daß sie ihr Gold anbot. Endlich sprach sie zornig:»Wenn du mir nicht gehorchst, so kostet es dich dein Leben: Ich brauche nur ein Wort zu sagen, so wird dir der Kopf vor die Füße gelegt.«Da mußte sie gehorchen und die prächtigen Kleider der Braut samt ihrem Schmuck anlegen. Als sie in den königlichen Saal eintrat, erstaunten alle über ihre große Schönheit, und der König sagte zu seinem Sohn:»Das ist die Braut, die ich dir ausgewählt habe und die du zur Kirche führen sollst.«Der Bräutigam erstaunte und dachte:»Sie gleicht meiner Jungfrau Maleen, und ich würde glauben, sie wäre es selbst, aber die sitzt schon lange im Turm

gefangen oder ist tot.« Er nahm sie an der Hand und führte sie zur Kirche.
An dem Wege stand ein Brennesselbusch, da sprach sie:

»Brennettelbusch,
Brennettelbusch, so klene,
wat steist du hier allene?
Ik hef de Tyt geweten,
da hef ik dy ungesaden,
ungebraden eten.«

»Was sprichst du da?« fragte der Königssohn. »Nichts«, antwortete sie, »ich
dachte nur an die Jungfrau Maleen.« Er verwunderte sich, daß sie von ihr wußte, schwieg aber still. Als sie an den Steg vor dem Kirchhof kamen, sprach sie:

»Karkstegels, brik nich,
bün de rechte Brut nich.«

»Was sprichst du da?« fragte der Königssohn. »Nichts«, antwortete sie, »ich
dachte nur an die Jungfrau Maleen.«
        »Kennst du die Jungfrau Maleen?«
        »Nein«, antwortete sie, »wie sollt' ich sie kennen, ich habe nur von ihr
gehört.« Als sie an die Kirchtüre kamen, sprach sie abermals:

»Karkendär, brik nich,
bün de rechte Brut nich.«

»Was sprichst du da?« fragte er. »Ach«, antwortete sie, »ich habe nur an die
Jungfrau Maleen gedacht.« Da zog er ein kostbares Geschmeide hervor, legte es ihr an den Hals und hakte die Kettenringe ineinander. Darauf traten
sie in die Kirche, und der Priester legte vor dem Altar ihre Hände ineinander und vermählte sie. Er führte sie zurück, aber sie sprach auf dem ganzen
Weg kein Wort. Als sie wieder in dem königlichen Schloß angelangt waren,
eilte sie in die Kammer der Braut, legte die prächtigen Kleider und den
Schmuck ab, zog ihren grauen Kittel an und behielt nur das Geschmeide um
den Hals, das sie von dem Bräutigam empfangen hatte.
        Als die Nacht herankam und die Braut in das Zimmer des Königssohns
geführt werden sollte, so ließ sie den Schleier über ihr Gesicht fallen, damit
er den Betrug nicht merken sollte. Sobald alle Leute fortgegangen waren,
sprach er zu ihr: »Was hast du doch zu dem Brennesselbusch gesagt, der an
dem Weg stand?«

»Zu welchem Brennesselbusch?« fragte sie, »ich spreche mit keinem Brennesselbusch.«

»Wenn du es nicht getan hast, so bist du die rechte Braut nicht«, sagte er. Da half sie sich und sprach:

>»Mut herut na myne Maegt,
de my myn Gedanken draegt.«

Sie ging hinaus und fuhr die Jungfrau Maleen an: »Dirne, was hast du zu dem Brennesselbusch gesagt?«

»Ich sagte nichts als:

>Brennettelbusch,
Brennettelbusch, so klene,
wat steist du hier allene?
Ik hef de Tyt geweten,
da hef ik dy ungesaden,
ungebraden eten.‹«

Die Braut lief in die Kammer zurück und sagte: »Jetzt weiß ich, was ich zu dem Brennesselbusch gesprochen habe«, und wiederholte die Worte, die sie eben gehört hatte.

»Aber was sagtest du zu dem Kirchensteg, als wir darübergingen?« fragte der Königssohn.

»Zu dem Kirchensteg?« antwortete sie, »ich spreche mit keinem Kirchensteg.«

»Dann bist du auch die rechte Braut nicht.« Sie sagte wiederum:

>»Mut herut na myne Maegt,
de my myn Gedanken draegt.«

Lief hinaus und fuhr die Jungfrau Maleen an: »Dirne, was hast du zu dem Kirchsteg gesagt?«

»Ich sagte nichts als:

>Karkstegels, brik nich,
bün de rechte Brut nich.‹«

»Das kostet dich dein Leben«, rief die Braut, eilte aber in die Kammer und sagte: »Jetzt weiß ich, was ich zu dem Kirchsteg gesprochen habe«, und wiederholte die Worte. »Aber was sagtest du zur Kirchentür?«

»Zur Kirchentür?« antwortete sie, »ich spreche mit keiner Kirchentür. «
»Dann bist du auch die rechte Braut nicht.« Sie ging hinaus, fuhr die
Jungfrau Maleen an: »Dirne, was hast du zu der Kirchentür gesagt?«
»Ich sagte nichts als:

>*Karkendär, brik nich,*
bün de rechte Brut nich.‹«

»Das bricht dir den Hals«, rief die Braut und geriet in den größten Zorn, eilte aber zurück in die Kammer und sagte: »Jetzt weiß ich, was ich zu der Kirchentür gesprochen habe«, und wiederholte die Worte. »Aber, wo hast du das
Geschmeide, das ich dir an der Kirchentür gab?«

»Was für ein Geschmeide«, antwortete sie, »du hast mir kein Geschmeide gegeben.«

»Ich habe es dir selbst um den Hals gelegt und selbst eingehakt: Wenn
du das nicht weißt, so bist du die rechte Braut nicht.« Er zog ihr den Schleier
vom Gesicht, und als er ihre grundlose Häßlichkeit erblickte, sprang er erschrocken zurück und sprach: »Wie kommst du hierher? Wer bist du?«

»Ich bin deine verlobte Braut, aber weil ich fürchtete, die Leute würden
mich verspotten, wenn sie mich draußen erblickten, so habe ich dem
Aschenputtel befohlen, meine Kleider anzuziehen und statt meiner zur Kirche zu gehen.«

»Wo ist das Mädchen«, sagte er, »ich will es sehen, geh und hol es hierher.« Sie ging hinaus und sagte den Dienern, das Aschenputtel sei eine Be-
trügerin, sie sollten es in den Hof hinabführen und ihm den Kopf
abschlagen. Die Diener packten es und wollten es fortschleppen, aber es
schrie so laut um Hilfe, daß der Königssohn seine Stimme vernahm, aus seinem Zimmer herbeieilte und den Befehl gab, das Mädchen augenblicklich
loszulassen.

Es wurden Lichter herbeigeholt, und da bemerkte er an ihrem Hals den
Goldschmuck, den er ihm vor der Kirchentür gegeben hatte. »Du bist die
rechte Braut«, sagte er, »die mit mir zur Kirche gegangen ist: Komm mit mir
in meine Kammer.« Als sie beide allein waren, sprach er: »Du hast auf dem
Kirchgang die Jungfrau Maleen genannt, die meine verlobte Braut war;
wenn ich dächte, es wäre möglich, so müßte ich glauben, sie stände vor mir:
Du gleichst ihr in allem.« Sie antwortete: »Ich bin die Jungfrau Maleen, die
um dich sieben Jahre in der Finsternis gefangen gesessen, Hunger und Durst
gelitten und so lange in Not und Armut gelebt hat; aber heute bescheint

mich die Sonne wieder. Ich bin dir in der Kirche angetraut und bin deine rechtmäßige Gemahlin.« Da küßten sie einander und waren glücklich für ihr Lebtag. Der falschen Braut ward zur Vergeltung der Kopf abgeschlagen.

Der Turm, in welchem die Jungfrau Maleen gesessen hatte, stand noch lange Zeit, und wenn die Kinder vorübergingen, so sangen sie:

> *»Kling, klang, kloria,*
> *wer sitt in dissen Toria?*
> *Dar sitt en Königsdochter in,*
> *die kann ik nich to seen krygn.*
> *De Muer, de will nich bräken,*
> *de Steen, de will nich stechen.*
> *Hänschen mit de bunte Jak,*
> *kumm unn folg my achterna.«*

Märchen der Brüder Grimm

DIE KRISTALLKUGEL

Es war einmal eine Zauberin, die hatte drei Söhne, die sich brüderlich liebten. Aber die Alte traute ihnen nicht und dachte, sie wollten ihr ihre Macht rauben. Da verwandelte sie den Ältesten in einen Adler, der mußte auf einem Felsengebirge hausen, und man sah ihn manchmal am Himmel in großen Kreisen auf- und niederschweben. Den zweiten verwandelte sie in einen Walfisch, der lebte im tiefen Meer, und man sah nur, wie er zuweilen einen mächtigen Wasserstrahl in die Höhe warf. Beide hatten nur zwei Stunden am Tag ihre menschliche Gestalt. Der dritte Sohn, da er fürchtete, sie möchte ihn auch in ein reißendes Tier verwandeln, in einen Bären oder einen Wolf, ging heimlich fort. Er hatte aber gehört, daß auf dem Schloß der goldenen Sonne eine verwünschte Königstochter säße, die auf Erlösung harrte: Es müßte aber jeder sein Leben daran wagen, schon dreiundzwanzig Jünglinge wären eines jämmerlichen Todes gestorben und nur noch einer übrig, dann dürfte keiner mehr kommen. Und da sein Herz ohne Furcht war, so faßte er den Entschluß, das Schloß von der goldenen Sonne aufzusuchen. Er war schon lange Zeit herumgezogen und hatte es nicht finden können, da geriet er in einen großen Wald und wußte nicht, wo der Ausgang war. Auf einmal erblickte er in der Ferne zwei Riesen, die winkten ihm mit der Hand, und als er zu ihnen kam, sprachen sie: »Wir streiten um einen Hut, wem er zugehören soll, und da wir beide gleich stark sind, so kann keiner den andern überwältigen: Die kleinen Menschen sind klüger als wir, daher wollen wir dir die Entscheidung überlassen.«

»Wie könnt ihr euch um einen alten Hut streiten?« sagte der Jüngling.

»Du weißt nicht, was er für Eigenschaften hat, es ist ein Wünschhut, wer den aufsetzt, der kann sich hinwünschen, wohin er will, und im Augenblick ist er dort.«

»Gebt mir den Hut«, sagte der Jüngling, »ich will ein Stück Wegs gehen, und wenn ich euch dann rufe, so lauft um die Wette, und wer am ersten bei mir ist, dem soll er gehören.«

Er setzte den Hut auf und ging fort, dachte aber an die Königstochter, vergaß die Riesen und ging immer weiter. Einmal seufzte er aus Herzensgrund und rief: »Ach, wäre ich doch auf dem Schloß der goldenen Sonne!«

Und kaum waren die Worte über seine Lippen, so stand er auf einem hohen Berg vor dem Tor des Schlosses.

Er trat hinein und ging durch alle Zimmer, bis er in dem letzten die Königstochter fand. Aber wie erschrak er, als er sie anblickte: Sie hatte ein aschgraues Gesicht voll Runzeln, trübe Augen und rote Haare. »Seid Ihr die Königstochter, deren Schönheit alle Welt rühmt?« rief er aus. »Ach«, erwiderte sie, »das ist meine Gestalt nicht, die Augen der Menschen können mich nur in dieser Häßlichkeit erblicken, aber damit du weißt, wie ich aussehe, so schau in den Spiegel, der läßt sich nicht irre machen, der zeigt dir mein Bild, wie es in Wahrheit ist.«

Sie gab ihm den Spiegel in die Hand, und er sah darin das Abbild der schönsten Jungfrau, die auf der Welt war, und sah, wie ihr vor Traurigkeit die Tränen über die Wangen rollten. Da sprach er: »Wie kannst du erlöst werden? Ich scheue keine Gefahr.« Sie sprach: »Wer die kristallne Kugel erlangt und hält sie dem Zauberer vor, der bricht damit seine Macht, und ich kehre in meine wahre Gestalt zurück. Ach«, setzte sie hinzu, »schon so mancher ist darum in seinen Tod gegangen, und du junges Blut, du jammerst mich, wenn du dich in die großen Gefährlichkeiten begibst.«

»Mich kann nichts abhalten«, sprach er, »aber sage mir, was ich tun muß.« »Du sollst alles wissen«, sprach die Königstochter, »wenn du den Berg, auf dem das Schloß steht, hinabgehst, so wird unten an einer Quelle ein wilder Auerochs stehen, mit dem mußt du kämpfen. Und wenn es dir glückt, ihn zu töten, so wird sich aus ihm ein feuriger Vogel erheben, der trägt in seinem Leib ein glühendes Ei, und in dem Ei steckt als Dotter die Kristallkugel. Er läßt aber das Ei nicht fallen, bis er dazu gedrängt wird; fällt es aber auf die Erde, so zündet es und verbrennt alles in seiner Nähe, und das Ei selbst zerschmilzt und mit ihm die kristallne Kugel, und all deine Mühe ist vergeblich gewesen.«

Der Jüngling stieg hinab zu der Quelle, wo der Auerochse schnaubte und ihn anbrüllte. Nach langem Kampf stieß er ihm sein Schwert in den Leib, und er sank nieder. Augenblicklich erhob sich aus ihm der Feuervogel und wollte fortfliegen, aber der Adler, der Bruder des Jünglings, der zwischen den Wolken daherzog, stürzte auf ihn herab, jagte ihn nach dem Meer hin und stieß ihn mit seinem Schnabel an, so daß er in der Bedrängnis das Ei fallen ließ. Es fiel aber nicht in das Meer, sondern auf eine Fischerhütte, die am Ufer stand, und die fing gleich an zu rauchen und wollte in Flammen aufgehen. Da erhoben sich im Meer haushohe Wellen, strömten über die Hütte und bezwangen das Feuer. Der andere Bruder, der Walfisch, war herangeschwommen und hatte das Wasser in die Höhe getrieben. Als der Brand gelöscht war, suchte der Jüngling nach dem Ei und fand es glücklicherweise: Es war noch nicht geschmolzen, aber die Schale war von der plötzlichen Abkühlung durch das kalte Wasser zerbröckelt, und er konnte die Kristallkugel unversehrt herausnehmen.

Als der Jüngling zu dem Zauberer ging und sie ihm vorhielt, so sagte dieser ›meine Macht ist zerstört, und du bist von nun an der König vom Schloß der goldenen Sonne. Auch deinen Brüdern kannst du die menschliche Gestalt damit zurückgeben.‹ Da eilte der Jüngling zu der Königstochter, und als er in ihr Zimmer trat, so stand sie da in vollem Glanz ihrer Schönheit, und beide wechselten voll Freude ihre Ringe miteinander.

Märchen der Brüder Grimm

Das Märchen
vom Ritter Blaubart

Es war einmal ein gewaltiger Rittersmann, der hatte viel Geld und Gut und lebte auf seinem Schlosse herrlich und in Freuden. Er hatte einen blauen Bart, davon man ihn nur Ritter Blaubart nannte, obschon er eigentlich anders hieß, aber sein wahrer Name ist verlorengegangen. Dieser Ritter hatte sich schon mehr als einmal verheiratet, allein man hatte gehört, daß alle seine Frauen schnell nacheinander gestorben seien, ohne daß man eigentlich ihre Krankheit erfahren hatte. Nun ging Ritter Blaubart abermals auf Freiersfüßen, und da war eine Edeldame in seiner Nachbarschaft, die hatte zwei schöne Töchter und einige ritterliche Söhne, und diese Geschwister liebten einander sehr zärtlich. Als nun Ritter Blaubart die eine dieser Töchter heiraten wollte, hatte keine von beiden rechte Lust, denn sie fürchteten sich vor des Ritters blauem Bart und mochten sich auch nicht gern voneinander trennen. Aber der Ritter lud die Mutter, die Töchter und die Brüder samt und sonders auf sein großes schönes Schloß zu Gaste und verschaffte ihnen dort so viel angenehmen Zeitvertreib und so viel Vergnügen durch Jagden, Tafeln, Tänze, Spiele und sonstige Freudenfeste, daß sich endlich die jüngste der Schwestern ein Herz faßte und sich entschloß, Ritter Blaubarts Frau zu werden. Bald darauf wurde auch die Hochzeit mit vieler Pracht gefeiert.

Nach einer Zeit sagte der Ritter Blaubart zu seiner jungen Frau: »Ich muß verreisen und übergebe dir die Obhut über das ganze Schloß, Haus und Hof, mit allem, was dazugehört. Hier sind auch die Schlüssel zu allen Zimmern und Gemächern, in alle diese kannst du zu jeder Zeit eintreten. Aber dieser kleine goldne Schlüssel schließt das hinterste Kabinett am Ende der großen Zimmerreihe. In dieses, meine Teure, muß ich dir verbieten zu gehen, so lieb dir meine Liebe und dein Leben ist. Würdest du dieses Kabinett öffnen, so erwartet dich die schrecklichste Strafe der Neugier. Ich müßte dir dann mit eigner Hand das Haupt vom Rumpfe trennen!«

Die Frau wollte auf diese Rede den kleinen goldnen Schlüssel nicht annehmen, indes mußte sie dies tun, um ihn sicher aufzubewahren, und so schied sie von ihrem Mann mit dem Versprechen, daß es ihr nie einfallen werde, jenes Kabinett aufzuschließen und es zu betreten.

Als der Ritter fort war, erhielt die junge Frau Besuch von ihrer Schwester und ihren Brüdern, die gerne auf die Jagd gingen; und nun wurden mit Lust alle Tage die Herrlichkeiten in den vielen, vielen Zimmern des Schlosses durchmustert, und so kamen die Schwestern auch endlich an das Kabinett. Die Frau wollte, obschon sie selbst große Neugierde trug, durchaus nicht öffnen, aber die Schwester lachte ob ihrer Bedenklichkeit und meinte, daß Ritter Blaubart darin doch nur aus Eigensinn das Kostbarste und Wertvollste von seinen Schätzen verborgen halte. Und so wurde der Schlüssel mit einigem Zagen in das Schloß gesteckt, und da flog auch gleich mit dumpfem Geräusch die Türe auf, und in dem sparsam erhellten Zimmer zeigten sich − ein entsetzlicher Anblick! − die blutigen Häupter aller früheren Frauen Ritter Blaubarts, die ebensowenig wie die jetzige dem Drang der Neugier hatten widerstehen können und die der böse Mann alle mit eigner Hand enthauptet hatte. Vom Tod geschüttelt, wichen jetzt die Frau und ihre Schwester zurück; vor Schreck war der Frau der Schlüssel entfallen, und als sie ihn aufhob, waren Blutflecke daran, die sich nicht abreiben ließen, und ebensowenig gelang es, die Türe wieder zuzumachen, denn das Schloß war bezaubert, und indem verkündeten Hörner die Ankunft Berittener vor dem Tore der Burg. Die Frau atmete auf und glaubte, es seien ihre Brüder, die sie von der Jagd zurückerwartete, aber es war Ritter Blaubart selbst, der nichts Eiligeres zu tun hatte, als nach seiner Frau zu fragen, und als diese ihm bleich, zitternd und bestürzt entgegentrat, so fragte er nach dem Schlüssel; sie wollte den Schlüssel holen, und er folgte ihr auf dem Fuße, und als er die Flecken am Schlüssel sah, so verwandelten sich alle seine Gebärden, und er schrie: »Weib, du mußt nun von meinen Händen sterben! Alle Gewalt habe ich dir gelassen! Alles war dein! Reich und schön war dein Leben! Und so gering war deine Liebe zu mir, du schlechte Magd, daß du meine einzige geringe Bitte, meinen ernsten Befehl nicht beachtet hast? Bereite dich zum Tode! Es ist aus mit dir!«

Voll Entsetzen und Todesangst eilte die Frau zu ihrer Schwester und bat sie, geschwind auf die Turmzinne zu steigen und nach ihren Brüdern zu spähen und diesen, sobald sie sie erblicke, ein Notzeichen zu geben, während sie sich auf den Boden warf und zu Gott um ihr Leben flehte. Und dazwischen rief sie: »Schwester! Siehst du noch niemand!«

»Niemand!« klang die trostlose Antwort.

»Weib! Komm herunter!« schrie Ritter Blaubart, »deine Frist ist aus!«

»Schwester! Siehst du niemand?« schrie die Zitternde.

»Eine Staubwolke, aber ach, es sind Schafe!« antwortete die Schwester.

»Weib! Komm herunter, oder ich hole dich!« schrie Ritter Blaubart.

»Erbarmen! Ich komme ja sogleich! Schwester! Siehst du niemand?«

»Zwei Ritter kommen zu Roß daher, sie sahen mein Zeichen, sie reiten wie der Wind.«

»Weib! Jetzt hole ich dich!« donnerte Blaubarts Stimme, und da kam er die Treppe herauf. Aber die Frau gewann Mut, warf ihre Zimmertüre ins Schloß und hielt sie fest, und dabei schrie sie samt ihrer Schwester so laut um Hilfe, wie sie beide nur konnten. Indessen eilten die Brüder wie der Blitz herbei, stürmten die Treppe hinauf und kamen eben dazu, wie Ritter Blaubart die Türe sprengte und mit gezücktem Schwert in das Zimmer drang. Ein kurzes Gefecht und Ritter Blaubart lag tot am Boden. Die Frau war erlöst, konnte aber die Folgen ihrer Neugier lange nicht verwinden.

Ludwig Bechstein

Der goldne Rehbock

Es waren einmal zwei arme Geschwister, ein Knabe und ein Mädchen, das Mädchen hieß Margarete, der Knabe hieß Hans. Ihre Eltern waren gestorben, hatten ihnen auch gar kein Eigentum hinterlassen, daher sie ausgehen mußten, um durch Betteln sich fortzubringen. Zur Arbeit waren beide noch zu schwach und klein, denn Hänschen zählte erst zwölf Jahre, und Gretchen war noch jünger. Des Abends gingen sie vors erste beste Haus, klopften an und baten um ein Nachtquartier, und vielmal waren sie schon von guten mildtätigen Menschen aufgenommen, gespeiset und getränket worden; auch hatte mancher und manche Barmherzige ihnen ein Kleidungsstückchen zugeworfen.

So kamen sie einmal des Abends vor ein Häuschen, welches einzeln stand; da klopften sie ans Fenster, und als gleich darauf eine alte Frau heraussah, fragten sie diese, ob sie hier nicht über Nacht bleiben dürften? Die Antwort war: »Meinetwegen, kommt nur herein!« Aber wie sie eintraten, sprach die Frau: »Ich will euch wohl über Nacht behalten, aber wenn es mein Mann gewahr wird, so seid ihr verloren; denn er isset gern einen jungen Menschenbraten, daher er alle Kinder schlachtet, die ihm vor die Hand kommen!« Da wurde den Kindern sehr angst; doch konnten sie nunmehr nicht weiter, es war schon ganz dunkle Nacht geworden. So ließen sie sich gutwillig von der Frau in ein Faß verstecken und verhielten sich ruhig. Einschlafen konnten sie aber lange nicht, zumal da sie nach einer Stunde die schweren Tritte eines Mannes vernahmen, der wahrscheinlich der Menschenfresser war. Des wurden sie bald gewiß, denn jetzt fing er an, mit brüllender Stimme auf seine Frau zu zanken, daß sie keinen Menschenbraten für ihn zugerichtet. Am Morgen verließ er das Haus wieder und tappte so laut, daß die Kinder, die endlich doch eingeschlummert waren, darüber erwachten. – Als sie von der Frau etwas zu frühstücken bekommen hatten, sagte diese: »Ihr Kinder müßt nun auch etwas tun, da habt ihr zwei Besen, geht oben hinauf und kehrt mir meine Stuben aus, deren sind zwölf, aber ihr kehret davon nur elf, die zwölfte dürft ihr um Himmels willen nicht aufmachen. Ich will derzeit einen Ausgang tun. Seid fleißig, daß ihr fertig seid, wenn ich wiederkomme.« Die Kinder kehrten sehr emsig, und bald waren sie fertig. Nun mochte Gretchen doch gar zu gerne wissen, was in der zwölften Stube wäre, das sie nicht sehen sollten, weil ihnen verboten war, die Stube zu öffnen. Sie guckte ein wenig durchs Schlüsselloch und sah da einen herrlichen kleinen goldenen Wagen, mit einem goldenen Rehbock bespannt. Geschwind rief sie Hänschen herbei, daß er auch hineingucken sollte. Und als sie sich erst tüchtig umgesehen, ob die Frau nicht heimkehre, und da von dieser nichts zu sehen war, schlossen sie schnell die Türe auf, zogen den Wagen samt Rehbock heraus, setzten drunten sich hinein in den Wagen und fuhren auf und davon. Aber nicht lange, so sahen sie von weitem die alte Frau und auch den Menschenfresser sich entgegenkommen, gerade des Wegs, den sie mit dem geraubten Wagen eingeschlagen hatten. Hänslein sprach: »Ach, Schwester, was machen wir? Wenn uns die beiden Alten entdecken, sind wir verloren.«

»Still!« sprach Gretchen, »ich weiß ein kräftiges Zaubersprüchlein, welches ich noch von unsrer Großmutter gelernt habe:

>*Rosenrote Rose sticht,*
siehst du mich, so sieh mich nicht!‹«

Und alsbald waren sie verwandelt in einen Rosenstrauch. Gretchen wurde zur Rose, Hänslein zu Dornen, der Rehbock zum Stiele, der Wagen zu Blättern.

Nun kamen beide, der Menschenfresser und seine Frau, dahergegangen, und letztere wollte sich die schöne Rose abbrechen, aber sie stach sich so sehr, daß ihre Finger bluteten und sie ärgerlich davonging. Wie die Alten fort waren, machten sich die Kinder eilig auf und fuhren weiter und kamen bald an einen Backofen, der voll Brot stand. Da hörten sie aus demselben eine hohle Stimme rufen: »Rückt mir mein Brot, rückt mir mein Brot.« Schnell rückte Gretchen das Brot und tat es in ihren Wagen, worauf sie weiterfuhren. Da kamen sie an einen großen Birnbaum, der voll reifer schöner Früchte hing, aus diesem tönte es wieder: »Schüttelt mir meine Birnen, schüttelt mir meine Birnen!« Gretchen schüttelte sogleich, und Hänschen half gar fleißig auflesen und die Birnen in den goldenen Wagen schütten. Und wieder kamen sie an einen Weinstock, der rief mit angenehmer Stimme: »Pflückt mir meine Trauben, pflückt mir meine Trauben!« Gretchen pflückte auch diese und packte sie in ihren Wagen.

Unterdessen aber waren der Menschenfresser und seine Frau daheim angelangt und hatten mit Ingrimm wahrgenommen, daß die Kinder ihren goldenen Wagen samt Rehbock gestohlen, gerade wie diese beiden ebenfalls vor langen Jahren Wagen und Rehbock gestohlen und noch dazu bei dem Diebstahl auch einen Mord begangen hatten, nämlich den rechtmäßigen Eigentümer erschlagen. Der mit dem Rehbock bespannte Wagen war nicht nur an und für sich von großem Wert, sondern er besaß auch noch die vortreffliche Eigenschaft, daß, wo er hinkam, von allen Seiten Gaben gespendet wurden, von Baum und Beerstrauch, von Backofen und Weinstock. So hatten denn die Leute, der Menschenfresser und seine Frau, lange Jahre den Wagen, wenn auch auf unrechtmäßige Weise, besessen, hatten sich gute Eßwaren spenden lassen und dabei herrlich und in Freuden gelebt.

Da sie nun sahen, daß sie ihres Wagens beraubt waren, machten sie sich flugs auf, den Kindern nachzueilen und ihnen die köstliche Beute wieder abzujagen. Dabei wässerte dem Menschenfresser schon der Mund nach Menschenbraten; denn die Kinder wollte er sogleich fangen und schlachten. Mit weiten Schritten eilten die beiden Alten den Kindern nach und wurden derselben bald von ferne ansichtig, weil sie vorausfuhren. Die Kinder kamen jetzt an einen großen Teich und konnten nicht weiter, auch waren weder eine Fähre noch eine Brücke da, daß sie hinüber hätten flüchten können. Nur viele Enten waren darauf zu sehen, die lustig umherschwammen. Gretchen lockte diese ans Ufer, warf ihnen Futter hin und sprach:

>*Ihr Entchen, ihr Entchen, schwimmt zusammen,*
macht mir ein Brückchen, daß ich hinüber kann kommen! «

Da schwammen die Enten einträchtiglich zusammen, bildeten eine Brücke, und die Kinder samt Rehbock und Wagen kamen glücklich ans andere Ufer. Aber flugs hinterdrein kam auch der Menschenfresser und brummte mit häßlicher Stimme:

>*Ihr Entchen, ihr Entchen, schwimmt zusammen,*
Macht mir ein Brückchen, daß ich hinüber kann kommen! «

Schnell schwammen die Entchen zusammen und trugen die beiden Alten hinüber – meint ihr? Nein! In der Mitte des Teiches, da das Wasser am tiefsten war, schwammen die Entchen auseinander, und der böse Menschenfresser nebst seiner Alten plumpsten in die Tiefe und kamen um. Und Hänschen und Gretchen wurden sehr wohlhabende Leute, aber sie spendeten auch von ihrem Segen den Armen viel und taten viel Gutes, weil sie immer daran dachten, wie bitter es gewesen, da sie noch arm waren und betteln gehen mußten.

Ludwig Bechstein

JORINGEL UND JORINDE

Es war einmal ein altes Schloß mitten in einem großen finsteren Wald. Darin wohnte eine alte Frau ganz allein, das war eine böse Zauberin. Am Tage machte sie sich bald zur Katze oder zum Hasen oder zur Nachteule, des Abends aber wurde sie wieder wie ein Mensch gestaltet. Sie konnte das Wild und die Vögel herbeilocken, und dann schlachtete sie es, kochte und briet es. Wenn jemand auf hundert Schritte nahe zum Schloß kam, so mußte er stillstehen und konnte sich nicht von der Stelle bewegen, bis sie ihn lossprach. Wenn aber eine reine, keusche Jungfer in diesen Kreis kam, so verwandelte sie dieselbe in einen Vogel und sperrte sie dann in einen Korb ein, in den Kammern des Schlosses. Sie hatte wohl siebentausend solcher Körbe mit so raren Vögeln im Schloß.

Nun war einmal eine Jungfer, die hieß Jorinde. Sie war schöner als alle anderen Mädchen. Sie und ein gar schöner Jüngling namens Joringel hatten sich zusammen versprochen. Sie waren in der Brautzeit und hatten ihr größtes Vergnügen einer am anderen.

Damit sie allein miteinander reden konnten, gingen sie im Wald spazieren. »Hüte dich«, sagte Joringel, »daß du nicht zu nah an das Schloß kommst!«

Es war ein schöner Abend, die Sonne schien zwischen den Stämmen der Bäume hell ins dunkle Grün des Waldes, und die Turteltaube sang auf den alten Maibuchen. Jorinde weinte ein wenig, setzte sich hin im Sonnenschein und klagte. Joringel klagte auch. Sie waren so verzweifelt, als wenn sie hätten sterben sollen. Sie hatten sich verirrt und wußten nicht, wie sie wieder nach Hause kommen sollten.

Noch halb stand die Sonne über dem Berg, und halb war sie schon untergegangen. Joringel spähte durchs Gebüsch und sah die alte Mauer des Schlosses ganz nahe. Er erschrak und bekam Todesangst.

Jorinde sang wehmütig:

»Mein Vögelein mit dem Ringelein rot
singt Leide, Leide, Leide,
es singt dem Täubelein seinen Tod,
singt Leide, Lei – zicküth, zicküth, zicküth.«

Joringel schaute nach Jorinde. Sie war in eine Nachtigall verwandelt, die sang »Zicküth, zicküth«. Eine Nachteule mit glühenden Augen flog dreimal um sie herum und schrie dreimal »Schu-hu-hu-hu«. Joringel konnte sich nicht mehr bewegen; er stand da wie aus Stein, konnte nicht weinen, nicht reden, nicht Hand noch Fuß regen.

Nun war die Sonne untergegangen, die Eule flog in einen Strauch, und gleich darauf kam eine alte krumme Frau aus diesem Strauch hervor: gelb und mager, mit großen roten Augen, krummer Nase, die mit der Spitze ans Kinn reichte. Sie murmelte und fing die Nachtigall ein, die sie auf der Hand forttrug.

Joringel konnte nicht sprechen, sich nicht von der Stelle bewegen, die Nachtigall war verschwunden. Endlich kam das Weib wieder und sagte mit dumpfer Stimme: »Grüß' dich, Zachiel! Wenn's Möndel ins Körbel scheint, bind' los, Zachiel, zu guter Stund!«

Da wurde Joringel frei. Er fiel vor dem Weib auf die Knie und bat, sie möchte ihm seine Jorinde wiedergeben, aber sie sagte, er sollte sie nie wiederhaben, und ging fort. Er rief, er weinte, er jammerte, aber alles umsonst: »Was soll bloß mit mir geschehen?«

Joringel ging fort und kam in ein fremdes Dorf, da hütete er lange die Schafe. Oft ging er zum Schloß, aber nicht zu nahe.

Einmal träumte er des Nachts, er fände eine blutrote Blume, in deren Mitte eine schöne große Perle wäre. Die Blume bräche er ab und ginge damit zum Schloß: Alles, was er mit der Blume berührte, würde vom Zauber befreit sein. Auch träumte er, er hätte seine Jorinde dadurch wiederbekommen.

Des Morgens, als er erwachte, fing er an, durch Berg und Tal zu streifen, ob er eine solche Blume fände. Er suchte bis an den neunten Tag, da fand er die blutrote Blume am frühen Morgen. In der Mitte war ein großer Tautropfen, so groß wie die schönste Perle. Diese Blume trug er Tag und Nacht, bis zum Schloß. Als er auf hundert Schritt nahe zum Schloß kam, da wurde er nicht zu Stein, sondern ging weiter bis ans Tor. Joringel freute sich sehr, berührte die Pforte mit der Blume, und sie sprang auf. Er ging hinein durch den Hof, horchte, wo er die vielen Vögel vernähme. Endlich hörte er sie, er ging und fand den Saal.

Dort war die Zauberin und fütterte die Vögel in den siebentausend Körben. Als sie den Joringel sah, wurde sie böse, sehr böse, schimpfte, spie Gift und Galle gegen ihn aus, aber sie konnte auf zwei Schritte nicht an ihn herankommen.

Er störte sich nicht an ihr, ging weiter und besah die Körbe mit den Vögeln. Da waren aber viele hundert Nachtigallen darin. Wie sollte er nun seine Jorinde wiederfinden? Indem er so schaute, merkte er, daß die Alte heimlich ein Körbchen mit einem Vogel nahm und damit zur Tür eilte. Flugs sprang er hinzu, berührte das Körbchen mit der Blume wie auch das alte Weib. Nun konnte sie nicht mehr zaubern. Und Jorinde stand da, fiel ihm um den Hals und war so schön, wie sie früher war.

Da machte er auch all die anderen Vögel wieder zu Jungfern und ging mit seiner Jorinde nach Hause, und sie lebten lange vergnügt zusammen.

Märchen aus Deutschland

Rattenkönig Birlibi

Ich will die Geschichte erzählen von dem Rattenkönig Birlibi, eine Geschichte, die mir Balzer Tievs aus Preseke oft erzählt hat, nebst vielen anderen Geschichten. Balzer war ein Knecht, der auf meines Vaters Hof diente, als ich acht, neun Jahre alt war, ein Mensch voll schalkischer Einfälle, der viele Geschichten und Märchen wußte. Die Geschichte vom Rattenkönig Birlibi erzählte er so:

In dem stralsundischen Dorf Altenkamp, das zwischen Garz und Putbus seitwärts am Strand liegt, hat vormals ein reicher Bauer gelebt, der hieß Hans Burwitz. Das war ein ordentlicher, kluger Mann, dem alles, was er in Angriff nahm, geriet und der im ganzen Dorf die beste Wehr hatte. Er hatte sechzehn Kühe, vierzig Schafe, acht Pferde und zwei Füllen im Stall und auf den Koppeln, glatt wie die Aale und von so guter Zucht, daß seine Füllen auf dem Berger Pferdemarkt immer zu acht bis zehn Pistolen das Stück bezahlt wurden. Dazu hatte er sechs hübsche Kinder, Söhne und Töchter, und es ging ihm so gut, daß die Leute ihn wohl den reichen Bauern zu Altenkamp zu nennen pflegten. Dieser Mann ist durch nächtliche Gänge im Wald um all sein Vermögen gekommen.

Hans Burwitz war auch ein tüchtiger Jäger, besonders hatte er eine vortreffliche Witterung auf Füchse und Marder und war deswegen oft nachts im Wald, wo er seine Eisen ausgelegt hatte und auf den Fang lauerte. Da hat er im Dunkeln und im Zwielicht der Dämmerung und des Mondscheins manche Dinge gesehen und gehört, die er nicht wiedererzählen mochte, wie denn im Wald des Nachts viel Wunderliches und Absonderliches vorgeht; aber die Geschichte vom Rattenkönig Birlibi hat man von ihm erfahren.

Hans Burwitz hatte in seiner Kindheit oft von einem Rattenkönig erzählen hören, der eine goldene Krone auf dem Kopf trage und über alle Wiesel, Hamster, Ratten, Mäuse und andere flinke Kleintiere herrsche und ein gewaltiger Waldkönig sei; aber er hatte nie daran glauben wollen. Manches liebe Jahr war er im Wald auf Fuchs- und Marderfang und Vogelstellerei umhergegangen und hatte vom Rattenkönig auch nicht das mindeste weder gesehen noch gehört. Da mochte der Rattenkönig aber wohl in einer anderen Gegend sein Unwesen getrieben haben. Denn er hat viele Schlösser in allen Ländern unter den Bergen und zieht beinahe jedes Jahr auf ein anderes Schloß, wo er sich mit seinen Hofherren und Hofdamen belustigt. Denn er lebt wie ein sehr vornehmer Herr, und der Großmogul und der König von Frankreich können keine besseren Tage haben, und die Königin von Antiochien hat sie nicht gehabt, die ihr Vermögen für Herzen von Paradiesvögeln und Gehirne von Nachtigallen vertan hat. Und glaub nur nicht, daß dieser Rattenkönig und seine Freunde jemals Nüsse und Weizenkörner und Milch an ihren Mund bringen; nein, Zucker und Marzipan ist ihr tägliches Essen, und süßer Wein ist ihr Getränk, und sie leben besser als König Salomo und Feldhauptmann Holofernes.

Nun ging Hans Burwitz wieder einmal nach Mitternacht in den Wald und lauerte auf Füchse. Da hörte er aus der Ferne ein vielstimmiges und kreischendes Getöse, und immer klang mit heller Stimme heraus: »Birlibi! Birlibi! Birlibi!«

Da erinnerte er sich des Märchens vom Rattenkönig Birlibi, das er oft gehört hatte, und er dachte: »Willst mal hingehen und zusehen, was es ist!« Denn er war ein beherzter Mann, der auch in der stockfinstersten Nacht keine Furcht kannte. Und er war schon dabei zu gehen, da bedachte er das Sprichwort: »Bleib weg, wo du nichts zu tun hast, so behältst du deine Nase!« Aber das »Birlibi!« tönte ihm nach, solange er im Wald war. Und die andere Nacht und die dritte Nacht war es ebenso. Er aber ließ sich nicht beirren und sprach: »Laß den Teufel und sein Gesindel ihr tolles Wesen treiben, wie sie wollen! Sie können dem nichts tun, der sich nicht mit ihnen abgibt!« Wollte Gott, Hans hätte es immer so gehalten! Aber die vierte Nacht war seine Neugier übermächtig, und er ist wirklich in die Falle geraten.

Es ist der Walpurgisabend gewesen, und seine Frau hat ihn gebeten, er möge diese Nacht nur nicht in den Wald gehen, denn es sei nicht geheuer, und alle Hexenmeister und Wettermacherinnen seien auf den Beinen, die könnten ihm was antun; denn in dieser Nacht, die das ganze höllische Heer loslasse, sei schon mancher Christenmensch zu Schaden gekommen. Aber er hat sie ausgelacht und hat es eine weibische Furcht genannt und ist seines gewöhnlichen Weges in den Wald gegangen, als die andern zu Bett gingen. Da ist ihm aber der König Birlibi zu mächtig geworden. Anfangs war es in dieser Nacht im Wald genauso wie in den vorigen Nächten, es toste und lärmte von fern, und das »Birlibi!« klang hell darunter; und was über seinem Kopf durch die Wipfel der Bäume schwirrte und pfiff und rauschte, das kümmerte Burwitz nicht viel, denn an Hexerei glaubte er gar nicht und sagte, es seien nur Nachtgeister, wovor dem Menschen graue, weil er sie nicht kenne, und allerlei Blendwerke und Gaukeleien der Finsternis, die dem nichts tun können, der nicht daran glaube. Aber als es nun Mitternacht wurde und die Glocke zwölf geschlagen hatte, da kam ein ganz anderes »Birlibi!« aus dem Wald hervor, daß Hansen die Haare auf dem Kopf kribbelten und er davonlaufen wollte. Aber sie waren ihm zu geschwind, und er war bald mitten unter dem Haufen und konnte nicht mehr heraus.

Denn als es zwölf geschlagen hatte, tönte der ganze Wald mit einem Mal wie von Trommeln und Pauken und Pfeifen und Trompeten, und es war so hell darin, als ob er plötzlich von vielen tausend Lampen und Kerzen erleuchtet worden wäre. Es war nämlich in dieser Nacht das große Hauptfest des Rattenkönigs, und alle seine Untertanen und Leute und Mannen und Vasallen waren zur Feier desselben aufgeboten.

Und es schienen alle Bäume zu sausen und alle Büsche zu pfeifen und alle Felsen und Steine zu springen und zu tanzen, so daß Hansen entsetzlich bange wurde; aber als er weglaufen wollte, verstellten ihm so viele Tiere den Weg, daß er nicht durchkommen konnte und sich entschließen mußte stehenzubleiben, wo er war. Es gab da Füchse, Marder, Iltisse, Wiesel, Siebenschläfer, Murmeltiere, Hamster, Ratten und Mäuse in so zahlloser Menge, daß es schien, als wären sie aus der ganzen Welt zu diesem Fest zusammengetrommelt worden. Sie liefen und sprangen und hüpften und tanzten durcheinander, als ob sie toll wären; sie standen aber alle auf den Hinterfüßen, und mit den Vorderfüßen trugen sie grüne Zweige aus Maien und jubelten und tobten und heulten und kreischten und pfiffen, jeder auf seine Weise. Kurz, es war das ganze kleine Getier der Nacht beisammen und machte ein überaus scheußliches Geläute und Gebimmel und Getümmel. In den Lüften ging es ebenso wild zu wie auf der Erde; da flogen die Eulen und Krähen und Käuze und Uhus und Fledermäuse und Mistkäfer bunt durcheinander und verkündeten mit ihren gellenden und kreischenden Kehlen und mit ihren summenden und schwirrenden Flügeln die Freude des hohen Tages.

Als Hans erschrocken und erstaunt sich mitten in dem Gewimmel und Geschwirr und Getöse befand und nicht wußte, wo aus noch ein, siehe, da leuchtete es mit einem Mal heller auf, und nun sangen viele tausend Stimmen zugleich, daß es in fürchterlich gruseliger Feierlichkeit durch den Wald schallte und Hansen das Herz im Leib bebte:

»Macht auf! Macht auf! Macht auf die Pforten!
Und wallet her von allen Orten!
Geladen seid ihr allzugleich;
der König ziehet durch sein Reich.
Ich bin der große Rattenkönig.
Komm her zu mir, hast du zu wenig!
Von Gold und Silber ist mein Haus,
das Geld mess' ich mit Scheffeln aus.«

So klang es im feierlichen und langsamen Gesang fort, und dazwischen ertönten immer wieder einzelne kreischende und gellende Stimmen mit widerlichem Laut: »Birlibi! Birlibi!« Und die ganze Menge rief »Birlibi!« nach, daß es durch den Wald hallte. Es war der Rattenkönig, der einhergezogen kam. Er war ungeheuer groß, wie ein Mastochse, und saß auf einem goldenen Wagen und hatte eine goldene Krone auf dem Haupt. Er hielt ein goldenes Zepter in der Hand, und neben ihm saß seine Königin, die hatte auch eine goldene Krone auf und war so fett, daß sie glänzte. Ihre langen, kahlen Schwänze waren ineinander verschlungen, und sie spielten damit, denn ihnen war sehr wohl zumute. Und diese Schwänze waren das Allerscheußlichste, was man da sah; aber der König und die Königin waren auch scheußlich genug. Und der Wagen, worin sie saßen, wurde von sechs mageren Wölfen gezogen, die mit den Zähnen fletschten, und zwei lange Kater standen als Wächter hinten auf dem Wagen und hielten brennende Fackeln und miauten entsetzlich.

Dem Rattenkönig und der Rattenkönigin war aber vor ihnen nicht bange: Sie schienen hier gewaltige Herren und Könige über alle zu sein. Es gingen auch zwölf geschwinde Trommelschläger dem Wagen voraus und trommelten. Das waren Hasen: Die müssen die Trommel schlagen und anderen Mut machen, weil sie selbst keinen haben.

Hansen war schon bange genug gewesen; jetzt aber, als er den Rattenkönig und die Rattenkönigin und die Wölfe und Kater und Hasen so miteinander sah, da schauderte ihm die Haut auf dem ganzen Leib, und sein sonst so tapferes Herz wollte fast verzagen. Er sprach bei sich:

»Hier mag der Henker länger bleiben, wo alles so wider die Natur geht! Ich habe auch wohl von Wundern gelesen und gehört; aber sie gingen doch immer etwas natürlich zu. Daß dies aber buntes Teufelsspiel ist und teuflisches Pack, sieht man wohl. Wenn ich nur weg wäre!«

Und Hans machte noch einen Versuch, sich herauszudrängen; aber der Zug brauste immer frisch fort durch den Wald, und Hans mußte mit. So ging es, bis sie an die äußerste Ecke des Waldes kamen. Da war ein offenes Feld, darauf hielten viele hundert Wagen, die mit Speck und Fleisch und Korn und Nüssen und anderen Eßwaren beladen waren. Einen jeden Wagen fuhr ein Bauer mit seinen Pferden, und die Bauern trugen die Säcke Korn und den Speck und die Schinken und Mettwürste, und was sie sonst geladen hatten, hinab in den Wald, und als sie Hans Burwitz stehen sahen, riefen sie ihm zu: »Komm! Hilf auch tragen!«

Und Hans ging hin und lud mit ab und trug mit ihnen; er war aber so verwirrt, daß er nicht wußte, was er tat. Es schien ihm aber in dem Zwielicht, als sehe er unter den Bauern bekannte Gesichter, unter anderen den Schulzen aus Krakewitz und den Schmied aus Kasnewitz; er ließ sich aber nichts anmerken, und jene taten auch wie unbekannte Leute.

Mit den Bauern aber hatte es folgende Bewandtnis: Sie hatten sich dem Rattenkönig und seinem Anhang zum Dienst ergeben und mußten ihnen in der Walpurgisnacht, wo des Rattenkönigs großes Fest stattfindet, immer den Raub zum Wald fahren, den Rattenkönigs Untertanen einzeln aus allen Orten der Welt zusammengetragen und zusammengestohlen hatten. Und Hans kam nun auch ganz unschuldig dazu und wußte nicht wie. Sowie die Säcke und die anderen Sachen in den Wald getragen wurden, fiel das wilde Diebsgesindel darüber her, und es ging grips, graps! Und rips, raps! Ein jeder griff zu und schleppte seinen Teil fort, so daß sie immer weniger wurden. Der König aber hielt noch da in seinem hohen und prächtigen Wagen, und es tanzten und tobten und lärmten noch einige um ihn. Als aber alle Wagen abgeladen waren, da kamen wohl hundert große Ratten und gossen Gold aus Scheffeln auf das Feld und auf den Weg und sangen dazu:

»Hände her! Mützen her!
Wer will mehr? Wer will mehr?
Lustig! Lustig! Heut' geht's toll.
Lustig! Händ' und Mützen voll!«

Und die Bauern fielen wie die hungrigen Raben über das ausgeschüttete Gold her und griffen und rafften und drängten und stießen sich, und jeder raffte soviel auf von dem roten Raub, als er habhaft werden konnte, und Hans war auch nicht faul und griff tüchtig mit zu. Und als sie in bester Arbeit waren wie Tauben, unter die man Erbsen geworfen hat, siehe, da krähte der

Morgenhahn, wo das heidnische und höllische Reich auf der Erde keine Macht mehr hat – und im Nu war alles verschwunden, als wäre es nur ein Traum gewesen, und Hans stand ganz allein da am Wald. Der Morgen brach an, und er ging mit schwerem Herzen nach Hause. Er hatte aber auch schwere Taschen und schönes rotes Gold darin; das warf er nicht weg. Seine Frau war ganz ängstlich geworden, daß er so spät nach Hause kam, und sie erschrak, als sie ihn so bleich und verstört sah, und fragte ihn allerlei. Er aber fertigte sie nach seiner Gewohnheit mit einem Scherz ab und sagte ihr nicht ein Sterbenswörtchen von dem, was er gesehen und gehört hatte.

Hans zählte sein Gold (es war ein hübsches Häuflein Dukaten), legte es in den Kasten und ging die ersten Monate nach diesem Abenteuer nicht in den Wald. Er hatte ein heimliches Grauen davor. Dann vergaß er, wie es dem Menschen geht, die Walpurgisnacht und ihr schauerliches und greuliches Getümmel allmählich und ging nach wie vor im Mond- und Sternenschein auf seinen Fuchs- und Marderfang. Vom Rattenkönig Birlibi sah und hörte er nichts mehr und dachte zuletzt kaum noch daran.

Aber als es gegen den Frühling ging, veränderte sich alles; er hörte zuweilen um die Mitternacht wieder das »Birlibi!« klingen, daß seine mattesten Haare auf dem Kopf lebendig wurden. Er lief dann zwar immer geschwind aus dem Wald, dachte aber dabei doch heimlich an die Walpurgisnacht; und weil das, was die Menschen bei Tag denken, ihnen bei Nacht im Traum erscheint und allerlei vorspiegelt und vorgaukelt, so blieb auch der Rattenkönig mit seiner Nachtgaukelei nicht aus, und Hans träumte oft, als stehe der Rattenkönig vor seiner Tür und klopfe an; und er machte ihm dann auf und sah ihn leibhaftig, wie er damals im Wagen gesessen hatte. Er war nun ganz aus Gold und auch nicht so häßlich, wie er ihm damals vorgekommen war, und der Rattenkönig sang ihm mit der allersüßesten Stimme, von der man nicht glauben sollte, daß eine Rattenkehle sie haben könne, den Vers vor:

»*Ich bin der große Rattenkönig.*
Komm her zu mir, hast du zu wenig!
Von Gold und Silber ist mein Haus,
das Geld mess' ich mit Scheffeln aus.«

Und dann kam er dicht zu ihm heran und flüsterte ihm ins Ohr: »Du kommst doch wieder zur Walpurgisnacht, Hans Burwitz, und hilfst Säcke tragen und holst dir deine Taschen voll Dukaten?«

Zwar hatte Hans, wenn er aus solchen Träumen erwachte, neben der Freude über das Gold immer ein Grauen, und er sprach dann wohl: »Warte nur, Prinz Birlibi, ich komme dir nicht zu deinem Fest!« Aber es ging ihm, wie es anderen Leuten auch gegangen ist, und das alte Sprichwort sollte an ihm auch wahr werden: Wen der Teufel erst an einem Faden hat, den führt er auch wohl bald am Strick. Genug, je näher die Walpurgisnacht kam, desto mehr wuchs in Hans die Gier, auch dabeizusein. Doch nahm er sich fest vor, dem Bösen diesmal nicht den Willen zu tun, und ging am Walpurgisabend auch glücklich mit seiner Frau zu Bett. Aber er konnte nicht einschlafen; die Wagen mit den Säcken und die Bauern und die großen Ratten, die das Gold aus Scheffeln auf den Boden schütteten, fielen ihm immer wieder ein, und er konnte es nicht länger aushalten im Bett, er mußte aufstehen und sich von der Frau fortschleichen und in den finsteren Wald laufen. Und da hat er diese zweite Nacht ebenso wieder erlebt wie das erste Mal. Er hatte sich ein Säckchen mitgenommen für das Gold und hatte auch viel reichlicher eingesammelt als das vorige Jahr.

Nun meinte er, habe er Gold genug, und er tat einen hohen Schwur, er wolle sich niemals wieder in die Versuchung begeben und auch nie wieder in den Wald gehen. Und er hat den Schwur gehalten und sich selbst überwunden, daß er nicht in den Wald gegangen ist und keine Walpurgisnacht mehr mitgehalten hat, sooft ihm auch noch vom Birlibi, dem goldenen Rattenkönig, geträumt hat. Er hat das aber nicht in seinem Herzen sitzen lassen, sondern hat es mit eifrigem Gebet wieder ausgetrieben und den Bösen endlich müde gemacht, daß er von ihm gewichen ist.

So war manches Jahr vergangen, und Hans galt als ein sehr reicher Mann. Er hatte sich für seine Dukaten Dörfer und Güter gekauft und war ein Herr geworden. Die Leute munkelten zwar, es gehe nicht mit rechten Dingen zu mit seinem Reichtum; aber keiner konnte ihm das beweisen. Aber endlich wurde der Beweis erbracht.

Der Böse lauerte auf den armen Mann, über den er schon einige Macht gewonnen hatte. Er war zornig auf ihn, weil er bei seinen hohen Festen in der Walpurgisnacht ganz und gar ausblieb, und als Hans wieder einmal mit sündhafter Lüsternheit an das Goldsammeln gedacht und darüber das Abendgebet vergessen, auch einige unchristliche Flüche über eine Kleinigkeit getan hatte, hat er mit seinem Gesindel hervorbrechen können, und Hans hat nun gelernt, was es mit dem goldenen Blendwerk des Königs Birlibi eigentlich auf sich habe.

Seit dieser Zeit hat Hans weder Erfolg noch Glück in seiner Wirtschaft gehabt. Wieviel er sich auch abmühte, er konnte nichts mehr zuwege bringen, sondern es ging von Tag zu Tag mehr abwärts. Seine ärgsten Feinde aber waren die Mäuse, die ihm im Feld und in den Scheunen das Korn auffraßen, die Wiesel, Ratten und Marder, die ihm die Hühner, Enten und Tauben abschlachteten, die Füchse und Wölfe, die seine Lämmer, Schafe, Füllen und Kälber holten. Kurz, das Gesindel hat es so arg getrieben, daß Hans in wenigen Jahren um Güter und Höfe, um Pferde und Rinder, um Schafe und Kälber gekommen ist und zuletzt nicht ein einziges Huhn mehr hat sein eigen nennen können. Er hat als ein armer Mann mit dem Stock in der Hand samt Weib und Kindern von Haus und Hof gehen und sich in seinen alten Tagen als Taglöhner ernähren müssen.

Da hat er oft die Geschichte erzählt, wie er zu dem Reichtum gekommen und aus dem Bauern ein Edelmann geworden ist, und hat Gott gedankt, daß er Ratten und Mäuse als seine Bekehrer geschickt und ihn so arm gemacht hat. »Denn sonst«, hat der arme Mann gesagt, »wäre ich wohl nicht in den Himmel gekommen, und der Teufel hätte seine Macht an mir behalten, und ich hätte dort im Jenseits endlich auch nach des Rattenkönigs Pfeife tanzen müssen.« Dabei hat er auch erzählt, daß solches Gold, das man auf eine so wundersame und heimliche Weise gewinne, doch keinen Segen in sich habe; denn ihm sei bei all seinen Schätzen doch nie so wohl ums Herz gewesen wie nachher in der bittersten Armut; ja, er sei ein elenderer Mann gewesen, da er als Junker sechsspännig gefahren war, als nachher, wo er oft froh sein konnte, wenn er des Abends nur Salz und Kartoffeln hatte.

Märchen von der Insel Rügen

DER GRABHÜGEL

Ein reicher Bauer stand eines Tages in seinem Hof und schaute nach seinen Feldern und Gärten: Das Korn wuchs kräftig heran, und die Obstbäume hingen voll Früchte. Das Getreide des vorigen Jahres lag noch in so mächtigen Haufen auf dem Boden, daß es kaum die Balken tragen konnten. Dann ging er in den Stall, da standen die gemästeten Ochsen, die fetten Kühe und die spiegelglatten Pferde. Endlich ging er in seine Stube zurück und warf seine Blicke auf die eisernen Kästen, in welchen sein Geld lag. Als er so stand und seinen Reichtum übersah, klopfte es auf einmal heftig bei ihm an. Es klopfte aber nicht an die Türe seiner Stube, sondern an die Türe seines Herzens. Sie tat sich auf, und er hörte eine Stimme, die zu ihm sprach: »Hast du den Deinigen damit wohlgetan? Hast du die Not der Armen angesehen? Hast du mit den Hungrigen dein Brot geteilt? War dir genug, was du besaßest, oder hast du noch immer mehr verlangt?«

Das Herz zögerte nicht mit der Antwort: »Ich bin hart und unerbittlich gewesen und habe den Meinigen niemals etwas Gutes erzeigt. Ist ein Armer gekommen, so habe ich mein Auge weggewendet. Ich habe mich um Gott nicht bekümmert, sondern nur an die Mehrung meines Reichtums gedacht. Wäre alles mein eigen gewesen, was der Himmel bedeckte, dennoch hätte ich nicht genug gehabt.«

Als er diese Antwort vernahm, erschrak er heftig: Die Knie fingen an ihm zu zittern, und er mußte sich niedersetzen. Da klopfte es abermals an, aber es klopfte an die Türe seiner Stube. Es war sein Nachbar, ein armer Mann, der ein Häufchen Kinder hatte, die er nicht mehr sättigen konnte. »Ich weiß«, dachte der Arme, »mein Nachbar ist reich, aber er ist ebenso hart: Ich glaube nicht, daß er mir hilft, aber meine Kinder schreien nach Brot, da will ich es wagen.« Er sprach zu dem Reichen: »Ihr gebt nicht leicht etwas von dem Eurigen weg, aber ich stehe da wie einer, dem das Wasser bis an den Kopf geht: Meine Kinder hungern, leiht mir vier Malter Korn.«

Der Reiche sah ihn lange an, da begann der erste Sonnenstrahl der Milde einen Tropfen von dem Eis der Habsucht abzuschmelzen. »Vier Malter will ich dir nicht leihen«, antwortete er, »sondern achte will ich dir schenken, aber eine Bedingung mußt du erfüllen.«

»Was soll ich tun?« sprach der Arme.

»Wenn ich tot bin, sollst du drei Nächte an meinem Grabe wachen.« Dem Bauer ward bei dem Antrag unheimlich zumut, doch in der Not, in der er sich befand, hätte er alles bewilligt: Er sagte also zu und trug das Korn heim.

Es war, als hätte der Reiche vorausgesehen, was geschehen würde, nach drei Tagen fiel er plötzlich tot zur Erde; man wußte nicht recht, wie es zugegangen war, aber niemand trauerte um ihn. Als er bestattet war, fiel dem Armen sein Versprechen ein: Gerne wäre er davon entbunden gewesen, aber er dachte: »Er hat sich gegen dich doch mildtätig erwiesen, du hast mit seinem Korn deine hungrigen Kinder gesättigt, und wäre das auch nicht, du hast einmal das Versprechen gegeben und mußt du es halten.« Bei einbrechender Nacht ging er auf den Kirchhof und setzte sich auf den Grabhügel. Es war alles still, nur der Mond schien über die Grabhügel, und manchmal flog eine Eule vorbei und ließ ihre kläglichen Töne hören. Als die Sonne aufging, begab sich der Arme ungefährdet heim, und ebenso ging die zweite Nacht ruhig vorüber. Den Abend des dritten Tags empfand er eine besondere Angst, es war ihm, als stände noch etwas bevor. Als er hinauskam, erblickte er an der Mauer des Kirchhofs einen Mann, den er noch nie gesehen hatte. Er war nicht mehr jung, hatte Narben im Gesicht und war von einem alten Mantel bedeckt, und nur große Reiterstiefel waren sichtbar. »Was sucht Ihr hier?« redete ihn der Bauer an, »gruselt Euch nicht auf dem einsamen Kirchhof?« »Ich such' nichts«, antwortete er, »aber ich fürchte auch nichts. Ich bin wie der Junge, der ausging, das Gruseln zu lernen, und sich vergeblich bemühte, der aber bekam die Königstochter zur Frau und mit ihr große Reichtümer, und ich bin immer arm geblieben. Ich bin nichts als ein abgedankter Soldat und will hier die Nacht zubringen, weil ich sonst kein Obdach habe. »Wenn Ihr keine Furcht habt«, sprach der Bauer, »so bleibt bei mir und helft mir dort den Grabhügel bewachen.« »Wache halten ist Sache des Soldaten«, antwortete er, »was uns hier begegnet, Gutes oder Böses, das wollen wir gemeinschaftlich tragen.« Der Bauer schlug ein, und sie setzten sich zusammen auf das Grab.

Alles blieb still bis Mitternacht, da ertönte auf einmal ein schneidendes Pfeifen in der Luft, und die beiden Wächter erblickten den Bösen, der leibhaftig vor ihnen stand. »Fort, ihr Halunken«, rief er ihnen zu, »der in dem Grab liegt, ist mein: Ich will ihn holen, und wo ihr nicht weggeht, dreh' ich euch die Hälse um.« »Herr mit der roten Feder«, sprach der Soldat, »Ihr seid mein Hauptmann nicht, ich brauch' Euch nicht zu gehorchen, und das Fürchten hab' ich noch nicht gelernt. Geht Eurer Wege, wir bleiben hier sitzen.« Der Teufel dachte: »Mit Gold fängst du die zwei Haderlumpen am besten«, zog gelindere Saiten auf und fragte ganz zutraulich, ob sie nicht einen Beutel mit Gold annehmen und damit heimgehen wollten. »Das läßt sich hören«, antwortete der Soldat, »aber mit einem Beutel voll Gold ist uns nicht gedient: Wenn Ihr so viel Gold geben wollt, als da in einen von meinen Stiefeln geht, so wollen wir Euch das Feld räumen und abziehen.« »So viel habe ich nicht bei mir«, sagte der Teufel, »aber ich will es holen: In der benachbarten Stadt wohnt ein Wechsler, der mein guter Freund ist, der streckt mir gerne so viel vor.« Als der Teufel verschwunden war, zog der Soldat seinen linken Stiefel aus und sprach: »Dem Kohlenbrenner wollen wir schon eine Nase drehen: Gebt mir nur Euer Messer, Gevatter.« Er schnitt von dem Stiefel die Sohle ab und stellte ihn neben den Hügel in das hohe Gras an den Rand einer halb überwachsenen Grube. »So ist alles gut«, sprach er, »nun kann der Schornsteinfeger kommen.«

Beide setzten sich und warteten, es dauerte nicht lange, so kam der Teufel und hatte ein Säckchen Gold in der Hand. »Schüttet es nur hinein«, sprach der Soldat und hob den Stiefel ein wenig in die Höhe, »das wird aber nicht genug sein.« Der Schwarze leerte das Säckchen, das Gold fiel durch, und der Stiefel blieb leer. »Dummer Teufel«, rief der Soldat, »es schickt nicht: Habe ich es nicht gleich gesagt? Kehrt nur wieder um und holt mehr.« Der Teufel schüttelte den Kopf, ging und kam nach einer Stunde mit einem viel größeren Sack unter dem Arm. »Nur eingefüllt«, rief der Soldat, »aber ich zweifle, daß der Stiefel voll wird.« Das Gold klingelte, als es hinabfiel, und der Stiefel blieb leer. Der Teufel blickte mit seinen glühenden Augen selbst hinein und überzeugte sich von der Wahrheit. »Ihr habt unverschämt starke Waden«, rief er und verzog den Mund. »Meint Ihr«, erwiderte der Soldat, »ich hätte einen Pferdefuß wie Ihr? Seit wann seid Ihr so knauserig? Macht, daß Ihr mehr Gold herbeischafft, sonst wird aus unserm Handel nichts.« Der Unhold trollte sich abermals fort. Diesmal blieb er länger aus, und als er endlich erschien, keuchte er unter der Last eines Sackes, der auf seiner Schulter lag. Er schüttete ihn in den Stiefel, der sich aber so wenig füllte als vorher. Er ward wütend und wollte dem

Soldat den Stiefel aus der Hand reißen, aber in dem Augenblick drang der erste Strahl der aufgehenden Sonne am Himmel herauf, und der böse Geist entfloh mit lautem Geschrei. Die arme Seele war gerettet.

Der Bauer wollte das Gold teilen, aber der Soldat sprach: »Gib den Armen, was mir zufällt: Ich ziehe zu dir in deine Hütte, und wir wollen mit dem übrigen in Ruhe und Frieden zusammen leben, solange es Gott gefällt.«

Märchen der Brüder Grimm

Die schöne junge Braut

Es ging einmal ein hübsches Landmädchen in den Wald, um Futter für ihre Kuh zu holen; wie sie nun in Gottes Namen grasete und an gar nichts Arges dachte, so kamen auf einmal vier Räuber, umringten sie und führten sie mit sich fort, ohne Gnad und Barmherzigkeit, sie mochte schreien und zappeln, bitten und betteln, soviel sie wollte. Weitab von des Mädchens Heimat in einem finstern Walde hatten die Räuber ein Haus, worin sie sich aufhielten, wenigstens blieben immer einige daheim, wenn die andern auf Raub auszogen. Dem Mädchen taten aber die Räuber weiter nichts zuleide, als daß sie sie eben aus ihrer Heimat fortführten und sie in dem Hause gleichsam gefangenhielten; sie mußte den Haushalt besorgen, kochen, backen und waschen, sonst hatte sie es gut, wurde aber immer scharf bewacht. Dabei hatten ihr die Räuber den Namen gegeben: schöne junge Braut.

So war nun das Mädchen schon einige Jahre in der Räuberherberge, als es sich einmal traf, daß ein Hauptraub ausgeführt werden sollte, an dem, wenn er gelingen sollte, die ganze helle Bande teilnehmen mußte. Da das Mädchen sich an das Leben in der Räuberhöhle gewöhnt zu haben schien, auch noch keinen Versuch zu entfliehen gemacht hatte und auch schwerlich durch den wilden Wald die Wege finden würde – so dachte der Hauptmann –, so blieb sie dieses Mal allein und unbewacht im Waldhause zurück. Aber die Räuber waren kaum fort, so sann die schöne Braut darauf, wie sie unerkannt entfliehen könne. Sie machte geschwind eine Gestalt von Stroh, zog derselben ihre Kleider an, setzte ihr ihre Haube auf, sich selbst aber bestrich sie von Kopf bis zu den Füßen mit Honig, wälzte sich darauf über und über in Federn, so daß sie ganz unkenntlich wurde und aussah wie ein seltsamer Vogel. Die Gestalt in ihren Kleidern lehnte sie an ein Fenster über der Haustür und ließ sie hinaussehen, doch mit verdecktem Gesicht, und dann eilte sie von dannen.

Mochte es aber nun sein, daß dem Hauptmann eine Ahnung von des Mädchens beabsichtigter Flucht kam oder daß etwas vergessen worden war, genug, er sandte einige seiner Räuber nach dem Hause zurück, und gerade mußte es sich treffen, daß ihnen auf ihrem Wege das fiedrige Käuzlein aufstieß. Sie dachten aber, es wäre einer ihrer Kumpane, der sich unkenntlich gemacht hätte, und riefen die Gestalt lachend und fragend an:

»Wohin, wohin, Herr Federsack?
Was macht die schöne junge Braut?«

Diese, die es selbst war, war zwar sehr erschrocken, doch faßte sie sich ein Herz und antwortete mit verstellter Stimme:

»Sie fegt und säubert unser Haus
und schaut wohl auch zum Fenster heraus!«

Damit machte sie, daß sie den Räubern aus dem Gesichte kam, kam auch glücklich aus dem Walde, erreichte ein Dorf, kaufte sich Kleider, badete sich und erlangte glücklich und wohlbehalten, obschon nach langer Wanderung, ihre Heimat wieder, und da sie nicht gerade das Beste in der Räuberherberge zurückgelassen hatte, sondern für ihren Jahrlohn mitgehen ließ, so hatte sie auch wohl zu leben und heiratete einen wackern Burschen.

Jene Räuber, wie die nun des Hauses ansichtig wurden, sahen die Gestalt der schönen jungen Braut am Fenster und grüßten schon von weitem, indem sie riefen:

»Grüß Gott, o schöne junge Braut,
die freundlich uns entgegenschaut.«

Da aber der Gruß unerwidert blieb, so verwunderten sich die Räuber, und als sie näher kamen, vermeinten sie, die schöne junge Braut sei eingeschlafen. Vergebens riefen sie, sie ermunterte sich nicht; vergebens geboten sie ihr zu öffnen, all ihr Pochen und Schreien, Rufen und Schelten war erfolglos, und wütend traten sie zuletzt die Türe in Trümmern, stürmten die Treppe hinauf und faßten die Gestalt der schönen jungen Braut hart an, da fiel ihnen die Strohpuppe in die Arme. Da riefen die Räuber:

»Fahr wohl, du schöne junge Braut!
Ein Tor ist, wer auf Weiber baut!«

Märchen aus Thüringen

41

DAS LUMPENGESINDEL

ähnchen sprach zum Hühnchen: »Jetzt ist die Zeit, wo die Nüsse reif werden, da wollen wir zusammen auf den Berg gehen und uns einmal recht satt essen, ehe sie das Eichhorn alle wegholt.« »Ja«, antwortete das Hühnchen, »komm, wir wollen uns eine Lust miteinander machen.«

Da gingen sie zusammen fort auf den Berg, und weil es ein heller Tag war, blieben sie bis zum Abend. Nun weiß ich nicht, ob sie sich so dick gegessen hatten, oder ob sie übermütig geworden waren, kurz, sie wollten nicht zu Fuß nach Haus gehen, und das Hähnchen mußte einen kleinen Wagen aus Nußschalen bauen. Als er fertig war, setzte sich Hühnchen hinein und sagte zum Hähnchen:

»Du kannst dich nur immer vorspannen.«

»Du kommst mir recht«, sagte das Hähnchen, »lieber geh ich zu Fuß nach Haus, als daß ich mich vorspannen lasse; nein, so haben wir nicht gewettet. Kutscher will ich wohl sein und auf dem Bock sitzen, aber selbst ziehen, das tu' ich nicht.«

Wie sie so stritten, schnatterte eine Ente daher: »Ihr Diebsvolk, wer hat euch geheißen, in meinen Nußberg zu gehen? Wartet, das soll euch schlecht bekommen!« Und ging also mit aufgesperrtem Schnabel auf das Hähnchen los.

Aber Hähnchen war auch nicht faul und stieg der Ente tüchtig zu Leib, endlich hackte es mit seinem Sporn so gewaltig auf sie los, daß sie um Gnade bat und sich gern zur Strafe vor den Wagen spannen ließ. Hähnchen setzte sich nun auf den Bock und war Kutscher, und darauf ging es fort in einem Jagen: »Ente, lauf zu, was du kannst!«

Als sie ein Stück Weges gefahren waren, begegneten sie zwei Fußgängern, einer Stecknadel und einer Nähnadel. Sie riefen: »Halt! Halt!« und sagten, es würde gleich stockdunkel werden, da könnten sie keinen Schritt weiter, auch wäre es so schmutzig auf der Straße, ob sie nicht ein wenig einsitzen könnten: Sie seien in der Schneiderherberge vor dem Tor gewesen und hätten sich beim Bier verspätet.

Hähnchen, da es magere Leute waren, die nicht viel Platz einnahmen, ließ sie beide einsteigen, doch mußten sie versprechen, ihm und seinem

Hühnchen nicht auf die Füße zu treten. Spätabends kamen sie zu einem Wirtshaus, und weil sie die Nacht nicht weiterfahren wollten, die Ente auch nicht gut zu Fuß war und von einer Seite auf die andere fiel, so kehrten sie ein.

Der Wirt machte anfangs viele Einwendungen, sein Haus sei schon voll, gedachte auch wohl, es möchte keine vornehme Herrschaft sein, endlich aber, da sie süße Reden führten, er solle das Ei haben, welches das Hühnchen unterwegs gelegt hatte, auch die Ente behalten, die alle Tage eins legte, so sagte er endlich, sie möchten die Nacht über bleiben. Nun ließen sie wieder frisch auftragen und lebten in Saus und Braus.

Frühmorgens, als es dämmerte und noch alles schlief, weckte Hähnchen das Hühnchen, holte das Ei, pickte es auf, und sie verzehrten es zusammen; die Schalen aber warfen sie auf den Feuerherd. Dann gingen sie zu der Nähnadel, die noch schlief, packten sie beim Kopf und steckten sie in das Sesselkissen des Wirts, die Stecknadel aber in sein Handtuch, endlich flogen sie, mir nichts, dir nichts, über die Heide davon.

Die Ente, die gern unter freiem Himmel schlief und im Hof geblieben war, hörte sie fortschnurren, machte sich munter und fand einen Bach, auf dem sie hinabschwamm; und das ging geschwinder als vor dem Wagen.

Ein paar Stunden später machte sich erst der Wirt aus den Federn, wusch sich und wollte sich am Handtuch abtrocknen, da fuhr ihm die Stecknadel über das Gesicht und machte ihm einen roten Strich von einem Ohr zum andern; dann ging er in die Küche und wollte sich eine Pfeife anstecken; wie er aber an den Herd kam, sprangen ihm die Eierschalen in die Augen. »Heute morgen will mir alles an meinen Kopf«, sagte er und ließ sich verdrießlich auf seinen Großvaterstuhl nieder; aber geschwind fuhr er wieder in die Höhe und schrie: »Auweh!«, denn die Nähnadel hatte ihn noch schlimmer und nicht in den Kopf gestochen. Nun war er vollends böse und hatte Verdacht auf die Gäste, die so spät gestern abend gekommen waren; und wie er ging und sich nach ihnen umsah, waren sie fort. Da tat er einen Schwur, kein Lumpengesindel mehr in sein Haus zu nehmen, das viel verzehrt, nichts bezahlt und zum Dank noch obendrein Schabernack treibt.

Märchen der Brüder Grimm

Die Tiere
auf dem Margrethimarkt

Der Bär, der Wolf, der Fuchs und der Hase saßen einmal vergnügt im grünen Waldhaus beisammen. Da sprach der Fuchs: »Wie wäre es, wenn wir auch einmal auf den Medwischer Margrethi gingen? Es soll dort sehr lustig zugehen!« Da antwortete der Bär: »Ich bin schon alt und schwach, wenn aber der Wolf mitgeht und uns schützen will, so ist es mir recht. Denn das Menschenkind ist falsch und uns aufsässig!«

»Was? Ich fürchte mich nicht!« schrie der Wolf trotzig und heulte so laut, daß die Käuze vor Schreck von den Bäumen flogen, »ich gehe mit, und ihr sollt weder Schaden nach Schande haben!«

»Auch ich will mit, auch ich!« rief froh der Hase.

»Halt's Maul, Junge, du bist noch zu dumm«, sprach der Fuchs. »Du würdest überallhin gaffen und große Augen machen und uns nur in Not bringen!« Da schmiegte sich der Hase an den Wolf, als wenn er sagen wollte: »Macht, daß ich auch mitgehe!« Dem Wolf gefiel das, und er sprach: »Der Hase muß auch mit!« und streichelte ihm übers Gesicht.

»Aber wofür sollen wir uns ausgeben?« fragte der Bär. »Es muß doch jedermann etwas vorstellen, der auf den Margrethi geht.«

»Ach was, das ist leicht!« sprach der Wolf. »Für Studenten. Ihr singt den Baß, der Fuchs den Alt, der Hase Sopran. Ich will Kantor sein und die Melodie leiten und halten!«

Als sie alles gehörig besprochen hatten, machte jeder seinen Pelz rein, denn man muß auf dem Margrethimarkt geputzt erscheinen, und dann brachen sie auf. Sie getrauten sich aber doch nicht recht, am hellen Tag in die Stadt zu gehen, und warteten am Waldrand, bis die Dämmerung anbrach. Da kamen sie auf den Zehen ganz leise in die Vorstadt. Sie gingen aber hintereinander, der Wolf zuerst, dann folgte der Fuchs, dann der Bär, zuletzt der Hase.

In der Vorstadt ist das große Wirtshaus. Der Wirt hatte gerade Schweine geschlachtet, und es roch ihnen die frische Wurst entgegen. »Da müssen wir hinein«, sprach der Wolf, »und uns gütlich tun! Da kennt man uns nicht!«

Der Fuchs wollte nicht recht und sah sich zuerst die Gelegenheit genau an. Es sah ihm gefährlich aus.

»Gevatter, seid nicht so hitzig!« Der Wolf aber roch nur die Wurst, hörte nichts und klinkte gleich die Tür auf. »Nur herein, willkommen!« sprach der Wirt. Da gingen alle hinein.

»Frische Wurst und Wein her!« schrie der Wolf. »Aber viel!«

Der Kellner brachte es. Sie setzten sich und aßen und tranken, und wie nur etwas auf den Tisch kam, gleich war es verschwunden, der Kellner konnte nicht genug bringen.

Endlich waren sie satt. Da kam der Wirt mit der Kreide und sprach: »Zahlen!« Ja, ja, da fing ihre Not an. Der Wolf allein hatte den Mut zu reden und sprach: »Herr Wirt, wir sind vier Studenten und kommen, um auf dem Jahrmarkt zu singen. Morgen haben wir bestimmt soviel verdient, daß wir Euch das Essen sechsmal bezahlen können und noch einen Schmaus dazu!«

»Das ist alles recht schön!« sagte der Wirt. »Laßt indessen nur eure Mäntel zum Pfand!« Der Wirt – ein erfahrener Mann – hatte gleich beim Eintreten der Gäste ihnen angesehen, was für Zahler sie waren, und hatte im stillen den Kürschner herbeikommen lassen. »Mein Freund da, der Kürschner, wird das Ausziehen besorgen!« Als sie den Namen Kürschner hörten, sprangen alle voll Entsetzen auf und eilten zur Tür, die war jedoch wohlverschlossen. Der Kürschner und der Wirt suchten nun einen nach dem anderen zu packen und zu binden. Der Bär brummte, der Wolf heulte, der Fuchs bellte, nur der Hase war vor Furcht stumm und starr, und die Augen standen ihm heraus, der Sopran versagte ihm, und bis heute hat er die Stimme nicht zurückerhalten. Ja, das war einmal ein Gesang!

Der Wolf und der Fuchs sprangen dem Kürschner und dem Wirt immer zwischen den Händen durch. Da fingen sie zuerst den Hasen, und das war leicht, denn der regte und rührte sich ja nicht von der Stelle, und nagelten ihn am Zagel (Schwanz) an die Wand, dann machten sie sich über den Bären. Den überwältigten sie auch ohne große Mühe, denn er war alt und schwerfällig, nagelten ihn auch am Zagel an die Wand. Jetzt blieben noch der Wolf und der Fuchs übrig. Die sprangen unter Geheul und Gebell wild herum, auf und ab, bald an die Tür, bald an das Fenster. In der äußersten Angst und Not sprang der Wolf mit aller Kraft noch einmal gegen den Fensterladen, der plumpste hinaus, der Wolf mit. Er brach sich ein Bein, aber er raffte sich dennoch auf und lief unter Jammergeheul davon.

Als der Fuchs das Fenster offen sah, sprang er sogleich nach, die Wirtin aber, die Milchrahm zu Butter rühren sollte, hatte gerade den rahmigen Löffel in der Hand und stand an der Fensteröffnung. Als sie den Fuchs springen sah, schlug sie mit dem Löffel nach ihm, traf aber nur die Zagelspitze, und die ist bis auf den heutigen Tag rahmig. Der Kürschner und der Wirt waren hinausgeeilt, um den Wolf noch zu fangen und den Fensterladen wieder anzumachen, damit der Fuchs nicht hinaus könne, indessen war dieser auch schon über alle Berge. Auch der Bär war aber jetzt nicht müßig, als er die Öffnung sah und wie der Wolf und der Fuchs glücklich entwischt waren. Er zog, er riß, er wand sich – und er war los, aber der Zagel hing an der Wand. Und auch dem Hasen war auf einmal der verlorene Mut wiedergekommen, er machte es wie der Bär, er ließ seinen Zagel an der Wand und – hast du gesehen! – war davon, und nicht leicht konnte etwas schneller sein als er. Er lief in einem Atem, ohne umzuschauen, bis in den Wald. Noch heute hat weder der Bär noch der Hase seinen Zagel eingelöst. Du kannst sie bei dem Medwischer Wirt oder, wenn dort nicht, bei dem Kürschner sehen, und seit der Zeit sind Bär, Wolf, Fuchs und Hase weder zusammen noch allein je auf dem Medwischer Margrethi gewesen. Es ist ihnen nicht gut bekommen. Der schlaue Fuchs war noch am besten durchgekommen.

Märchen aus Siebenbürgen

Prinzessin Mäusehaut

Ein König hatte drei Töchter; da wollte er wissen, welche ihn am liebsten hätte, ließ sie vor sich kommen und fragte sie. Die Älteste sprach, sie habe ihn lieber als das ganze Königreich; die zweite, als alle Edelsteine und Perlen auf der Welt; die dritte aber sagte, sie habe ihn lieber als das Salz. Der König ward aufgebracht, daß sie ihre Liebe zu ihm mit einer so geringen Sache vergleiche, übergab sie einem Diener und befahl, er solle sie in den Wald führen und töten. Wie sie in den Wald gekommen waren, bat die Prinzessin den Diener um ihr Leben; dieser war ihr treu, und würde sie doch nicht getötet haben, er sagte auch, er wolle mit ihr gehen, und ganz nach ihren Befehlen tun. Die Prinzessin verlangte aber nichts als ein Kleid von Mäusehaut, und als er ihr das geholt, wickelte sie sich hinein und ging fort. Sie ging geradezu an den Hof eines benachbarten Königs, gab sich für einen Mann aus, und bat den König, daß er sie in seine Dienste nehme. Der König sagte es zu, und sie solle bei ihm die Aufwartung haben: Abends mußte sie ihm die Stiefel ausziehen, die warf er ihr allemal an den Kopf. Einmal fragte er, woher sie sey? – »Aus dem Lande, wo man den Leuten die Stiefel nicht um den Kopf wirft.« Der König ward da aufmerksam, endlich brachten ihm die andern Diener einen Ring; Mäusehaut habe ihn verloren, der sey zu kostbar, den müsse er gestohlen haben. Der König ließ Mäusehaut vor sich kommen und fragte, woher der Ring sey? Da konnte sich Mäusehaut nicht länger verbergen, sie wickelte sich von der Mäusehaut los, ihre goldgelben Haare quollen hervor, und sie trat heraus so schön, aber auch so schön, daß der König gleich die Krone von seinem Kopf abnahm und ihr aufsetzte und sie für seine Gemahlin erklärte.

Zu der Hochzeit wurde auch der Vater der Mäusehaut eingeladen, der glaubte, seine Tochter sey schon längst tot, und erkannte sie nicht wieder. Auf der Tafel aber waren alle Speisen, die ihm vorgesetzt wurden, ungesalzen, da ward er ärgerlich und sagte: Ich will lieber nicht leben als solche Speise essen!« Wie er das Wort ausgesagt, sprach die Königin zu ihm: »Jetzt wollt ihr nicht leben ohne Salz, und doch habt ihr mich einmal wollen töten lassen, weil ich sagte, ich hätte euch lieber als Salz!« Da erkannte er seine Tochter und küßte sie und bat sie um Verzeihung, und es war ihm lieber als sein Königreich und alle Edelsteine der Welt, daß er sie wiedergefunden.

Märchen der Brüder Grimm, Urfassung

Das Nusszweiglein

E s war einmal ein reicher Kaufmann, der mußte in seinen Geschäften
in fremde Länder reisen. Da er nun Abschied nahm, sprach er zu seinen drei Töchtern:»Liebe Töchter, ich möchte euch gerne bei meiner
Rückkehr eine Freude bereiten, sagt mir daher, was ich euch mitbringen soll?«
Die Älteste sprach: »Lieber Vater, mir eine schöne Perlenhalskette!« Die
andere sprach: »Ich wünschte mir einen Fingerring mit einem Demant-
stein.« Die Jüngste schmiegte sich an des Vaters Herz und flüsterte:»Mir
ein schönes, grünes Nußzweiglein, Väterchen. «

»Gut, meine lieben Töchter!« sprach der Kaufmann, »ich will mir's auf-
merken, und dann lebet wohl.«

Weit fort reisete der Kaufmann und machte große Einkäufe, gedachte
aber auch treulich der Wünsche seiner Töchter. Eine kostbare Perlenhalskette hatte er bereits in seinen Reisekoffer gepackt, um seine Älteste damit
zu erfreuen, und einen gleich wertvollen Demantring hatte er für die mitt-
lere Tochter eingekauft. Einen grünen Nußzweig aber konnte er nirgends
gewahren, wie er sich auch darum bemühte. Auf der Heimreise ging er deshalb große Strecken zu Fuß und hoffte, da sein Weg ihn vielfach durch Wälder führte, endlich einen Nußbaum anzutreffen. Doch dies war lange
vergeblich, und der gute Vater fing an betrübt zu werden, daß er die harm-
lose Bitte seines jüngsten und liebsten Kindes nicht zu erfüllen vermochte.

Endlich, als er so betrübt seines Weges dahinzog, der ihn just durch einen dunkeln Wald und an dichtem Gebüsch vorüberführte, stieß er mit seinem Hut an einen Zweig, und es raschelte, als fielen Schloßen darauf. Wie
er aufsah, war's ein schöner, grüner Nußzweig, daran eine Traube goldner
Nüsse hing. Da war der Mann sehr erfreut, langte mit der Hand empor und
brach den herrlichen Zweig ab.

Aber in demselben Augenblicke schoß ein wilder Bär aus dem Dickicht
und stellte sich grimmig brummend auf die Hintertatzen, als wollte er den
Kaufmann gleich zerreißen. Und mit furchtbarer Stimme brüllte er: »Warum hast du meinen Nußzweig abgebrochen, du? Warum? Ich werde dich
auffressen.« Bebend vor Schreck und zitternd sprach der Kaufmann: »O lieber Bär, friß mich nicht und laß mich mit dem Nußzweiglein meines We-

ges ziehen, ich will dir auch einen großen Schinken und viele Würste dafür geben!« Aber der Bär brüllte wieder: »Behalte deinen Schinken und deine Würste! Nur wenn du mir versprichst, mir dasjenige zu geben, was dir zu Hause als erstes begegnet, so will ich dich nicht fressen.« Dies ging der Kaufmann gerne ein, denn er gedachte, wie sein Pudel gewöhnlich ihm entgegenlaufe, und diesen wollte er, um sich das Leben zu retten, gerne opfern. Nach derbem Handschlag tappte der Bär ruhig ins Dickicht zurück; und der Kaufmann schritt, aufatmend, rasch und fröhlich von dannen.

Der goldene Nußzweig prangte herrlich am Hut des Kaufmanns, als er seiner Heimat zueilte. Freudig hüpfte das jüngste Mägdlein ihrem lieben Vater entgegen; mit tollen Sprüngen kam der Pudel hinterdrein, und die ältesten Töchter und die Mutter schritten etwas weniger schnell aus der Haustüre, um den Ankommenden zu begrüßen. Wie erschrak nun der Kaufmann, als seine jüngste Tochter die erste war, die ihm entgegenflog! Bekümmert und betrübt entzog er sich der Umarmung des glücklichen Kindes und teilte nach den ersten Grüßen den Seinigen mit, was ihm mit dem Nußzweig widerfahren. Da weinten nun alle und wurden betrübt, doch zeigte die jüngste Tochter den meisten Mut und nahm sich vor, des Vaters Versprechen zu erfüllen. Auch ersann die Mutter bald einen guten Rat und sprach: »Ängstigen wir uns nicht, meine Lieben, sollte ja der Bär kommen und dich, mein lieber Mann, an dein Versprechen erinnern, so geben wir ihm, anstatt unsrer Jüngsten, die Hirtentochter, mit dieser wird er auch zufrieden sein.« Dieser Vorschlag galt, und die Töchter waren wieder fröhlich und freuten sich recht über diese schönen Geschenke. Die Jüngste trug ihren Nußzweig immer bei sich; sie gedachte bald gar nicht mehr an den Bären und an das Versprechen ihres Vaters.

Aber eines Tages rasselte ein dunkler Wagen durch die Straße vor das Haus des Kaufmanns, und der häßliche Bär stieg heraus und trat brummend in das Haus und vor den erschrockenen Mann, die Erfüllung seines Versprechens begehrend. Schnell und heimlich wurde die Hirtentochter, die sehr häßlich war, herbeigeholt, schön geputzt und in den Wagen des Bären gesetzt. Und die Reise ging fort. Draußen legte der Bär sein wildes zotteliges Haupt auf den Schoß der Hirtin und brummte:

»Graue mich, grabble mich,
hinter den Ohren zart und fein,
oder ich freß dich mit Haut und Bein!«

Und das Mädchen fing an zu grabbeln; aber sie machte es dem Bären nicht recht, und er merkte, daß er betrogen wurde. Da wollte er die geputzte Hirtin fressen, doch diese sprang rasch in ihrer Todesangst aus dem Wagen. Darauf fuhr der Bär abermals vor das Haus des Kaufmanns und forderte furchtbar drohend die rechte Braut. So mußte denn das liebliche Mägdlein herbei, um nach schwerem bittern Abschied mit dem häßlichen Bräutigam fortzufahren. Draußen brummte er wieder, seinen rauhen Kopf auf des Mädchens Schoß legend:

> *Graue mich, grabble mich,*
> *hinter den Ohren zart und fein,*
> *oder ich freß dich mit Haut und Bein!*«

Und das Mädchen grabbelte und so sanft, daß es ihm behagte und daß sein furchtbarer Bärenblick freundlich wurde, so daß allmählich die arme Bärenbraut einiges Vertrauen zu ihm gewann. Die Reise dauerte nicht gar lange, denn der Wagen fuhr ungeheuer schnell, als brause ein Sturmwind durch die Luft. Bald kamen sie in einen sehr dunklen Wald, und dort hielt plötzlich der Wagen vor einer finster gähnenden Höhle. Diese war die Wohnung des Bären. O wie zitterte das Mädchen! Und zumal da der Bär sie mit seinen furchtbaren Klauenarmen umschlang und zu ihr freundlich brummend sprach: »Hier sollst du wohnen, Bräutchen, und glücklich sein, so du drinnen dich brav benimmst, daß mein wildes Getier dich nicht zerreißt.« Und er schloß, als beide in der dunkeln Höhle einige Schritte getan, eine eiserne Türe auf und trat mit der Braut in ein Zimmer, das voll von giftigem Gewürm angefüllt war, welches ihnen gierig entgegenzüngelte. Und der Bär brummte seinem Bräutchen ins Ohr:

> *»Sieh dich nicht um!*
> *Nicht rechts, nicht links,*
> *gerade zu, so hast du Ruh!*«

Da ging auch das Mädchen, ohne sich umzublicken, durch das Zimmer, und es regte und bewegte sich so lange kein Wurm. Und so ging es noch durch zehn Zimmer, und das letzte war von den scheußlichsten Kreaturen angefüllt, Drachen und Schlangen, giftgeschwollenen Kröten, Basilisken und Lindwürmern. Und der Bär brummte in jedem Zimmer:

»Sieh dich nicht um!
Nicht rechts, nicht links,
gerade zu, so hast du Ruh!«

Das Mädchen zitterte und bebte vor Angst und Bangigkeit wie ein Espenlaub, doch blieb sie standhaft, sah sich nicht um, nicht rechts, nicht links. Als sich aber das zwölfte Zimmer öffnete, strahlte beiden ein glänzender Lichtschimmer entgegen, es erschallte drinnen eine liebliche Musik, und es jauchzte überall wie Freudengeschrei, wie Jubel. Ehe sich die Braut nur ein wenig besinnen konnte, noch zitternd vom Schauen des Entsetzlichen und nun wieder dieser überraschenden Lieblichkeit, tat es einen furchtbaren Donnerschlag, also daß sie dachte, es brächen Erde und Himmel zusammen. Aber bald ward es wieder ruhig. Der Wald, die Höhle, die Gifttiere, der Bär waren verschwunden. Ein prächtiges Schloß mit goldgeschmückten Zimmern und schön gekleideter Dienerschaft stand dafür da, und der Bär war ein schöner junger Mann geworden, war der Fürst des herrlichen Schlosses, der nun sein liebes Bräutchen an das Herz drückte und ihr tausendmal dankte, daß sie ihn und seine Diener, das Getier, so liebreich aus seiner Verzauberung erlöset.

Die nun so hohe, reiche Fürstin trug aber noch immer ihren schönen Nußzweig am Busen, der die Eigenschaft hatte, nie zu verwelken, und trug ihn jetzt nur noch um so lieber, da er der Schlüssel ihres holden Glückes geworden. Bald wurden ihre Eltern und ihre Geschwister von diesem freundlichen Geschick benachrichtigt und wurden für immer, zu einem herrlichen Wohlleben, von dem Bärenfürsten auf das Schloß genommen.

Ludwig Bechstein

Märchen, die mein Leben prägten

Der Ritt auf den Glasberg

Es war einmal ein Bauer, der hatte drei Söhne. Der älteste hieß Fritz, und der zweite, der hieß Johann, und der dritte und jüngste, der hieß Krischan. Der Krischan aber, der war etwas langsam, und deshalb hielten ihn die Brüder immer für einen Dummling.

Als nun der Bauer auf dem Sterbebett lag, da ließ er seine drei Söhne kommen, und er sprach zu ihnen:»Wenn ich nun tot bin, dann stellt meinen Sarg geöffnet in die Kirche. Ein jeder von euch soll eine Nacht bei mir wachen, zuerst Fritz und dann Johann und als letzter Krischan.« Als nun der Bauer tot war, stellten seine Söhne den Sarg geöffnet in die Kirche. Da nun die erste Nacht herankam und die Reihe an Fritz war, ging Fritz zu Krischan, gab ihm gute Worte und sprach:»Du, Krischan, mir graut so vor Vater, geh du an meiner Stelle zur Kirche.« Und so ging Krischan zur Kirche, und um Mitternacht erhob sich der tote Vater im Sarge und fragte:»Bist du's, mein Sohn Fritz?«

»Nein, Vater, hier ist Krischan, Fritz hatte Angst vor dir.« Da gab ihm der Vater eine schwarze Flöte und sprach:

»Wenn die Morgensonne scheint, Krischan, geh hinaus auf den Kirchhof und blase auf beiden Enden der Flöte.« Dann legte sich der Vater wieder im Sarg hin und schlief. Als die Morgensonne schien, da ging Krischan hinaus auf den Kirchhof, und er blies am oberen Ende der Flöte, und da kam ein Rappe geritten, der hatte ein Bündel der allerschönsten Kleider bei sich. Krischan ritt die kreuz und die quer, dann blies er am unteren Ende, und der Rappe versank im Boden. Krischan versteckte die Flöte in der Kirchhofmauer, ging heim und erzählte nichts von seinem Erlebnis.

Am zweiten Abend, als die Reihe an Johann war, ging auch Johann zu Krischan, gab ihm gute Worte und sprach:

»Du, Krischan, mir graut so vor Vater, geh du an meiner Stelle zur Kirche.« Und so ging Krischan zur Kirche. Um Mitternacht erhob sich wiederum der tote Vater im Sarg und fragte:»Bist du's, mein Sohn Johann?«

»Nein, Vater, hier ist Krischan, Johann hatte Angst vor dir.« Da gab ihm dieses Mal der Vater eine rote Flöte und sprach wieder:»Wenn die Morgensonne scheint, Krischan, geh hinaus auf den Kirchhof und blase auf beiden Enden der Flöte.« Dann legte sich der Vater wieder im Sarg hin und schlief.

Als die Morgensonne schien, da ging Krischan auf den Kirchhof, und er blies am oberen Ende der Flöte, und dieses Mal kam ein Fuchshengst geritten, der hatte noch schönere Kleider dabei als der Rappe. Wieder ritt Krischan die kreuz und die quer, dann blies er am unteren Ende, und der Fuchshengst versank im Boden. Krischan versteckte die Flöte in der Kirchhofmauer, ging heim und erzählte nichts von seinem Erlebnis.

Am dritten Abend, da war ja die Reihe an ihm selbst, und er ging ganz ruhig zur Kirche. Und wieder erhob sich der tote Vater um Mitternacht im Sarg und fragte: »Bist du's, mein Sohn Krischan?«

»Ja, Vater, hier ist Krischan.« Da gab ihm dieses Mal der Vater eine weiße Flöte und sprach: »Wenn die Morgensonne scheint, Krischan, geh hinaus auf den Kirchhof und blase auf beiden Enden der Flöte, und von nun an braucht keiner mehr bei mir zu wachen.«

Als die Morgensonne schien, da ging Krischan hinaus auf den Kirchhof, und er blies am oberen Ende der Flöte, und dieses Mal, da kam ein Schimmel geritten, dessen Zaumzeug war von Gold und von Silber, und er hatte ein Bündel der aller-, allerschönsten Kleider bei sich. Und wieder ritt Krischan die kreuz und die quer, dann blies er am unteren Ende, und der Schimmel versank im Boden. Krischan versteckte die Flöte in der Kirchhofmauer, ging heim und erzählte nichts von seinem Erlebnis.

Als nun die drei Nächte vorübergegangen waren, da wurden die Brüder recht häßlich zu Krischan. Zu essen bekam er beinahe überhaupt nichts, so daß er immer Hunger hatte. Prügel aber bekam er von ihnen um so mehr, und er mußte meistens im Stall bleiben und durfte beinahe nie in die Wohnstube.

Da ging zu dieser Zeit eine Kunde durch das Land: Die Königin des Landes ließ bekanntmachen, wer ihre Tochter zur Frau wolle, der müsse bis zur Spitze des Glasberges reiten, und dort würde die Prinzessin sitzen. Wer ihr den goldenen Apfel und das seidene Tuch aus der Hand nehmen könne, der würde sie zur Frau bekommen. Als nun der Morgen herankam, an dem die Freier zum Glasberg reiten sollten, da machten sich auch die beiden älteren Brüder, der Fritz und der Johann, bereit. Krischan bat, sie sollten ihn doch auch mitnehmen, aber sie lachten ihn nur aus, banden ihm die Wollstrümpfe an den Holzpantoffeln fest und gingen lachend davon. Als nun Krischan allein war, da schlüpfte er aus den Strümpfen samt den Pantoffeln, ging barfuß zum Brunnen und wusch sich. Dann ging er zum Kirchhof und flötete den Rappen herbei. Als er zum Glasberg geritten kam, da war er so schön, daß ihn niemand erkannte, auch die beiden Brüder nicht. Und er ritt bis zum ersten Drittel des Glasberges, und das Volk jubelte ihm zu, denn so weit war keiner der anderen Freier geritten. Unter dem Jubel des Volkes ritt Krischan zurück, und als die beiden Brüder nach Hause kamen, da saß der Krischan in all seinen Lumpen und all seinem Schmutz auf der Ofenbank. Die Brüder waren ganz voll von Erzählen, von dem schönen Ritter, der so weit gekommen sei, und wie prächtig er ausgesehen habe. Und sie rieten hin und sie rieten her, wer der schöne Ritter wohl gewesen sei. Als sie lange genug geraten hatten, da sprach Krischan: »Ihr habt's gesehen, und ich, ich bin's gewesen.« Da wurden die beiden Brüder so zornig, sie verprügelten den Krischan und warfen ihn aus der Wohnstube hinaus.

Am nächsten Morgen gingen die Brüder fort. Und wieder ging Krischan, als er allein war, zum Brunnen, wusch sich, ging zum Kirchhof und flötete sich diesmal den Fuchshengst herbei. Als er zum Glasberg geritten kam, da jubelte ihm alles zu, und unter dem Jubel des Volkes kam er beinahe bis zur Spitze des Glasberges. Und das Volk jubelte ihm noch mehr zu, denn so weit war keiner der anderen Freier gekommen. Unter dem Jubel des Volkes ritt Krischan wiederum zurück, und als die Brüder nach Hause kamen, da saß der Krischan wieder in all seinen Lumpen und all seinem Schmutz auf der Ofenbank. Die Brüder waren ganz voll von Erzählen, von dem schönen Ritter, der so weit gekommen sei, und wie prächtig er ausgesehen habe. Und sie rieten hin und sie rieten her, wer der Ritter wohl gewesen sei. Als sie lange genug geraten hatten, da sprach Krischan wieder: »Ihr habt's gesehen, und ich bin's gewesen.« Da wurden die beiden noch zorniger, sie verprügelten den Krischan noch mehr und warfen ihn wieder aus der Wohnstube hinaus.

Am dritten Morgen gingen die Brüder fort. Und wieder ging Krischan, als er allein war, zum Brunnen, wusch sich, ging zum Kirchhof und flötete sich diesmal den Schimmel herbei. Als er nun zum Glasberg geritten kam, da war er so schön, daß er sogar einen Schein von sich gab. Und unter dem Jubel des Volkes ritt Krischan bis zur Spitze des Glasberges und nahm dort der Prinzessin den goldenen Apfel und das seidene Tuch aus der Hand. Unter dem Jubel des Volkes ritt Krischan zurück. Aber dieses Mal, als er am unteren Ende geflötet hatte und der Schimmel im Boden versunken war, da versteckte er die drei Flöten bei sich. Den goldenen Apfel aber und das seidene Tuch, die versteckte er auf seiner Brust unter all den Lumpen. Als die

Brüder nach Hause kamen, da saß der Krischan wiederum in all seinen Lumpen und all seinem Schmutz auf der Ofenbank. Die Brüder, die waren dieses Mal ganz voll von Erzählen, von dem schönen Ritter, der so schön gewesen und der bis zur Spitze des Berges geritten sei und der Prinzessin den Apfel und das Tuch aus der Hand genommen habe und sie jetzt zur Frau bekommen würde. Und sie rieten hin und sie rieten her, wer der schöne Ritter wohl gewesen sei. Als sie lange, lange genug geraten hatten, da sprach der Krischan wieder: »Ihr habt's gesehen, und ich bin's gewesen.« Da wurden die beiden sehr zornig. Sie prügelten den Krischan halb tot und warfen ihn aus der Wohnstube. Von nun an durfte er überhaupt nicht mehr in die Stube kommen und mußte immer im Stall bleiben.

Die Königin aber, die wollte es gewiß wissen, wer der schöne Ritter gewesen sei, der ihrer Tochter den Apfel und das Tuch genommen habe. Und sie sandte ihre Boten aus im ganzen Reiche, und sie mußten in alle Häuser gehen, wo junge Männer wohnten. So kamen die Boten auch zum Hofe der drei Brüder. Der Fritz und der Johann konnten natürlich den Apfel und das Tuch nicht zeigen. Da bemerkte einer der Boten, daß im Stall ja noch einer sei. »Ach«, lachten die beiden Älteren, »zu dem Dummling braucht ihr überhaupt nicht zu gehen, zu dem schmutzigen.« Aber die Boten gingen dennoch, und siehe, sie fanden bei Krischan unter all seinen Lumpen den goldenen Apfel und das seidene Tuch auf seiner Brust. Und da nahmen sie den Krischan mit, schmutzig und in Lumpen, wie er gerade war. Als nun die Prinzessin den Krischan so sah, da weinte sie und sprach, der schmutzige Bettler, der sei nicht der schöne Ritter, der ihr den Apfel und das Tuch genommen habe. Die Hofdamen fielen vor Entsetzen beinahe in Ohnmacht, und dem Krischan, dem wäre es beinahe wieder schlimm ergangen, aber da dachte er zum Glück an seine drei Flöten, und er flötete sich seine drei Rosse herbei. Als er nun gebadet und schön gekleidet war, da erkannte ihn die Prinzessin wieder, und sie nahm ihn gerne zum Mann. Und der Krischan, der wurde ein weiser und kluger König. Was mit den beiden älteren Brüdern, dem Fritz und dem Johann, geschehen ist, das weiß ich nun nicht so genau, aber ich hoffe, daß sie etwas klüger geworden sind.

Märchen aus Mecklenburg

DIE MAUSBRAUT

Es war einmal ein Bauer, der hatte drei Söhne. Jedesmal, wenn einer der Söhne geboren wurde, pflanzte der Bauer einen Baum. Als nun die Söhne erwachsen waren und in das Alter kamen, um zu heiraten, da ließ der Bauer die Bäume fällen und sprach:»Geht nun, meine lieben Söhne, ein jeder in die Richtung, in die sein Baum gefallen ist, und sucht euch dort eine Braut.«

Nun war der Baum des Ältesten in Richtung eines andern reichen Bauernhofs gefallen. Und so nahm sich der Älteste die reiche Bauerntochter zur Braut. Der Baum des zweiten Sohnes war in Richtung eines reichen Kaufmannshauses gefallen. Und so nahm sich der zweite die reiche Kaufmannstochter zur Braut. Der Baum des Jüngsten aber war in Richtung zum Wald gefallen.

Da machte sich der Jüngste traurig auf, wanderte den ganzen Tag durch den Wald, ohne einen Menschen zu finden. Als es Abend war, kam er zu einer einsamen Waldhütte, betrat diese, sah auch dort keinen Menschen, nur auf dem Tisch saß eine kleine Maus. Schon wollte er sich umwenden, da rief ihm die Maus mit menschlicher Stimme zu:

»Wen suchst du denn?«

»Ach«, sprach er traurig, »ich bin ausgezogen, um mir eine Braut zu suchen. Da hier auch niemand ist, werde ich weiterwandern und suchen müssen.«

»Weshalb denn?« sprach die Maus. »Nimm doch mich zur Braut.«

»Ja, wie kann ich dich denn zur Braut nehmen, du bist doch eine Maus und kein Mensch!«

»Nimm mich trotzdem«, sprach die Maus, »und du wirst sehen, es wird dich nicht reuen.«

Da vertraute der Jüngste der Maus und ging an den Hof des Vaters zurück. Dort waren die beiden älteren Brüder auch gekommen, die prahlten mit der Schönheit und dem Reichtum ihrer Bräute. Der Jüngste sprach nur, er habe im Wald auch etwas Gutes gefunden. Vor dem Vater prahlten die beiden Älteren noch mehr, und der Jüngste sprach nur, er habe jetzt auch eine Braut. Jetzt aber verlangte der Vater, daß die Bräute der Söhne ihm ein Brot backen sollten. Da ging der Jüngste traurig hinaus in die Waldhütte. »Weshalb bist du denn so traurig?« fragte die Maus, seine Braut.

»Ach«, sprach er, »jetzt verlangt mein Vater, daß du ihm ein Brot backe sollst.«

»Wenn es weiter nichts ist«, sprach die Maus und nahm eine Glocke, die neben ihr stand, und fing an zu läuten. Da kamen aus allen Ecken und Enden die Mäuse gelaufen. Die Mausbraut befahl ihnen, daß jede von ihnen ein bißchen des allerfeinsten Weizenmehls bringen solle. Im Nu kamen alle Mäuse wieder zurück. Jede trug ein bißchen des allerfeinsten Weizenmehls im Pfötchen. Dann fingen die Mäuse an zu kneten und zu formen, schoben das Brot in den Backofen – und ehe der Jüngste noch schauen konnte, zogen sie es wieder hervor, und die Maus, seine Braut, übergab ihm ein schön geformtes und gebackenes Brot. Er aber brachte es an den Hof seines Vaters.

Dort waren die beiden älteren Brüder gekommen mit dem Brot, das ihre Bräute gebacken hatten. Das des Ältesten war aus schlecht gemahlenem Gerstenmehl. Es war schlecht geknetet und schlecht gebacken. Das des zweiten war aus schlecht gemahlenem Roggenmehl. Es war nicht besser geknetet und nicht besser gebacken als das des ältesten Bruders. Da übergab der Jüngste dem Vater das Brot. Da mußten dieser und alle anderen gestehen, daß die Braut des Jüngsten am besten backen könne. Die beiden älteren Brüder wurden aber darüber sehr zornig. Jetzt aber befahl der Vater, daß die Bräute der Söhne ihm ein Stück Leinwand weben sollten. Wieder ging der Jüngste traurig hinaus in die Waldhütte. »Weshalb bist du denn wiederum so traurig?« fragte ihn die Maus, seine Braut.

»Ach, dieses Mal verlangt mein Vater, daß du ihm ein Stück Leinwand weben sollst.«

»Wenn es weiter nichts ist«, sprach sie, nahm die Glocke, die neben ihr stand, fing an zu läuten, und es kamen aus allen Ecken und Enden die Mäuse gelaufen. Und die Mausbraut befahl, daß jede von ihnen ihr ein bißchen des allerfeinsten Flachsfadens bringen solle. Im Nu kamen alle Mäuse zurück. Jede trug ein bißchen des allerfeinsten Fadens im Schnäuzchen. Dann fingen die Mäuse an zu spinnen und zu weben. Und ehe der Jüngste noch schauen konnte, übergab ihm die Mausbraut eine geschlossene Nuß, und sie sprach zu ihm: »Wenn dein Vater das Leinen sehen will, das ich gewebt habe, übergib ihm die Nuß, er soll sie dann öffnen, und hab Vertrauen.«

Und der Jüngste vertraute der Maus und ging an den Hof des Vaters zurück. Dort waren wieder die beiden älteren Brüder gekommen mit dem Leinen, das ihre Bräute gewebt hatten. Das des Ältesten war voller Knoten und voller Löcher. Das des zweiten sah auch nicht viel besser aus. Da übergab der Jüngste dem Vater die Nuß. Als dieser sie öffnete, zog er ganze Berge des allerfeinsten Leinens hervor, noch feiner als Seide, wie man es noch nie gesehen hatte. Der Vater und alle anderen mußten gestehen, daß die Braut des Jüngsten auch am besten weben könne. Da wurden die beiden älteren Brüder noch zorniger als am Tage zuvor. Jetzt aber befahl der Vater, daß die Söhne mit ihren Bräuten zu ihm an den Hof kommen sollten. Er wollte den Nachbarn zeigen, was für schöne Bräute sie gewonnen hätten. Dann wollte er mit ihnen zur Kirche fahren, damit alle Leute sehen sollten, was für schöne Schwiegertöchter er bekommen würde. Da ging der Jüngste traurig und voll Herzklopfen hinaus in die Waldhütte. Er fürchtete sich, daß der Vater sehr zornig werden würde, wenn er die Maus sehen würde, und daß ihn die Brüder verspotten würden. »Weshalb bist du denn wiederum so traurig?« fragte die Maus, seine Braut.

»Ach, jetzt verlangt mein Vater, daß ich dich an den Hof bringen soll. Er will dich den Nachbarn zeigen, und dann will er mit dir zur Kirche fahren, damit alle Leute dich sehen sollen.«

»Sei ohne Sorge«, sprach sie. Dann nahm sie sieben schwarze Mäuse, spannte diese vor einen Wagen aus Nußschalen, setzte sich hinein und fuhr weg. Und der Jüngste schritt neben dem Wagen her. Sooft er auf die Maus sah, fürchtete er den Zorn des Vaters, wenn die Maus sehen würde. Jetzt aber kamen sie zu einer Brücke, die über einen großen Fluß führte. Als sie mitten auf der Brücke waren, kam ein Mann über diese geschritten. Und als er die Mäuse sah, stieß er sie mit dem Fuß ins Wasser. Entsetzt schaute der Jüngste hinab in das Wasser. Er hatte die Maus doch schon liebgehabt. Aber siehe, da erhoben sich im Wasser sieben glänzende schwarze Pferde, die zogen eine goldene Kutsche, darin saß ein Mädchen, so schön wie der lichte Tag.

Das schöne Mädchen aber winkte diesen zu sich heran. »Erkennst du mich nicht wieder?« sprach sie. »Ich bin doch die Maus, deine Braut. Siehst du, ein böser Zauberer hat mich in Mausgestalt verwandelt. Ich mußte so lange eine Maus bleiben, bis mich jemand in dieser Gestalt zur Braut nimmt und bis mich jemand mit dem Fuß ins Wasser stößt. Da nun alles erfüllt ist, bin ich erlöst.«

Da fuhren sie an den Hof des Vaters, und da staunten die Leute, was für eine schöne Braut der Jüngste gewonnen hatte. Dann fuhren sie zur Kirche, und dort staunten die Leute noch mehr. Nach dem Kirchgang aber nahm die Mausbraut den Jüngsten hinaus in die Waldhütte. Diese war nun ein prächtiges Schloß geworden. Alle anderen Mäuse hatten ihre frühere Gestalt wieder erhalten und sind das geworden, was sie einmal gewesen sind. Da lebten sie alle zusammen in Glück und in Frieden.

Märchen aus Finnland

Die Mohrenkönigin
vom grünen Land

Ein König hatte einen Sohn. Dieser ging eines Tages weit in die Ferne auf die Jagd. Unterwegs bekam er großen Durst. Da sah er in der Nähe ein Häuschen stehen, ging hinein und bat um einen Trunk. Ein Mann, der dort hauste, brachte ihm ein Schüsselchen voll Milch und erzählte ihm, er habe soeben ein Söhnlein bekommen, und fragte, ob er ihm Taufpate sein wolle. Der Prinz erklärte sich damit einverstanden, fand sich richtig bei der Taufe ein und nannte das Knäblein Valoroso oder auf deutsch: der Wackere, der Tüchtige. Dann nahm er ein Stück Papier und schrieb darauf: »Valoroso, sobald du vierzehn Jahre alt bist, darfst du zu mir auf mein Schloß kommen«, und darunter setzte er seinen Namen und Wohnort.

Die Eltern des Kindes fanden beim Wischen der Stube diesen Zettel und bewahrten ihn auf. Als dann der Knabe vierzehn Jahre alt war, schickten sie ihn zu dem Prinzen, der unterdessen König geworden war. Aber der schüchterne Bauernbube schämte sich, vor den Fürsten zu treten, und gab den Zettel einem anderen Jungen. Der stellte sich dem König vor, und der Landesherr machte ihn, in der Meinung, es sei sein Taufkind, zum obersten Mundschenk an der königlichen Tafel.

Jetzt sah sich der arme Valoroso betrogen, ging zum Schloßpförtner und bat ihn um irgendeine Arbeit. Der fragte ihn, ob er bereit sei, die Pferdeställe zu reinigen, und der Knabe erklärte sich damit zufrieden. Sobald aber der oberste Diener bei Tafel den neuen Stallknecht bemerkte, dachte er darüber nach, wie er ihn zugrunde richten könnte. Er ging zum König und sagte ihm, daß der junge Stallknecht geschickt genug sei, den goldenen Vogel zu fangen. Da ließ der König den jungen Stallknecht zu sich kommen und sprach zu ihm: »Wenn du mir nicht in vierzehn Tagen den goldenen Vogel gefangen hast, so ist es um dich und dein Leben geschehen!«

Ganz erschrocken ging Valoroso in den Schloßgarten und fing an zu weinen. Da erschien eine alte Frau und fragte ihn, warum er wehklage. Er erzählte ihr, was der König von ihm verlange, und er wisse doch nicht, wo er den goldenen Vogel suchen müsse. Darauf entgegnete ihm die Alte: »Geh zum König, laß dir einen goldenen Käfig geben und einen langen Faden aus Gold. Dann befestige den Käfig an einem Baum im Schloßgarten und halte das eine Ende des goldenen Fadens fest. Der Vogel wird in den Käfig fliegen. Dann ziehst du flugs den Faden und machst das Türlein zu.« Und so geschah es. Der Vogel flog wirklich in den Käfig. Valoroso zog schnell am Faden, und der Vogel war gefangen. Hierauf holte er den Käfig vom Baum herunter und überbrachte das seltene Tier dem König.

Sobald der oberste Mundschenk sah, daß ihm sein Plan mißlungen war, verging er beinahe vor Ärger und Zorn, begab sich wieder zum König und berichtete ihm, der Stallknecht sei imstande, die Mohrenkönigin aus dem grünen Land herbeizubringen.

Da sprach der König zum Stallknecht:»Wenn du mir in einem Jahr und einem Tag die Mohrenkönigin vom grünen Land nicht herbringst, so lass ich dir den Kopf abschneiden!«

Wieder kehrte Valoroso ganz verzweifelt in den Garten zurück und weinte bitterlich. Da erschien abermals jene alte Frau und fragte ihn, warum er weine. Er klagte:»Ach Gott, der König will, daß ich ihm die Mohrenkönigin aus dem grünen Land bringen solle, und ich weiß nicht einmal, wo sie sich aufhält.« Da sprach die alte Frau:»Geh zum König, verlange von ihm eine Barke von vierzig Maß in der Länge und vierzig Maß in der Breite. Dazu vierzig Musikanten, vierzig junge Mädchen, vierzig Backöfen voll Brotlaibe und vierzig Ochsen. Töte die Ochsen und behalte von ihnen nur das Fleisch und die Eingeweide; zerreibe die Brotlaibe zu lauter Krümeln, bringe das alles auf dein Schiff und sprich: ›Barke, fahre fort über Länder und Meere‹, und die Barke wird dich ungehindert aller Fluten und Berge zur Mohrenkönigin führen.«

Valoroso tat, wie ihm geheißen, und fuhr dann mit dem Schiff hinaus aufs Meer. Kaum war er auf offener See, so streckten drei Riesen ihre Häupter über das Wasser empor und verlangten zu essen. Valoroso warf ihnen alles Ochsenfleisch hin, und sie sättigten sich daran.

Dann sprach der oberste der Riesen:»Zum Dank für deine Güte schenke ich dir diese Schachtel. Sobald du uns nötig hast, blase hinein, und wir sind sofort zur Stelle.«

Und nachdem er so gesprochen hatte, tauchten sie wieder in die Wasserflut. Valoroso fuhr ein großes Stück weiter auf dem Meer. Da bemerkte er, daß seine Barke voller Ameisen war, die etwas zu essen suchten, und er warf ihnen die Eingeweide der Ochsen zur Nahrung hin. Darauf überreichte ihm die Königin der Ameisen ein Zauberstäbchen und sprach zu ihm:»Wenn du uns nötig hast, so blase hinein, und wir werden dir zu Hilfe eilen.«

Danach setzte Valoroso seine Reise über das Meer fort. Auf einer einsamen Insel sah er eine große Schar Vögel sitzen, die von ihm ebenfalls zu essen begehrten. Jetzt warf er ihnen die vielen Brosamen hin. Als sie alle Krümel verzehrt hatten, riß sich ein Adler eine Feder aus und gab sie ihm mit den Worten:»Wenn du uns nötig hast, so reibe diese Feder, dann kommen wir sofort zu Hilfe.«

Daraufhin segelte er weiter über die schäumenden Wogen des Meeres und langte endlich am Palast der Mohrenkönigin an. Diese erkannte ihn und sprach:»Du mußt mir zuvor drei Dienstleistungen vollbringen. Wenn du es geschickt anstellst, werde ich mit dir ziehen. Komm gleich mit mir!«

Er folgte ihr und wurde in eine Kammer geführt, die mit Reis-, Hirse- und Maiskörnern angefüllt war. Die Königin sprach zu ihm:»Bevor der nächste Tag anbricht, mußt du mir alles in drei Haufen ordnen, den ersten von Reis, den zweiten von Hirse und den dritten von Mais.«

Valoroso machte sich mit großem Eifer ans Aussuchen. Schließlich ging ihm aber die Geduld aus, denn die Arbeit wollte ihm keineswegs in so kurzer Zeit gelingen. Da kam ihm das Zauberstäbchen in den Sinn. Er blies hinein, und sogleich erschienen Tausende von Ameisen, welche all die vielen Körner in kurzer Zeit in drei Haufen zusammentrugen.

»So ist's recht«, sagte die Königin zu ihm.»Jetzt mußt du mir das Feld der ›Sieben Stangen‹ umackern und urbar machen. Siehst du, jenes Feld, das vor meinem Hause liegt.«

Valoroso schreckte auch vor dieser riesigen Arbeit nicht zurück; aber es war ein hartes Stück, besonders weil das Feld in einem Tag umgegraben werden sollte. Er blies in seine Zauberschachtel. Im Nu erschienen die drei Riesen, jeder mit einer großen Hacke, und im Handumdrehen hatten sie das ganze Feld umgegraben.

»So ist's recht«, sprach wiederum die Königin.»Jetzt fehlt dir bloß noch eine Arbeit. Du mußt hingehen und mir die Quelle mit dem Wasser des Lebens und jene mit dem Wasser des Todes suchen. Dann füllst du damit diese zwei Flaschen und bringst sie mir, noch ehe morgen die Sonne aufgeht.«

Valoroso stieg auf einen Berg; aber er fand nichts. Da begann er die Feder zu reiben, und sogleich kam eine ganze Schar Vögel dahergeflogen. Die fragten ihn, was er wolle. Auch die Amsel gesellte sich zu ihnen und erzählte, sie sei im Walde gewesen und habe aus zwei Quellen getrunken. Das

Wasser der einen lasse die Lebendigen sterben, und mit dem Wasser der anderen könne man die Toten wieder auferwecken.

Da erzählte Valoroso, er sei gerade im Begriffe, die beiden Quellen zu suchen. Sie, die Amsel, möge doch so gut sein, ihm den Weg dorthin zu zeigen. Die Amsel erfüllte seinen Wunsch, flog vor ihm her und führte ihn an die Quellen. Dort füllte er die beiden Flaschen und brachte sie der Königin zurück.

Diese hielt nun ihr Versprechen. Sie reisten miteinander fort übers Meer und langten am Königspalast an. Drei Tage lang wurden bei Hofe Feste gefeiert, und alle waren zufrieden. Nur nicht der oberste der Diener bei der königlichen Tafel, der vor Neid nicht wußte, was er anfangen sollte. Er lauerte seinem Nebenbuhler Valoroso heimlich auf, überfiel ihn und ermordete ihn mit einem Dolch.

Als der König diese Untat sah, weinte er heiße Tränen und sprach:

»Du armes Kind,
du verdientest ein besseres Los,
statt dessen fandest du den Tod.«

Die Mohrenkönigin aber ging hin, schnitt den Leichnam in Stücke und goß ein wenig von dem Wasser des Lebens darüber. Da erwachte Valoroso aus seinem Todesschlaf und war so hübsch, wie kein Jüngling je vorher gewesen war. Als der betrügerische Mundschenk dieses Wunder sah, wünschte er auch so schön und jung zu werden wie dieser. Die Mohrenkönigin willfahrte ihm, nahm ein Messer, schnitt ihn in Stücke, aber statt das Wasser des Lebens goß sie aus Versehen vom Wasser des Todes über ihn. Nun wachte der Mundschenk nicht mehr auf zum Leben, sondern war und blieb tot. Alsdann heiratete die Königin den schönen Valoroso. So wurde dieser jetzt König und lebte in großem Glück bis an sein Ende.

Märchen aus dem Tessin

Die Tochter
des Erbsenkönigs

Es war einmal eine arme Frau. Ihr Vater und ihre Mutter waren gestorben. Sie war ganz allein auf der Welt und wünschte sich von Herzen ein Kind. Ein Kind könnte mir Gesellschaft leisten, dachte sie, und wenn es herangewachsen wäre, könnte es mir bei der Arbeit helfen. Es wäre der Trost meines Alters und würde dafür sorgen, daß ich nicht betteln gehen muß.

Eines Tages ging die Frau auf den Acker, um Erbsen zu pflücken. Da sah sie eine große Schote, die sich am Zweig hin und her bewegte, obwohl doch kein bißchen Wind wehte. Sie brach die Schote ab, öffnete sie, und – schwuppdiwupp – sprang ihr der Erbsenkönig in die Arme. Die Frau erschrak. Der Erbsenkönig aber sprach: »Hab keine Angst. Ich weiß, was du dir so sehr wünschst. Du sollst ein Kind haben, schöner als der junge Morgen. Ziehe du es groß, trage Sorge dafür, daß es ihm gutgeht. Ich werde dich dabei nicht im Stich lassen.«

Mit diesen Worten sprang der Erbsenkönig wieder ins Gesträuch zurück. Die Frau ging frohen Herzens heim. Bald danach gebar sie ein Kind, ein Mädchen, das war so schön, wie man noch keines auf der Welt gesehen hatte. Die Mutter aber klagte, sie habe keine Wiege für das Kind. Da hörte sie ein Geräusch in der Kammer. Zwei winzige Männlein, ganz in Erbsenschoten gehüllt, trugen eine schöne Wiege herbei, die war mit Deckchen, Windeln und allem gefüllt, was ein Kind brauchte.

Das kleine Mädchen wuchs heran und wurde von Tag zu Tag schöner. Jeden Morgen fand die Mutter am Fußende seines Bettes alles, was es an Kleidern und anderen Dingen brauchte. Das kleine Mädchen brauchte auch keine Nahrung. Des Nachts erwachte die Mutter zuweilen und hörte, wie es trank. Zündete sie aber ein Licht an, um nachzusehen, was geschah, fand sie nur das Kind in der Wiege, das sich zufrieden die Lippen leckte.

Als die kleine Liese zwei Jahre alt geworden war, rühmte man landauf, landab ihre übergroße Schönheit. Aber eins schien der Mutter sonderbar: Das Kind, das immer lächelte, hatte noch kein einziges Wort gesprochen.

Da fürchtete sie, es könnte stumm sein. Und aus der Furcht wurde Gewißheit: Die Kleine war stumm. Darüber war die Mutter sehr traurig. Aber sie tröstete sich: »Wenn sie schon stumm ist, wird sie keine Zeit mit Schwätzen vergeuden und um so besser arbeiten.« Als das Mädchen alt genug war, um das Haus allein verlassen zu können, suchte es nicht die Gesellschaft anderer Kinder. Es setzte sich allein unter einen Busch und machte den Vögeln Zeichen. Diese zwitscherten und sangen in Schwärmen um sie her, und sie verständigte sich mit ihnen. Liese murmelte seltsame Laute ins Gras. Dann kamen alle Käfer und Würmer angekrochen und unterhielten sich mit ihr. Liese steckte ihre Hand in den Fluß. Dann kamen alle Fische angeschwommen und ließen sich von ihr berühren. Auch den Blumen brachte sie ihre Liebe entgegen. Sie küßte sie und neigte ihnen das Ohr hin, als ob sie ihr etwas zu erzählen hätten. Dies alles verwunderte die Mutter und die Nachbarn sehr.

Solange das Kind noch klein war, hatten es alle wegen seiner Schönheit und seines freundlichen Wesens gern. Als Liese aber heranwuchs und schöner und schöner wurde, beneideten die anderen jungen Mädchen und Frauen sie. Bald aber merkten die Neidischen, daß Liese nicht sprach und seltsame Dinge tat. Da verspotteten sie sie und nannten sie nur noch die »dumme Liese«. Wenn sie vorüberging, rannten ihr die Lausbuben hinterher und riefen:

»Seht mal, hier kommt die dumme Liese!« Das Mädchen aber tat, als ob es nichts gehört hätte. Liese blieb immer fröhlich und freundlich. Aber so manchen der Spötter ereilte ein Mißgeschick. Der eine fiel der Länge nach in den Schlamm, der andere erhielt eine Ohrfeige, weil ihm etwas zerbrach. Wieder einer biß sich beim Essen auf die Lippen, ein anderer wurde nachts von Alpträumen geplagt.

Eines Tages sprach die Mutter zu Liese: »Du bist nun groß und alt genug, daß du mir ein wenig zur Hand gehen kannst. Du brauchst zwar nichts für deinen Unterhalt, weil unbekannte Wesen nachts für dich sorgen. Mir aber gibt keiner etwas.« Als Liese das hörte, rannen ihr die Tränen übers Gesicht. Da bereute die Mutter ihre Worte und sprach: »So mach halt weiter wie zuvor und unterhalte dich mit den Tieren und den Blumen.«

Lieses Freude darüber war nur von kurzer Dauer, denn bald darauf heiratete die Mutter einen Geizhals. Der hatte nichts anderes im Sinn, als Geld anzuhäufen. Zuerst konnte er seinen Zorn gegen Liese noch beschwichtigen. Nach ein paar Wochen aber brach er sich Bahn, und er fuhr seine Frau an: »Was erlaubt das Mädchen sich eigentlich, den ganzen Tag nur herumzulungern und den Vögeln und Käfern zu lauschen! Ich dulde nicht länger, daß sie nicht arbeitet!«

»Aber sie braucht doch nichts«, antwortete die Mutter.

»Und wir, brauchen wir etwa nichts?« schimpfte der Mann.

So ging das eine Zeitlang hin und her. Eines Tages aber rief der Mann in höchstem Zorn: »Du nimmst deine faule Tochter dauernd in Schutz. Aber ich habe diese dumme Gans satt! Wenn sie sich nicht bald an die Arbeit macht, werfe ich sie aus dem Haus!« Da konnte die Mutter nicht anders, sie mußte Liese eine Hacke in die Hand geben. Und sie trug ihr auf, ein Viertel Morgen auf dem Acker zu hacken. Liese machte sich weinend auf den Weg. Vom Tragen der Hacke war Liese aber so müde geworden, daß sie sich am Rand des Ackers niederlegte und schlief. Es war fast dunkel, als sie erwachte. Sie erschrak und fürchtete sich vor Schlägen. Wie sie aber so dasaß und um sich schaute, siehe da, der Acker war schon fertig gehackt, die Hacke lag neben ihr.

Da ging Liese getrost nach Hause.

Von nun an ging sie alle Tage auf den Acker, und alle Tage geschah dasselbe.

Eines Tages, als sie wieder am Rand des Ackers schlief, ritt der Sohn des Königs vorüber. Er hatte schon von Lieses Schönheit gehört. Nun sah er sie mit eigenen Augen und konnte sich an ihrem Anblick nicht satt sehen. Er sprach: »Wenn sie nicht meine Frau wird, dann sterbe ich vor Kummer.«

Als er seinem Vater dies sagte, empörte der König sich sehr und rief: »Bist du denn ganz von Sinnen, daß du die stumme und noch dazu dumme Liese heiraten willst? Bist du denn genauso dumm wie sie?«

Der Prinz wurde sehr traurig. Er konnte Liese nicht vergessen. Jeden Tag stieg er aufs Pferd und ritt zu dem Ackerrand, an dem sie schlief. Eines Tages wurde er so sehr von seiner Liebe ergriffen, daß er vom Pferd sprang und dem Mädchen die Hand küßte. Liese erwachte und errötete, als sie den Prinzen sah. Dieser schwang sich wieder aufs Pferd und klagte: »Ach Liese, meine Liese, wärst du doch nicht dumm und stumm, mein Vater, der König, hätte nichts gegen unsere Hochzeit.«

Liese konnte von da an keinen Schlaf mehr finden. Sie dachte nur noch an den schönen Königssohn. Gegen Abend schaute sie sich auf dem Acker um. Er war gehackt wie alle Tage. Die Hacke lag neben ihr. Sie nahm sie und ging traurig nach Hause.

Der Stiefvater sprach zur Mutter: »Die Blöde lächelt gar nicht mehr so wie sonst. Was hat sie nur?« Die Mutter dachte traurig, dies läge wohl an der Arbeit. Ihrem Mann wagte sie das aber nicht zu sagen.

Am nächsten Morgen nahm Liese die Hacke und ging auf den Acker. Sie grüßte keinen Vogel und achtete auf keine Blume. Sie ließ sich im Gras nieder und hielt unentwegt Ausschau nach dem Prinzen. Gegen Mittag kam er angeritten. Als er sah, daß Liese wach war, winkte er ihr nur von ferne zu und seufzte: »Ach Liese, meine Liese, wärst du doch nicht dumm und stumm, mein Vater, der König, hätte nichts gegen unsere Hochzeit.«

Liese wurde noch trauriger als zuvor und dachte bei sich: »Ach, warum bin ich nur dumm und stumm?« Sie blieb sitzen bis zum Abend, nahm dann die Hacke und ging heim.

Mitten in der Nacht erwachte die Mutter und hörte, wie die Tochter wie üblich zu essen und zu trinken erhielt. Sie hörte aber auch ein Gerassel wie von Erbsen in trockenen Schoten und feine Stimmen, die fragten: »Oh, Tochter des Erbsenkönigs, bist du nicht glücklich mit uns?«

Die Mutter zündete ein Licht an, um nachzusehen, was geschah. Aber sobald es in der Kammer hell war, war alles verschwunden. Am nächsten Morgen ging Liese wieder auf den Acker und wartete auf den Prinzen. Wieder ritt dieser vorüber und seufzte: »Ach Liese, meine Liese, wärst du doch nicht dumm und stumm, mein Vater, der König, hätte nichts gegen unsere Hochzeit!«

Verzweifelt fragte Liese sich wieder: »Ach, warum bin ich nur dumm und stumm?«

In dieser Nacht hörte die Mutter die Stimmen wieder:

»Oh, Tochter des Erbsenkönigs, warum willst du uns verlassen? Bist du nicht glücklich mit uns? Haben wir dir nicht zu essen und zu trinken gegeben? Tochter des Erbsenkönigs, verlaß uns nicht! «

Am nächsten Morgen ging Liese wieder hinaus auf den Acker. Als sie den Prinzen erblickte, raufte sie sich die Haare und rief: »Nein, ich will nicht mehr dumm und stumm sein!«

Da donnerte es auf einmal in ihren Ohren, und vor ihren Augen flimmerte es. Alle Vögel flogen davon. Alle Käfer und Würmer verbargen sich im Gras. Die Blumen wandten ihre Köpfe von ihr ab. Als der Prinz diesmal seufzte und klagte: »Ach Liese, meine Liese, wärst du doch nicht dumm und stumm ...«, antwortete sie: »Stumm und dumm, das war ich einmal.« Da war der Prinz ganz außer sich vor Freude. Er drückte Liese an sich und nahm sie mit auf sein Schloß. Der König gab nun gleich seine Einwilligung zur Hochzeit.

Liese war glücklich. Von nun an aß und trank sie am Tag wie alle anderen Menschen. Die kleinen Erbsenleute brachten ihr nichts mehr.

Nur manchmal war sie bekümmert, weil sie nicht mehr mit den Vögeln, Blumen und Käfern sprechen konnte. Ihre Freude war vollkommen, als sie Zwillinge gebar, einen Knaben und ein Mädchen. Da freuten sich alle im Schloß, vom alten König bis zum Stallburschen. Am meisten freute sich der Prinz. Fünfzehn Tage lang feierte das ganze Schloß und mit ihm das ganze Land die Geburt der Kinder, die so schön waren wie ihre Mutter.

Einige Wochen später ging der Prinz in die Gemächer seiner jungen Frau, um seine Kinder in die Arme zu schließen. Er erschrak, denn das kleine Mädchen lag nicht mehr in seiner Wiege. Er weckte seine Frau: »Wo ist unsere kleine Tochter? Was ist mit ihr geschehen?« Liese wußte keinen Rat und keine Antwort. Da weinten beide bitterlich. Man suchte im ganzen Schloß und im ganzen Land nach dem Kind. Es war und blieb verschwunden. Zum Schutz des kleinen Knaben ließ der Prinz nun Tag und Nacht alle Fenster und Türen bewachen. Aber ach, eines Tages war auch der Knabe verschwunden. Im ganzen Schloß und im ganzen Land herrschte tiefe Trauer.

Als der böse Stiefvater von dem Unglück erfuhr, ging er vor den Prinzen, erzählte dies und das und sprach: »Die junge Königin ist ohne Zweifel eine Hexe. Sie hat wohl ihre Kinder gefressen.«

Der Prinz glaubte dem Stiefvater. Er erbleichte. So sehr er seine junge Frau geliebt hatte, so sehr haßte er sie jetzt. Er ließ sie sogleich in einen Turm sperren, ohne Speise und Trank. Sie sollte so lange darin bleiben, bis sie bekannte, was mit den Kindern geschehen war.

Der Prinz sandte zwei Diener zu ihr, die sie befragten. Sie antwortete ihnen weinend, sie wisse es nicht.

Die Diener meldeten ihrem Herrn, die Prinzessin bekenne nichts. Der Prinz dachte, Hunger und Durst würden sie schon zum Reden bringen. So ging es acht Tage lang. Da dachte der Prinz: Seltsam, daß sie noch am Leben ist. Diesem Geheimnis will ich auf den Grund gehen. Er ließ Wachen vor die Turmtür stellen. Um Mitternacht hörten sie ein Gerassel wie von Erbsen in trockenen Schoten und feine Stimmen, die sprachen: »Oh, Tochter des Erbsenkönigs, was du nun leidest, hat dein Vater gelitten, als du ihn verlassen hast.«

Am Morgen berichteten die Wachen, was sie gehört hatten. Das kam dem Prinzen seltsam vor. Er befahl ihnen, noch eine Nacht vor der Turmtür zu wachen. Um Mitternacht hörten die Wachen dieselben Stimmen, die sprachen:»Oh, Tochter des Erbsenkönigs, was du nun leidest, hat dein Vater gelitten, als du ihn verlassen hast. Gehe weg von dem Prinzen und kehre zu deinem Vater zurück.«»Wie soll ich denn den Prinzen verlassen?« fragte sie. Am Morgen berichteten die Wachen wieder, was sie gehört hatten. Da sprach der Prinz:»Heute nacht will ich selbst mit euch wachen.« Um Mitternacht hörte er ein Gerassel wie von Erbsen in trockenen Schoten und feine Stimmen, die sprachen:»Oh, Tochter des Erbsenkönigs, was du nun leidest, hat dein Vater gelitten, als du ihn verlassen hast. Kehre zu deinem Vater, kehre zu uns zurück, und du wirst deine Kinder wiedersehen!«

Die junge Königin fragte:»Und was soll ich dafür tun?«»Werde, was du warst!«

Da seufzte sie:»Ach, wäre ich nur wieder stumm und dumm!« Dann trat Stille ein.

Der Prinz ließ die Turmtür öffnen und ein Licht bringen. Da saß seine junge Frau und herzte die beiden Kinder. Sie war wieder stumm und dumm geworden. Der Prinz weinte bitterlich, als er erkannte, daß er sie zu Unrecht verurteilt hatte. Die junge Königin warf sich in seine Arme und – war tot. Im selben Augenblick stießen alle Tiere des Waldes und des Feldes einen lauten Schrei aus.

Drei Tage später trug man Liese zu Grabe. Die Blumen am Wegesrand verneigten sich vor ihrem Sarg. Als er in die Grube gesenkt wurde, warfen die Füchse und Hasen mit den Pfoten Erde darauf. Auf dem Grab wuchsen Pfingstrosen und Weißdorn, in deren Buschwerk eine Turteltaube und eine Grasmücke nisteten. Der Prinz war sein Leben lang untröstlich. Nach dem Tod seines Vaters wurde er König. Er ließ den bösen Stiefvater in denselben Turm sperren, in dem seine Frau gelitten hatte, und ließ ihn Hungers sterben.

Die beiden Kinder wuchsen zu gesunden, starken und schönen Menschen heran. Später heirateten sie. Das Mädchen bekam einen mächtigen König zum Mann. Der Knabe nahm sich eine schöne Königstochter zur Gemahlin. Sie wurden gütige Herrscher, hatten beide viele Kinder und lebten glücklich bis ans Ende ihrer Tage.

Märchen aus Lothringen

DIE SCHWANENPRINZESSIN

E s waren einmal ein stolzer König und eine Königin, die hatten sieben Kinder, davon waren die ältesten ebenso stolz und hochmütig wie sie selbst, die jüngste aber war gut und liebreich. Diese wurde von einem armen Jüngling geliebt, den sie wiederliebte. Eines Tages trat der Jüngling vor den Thron des Königs und der Königin und bat um die Hand der jüngsten Prinzessin.

Da erhob sich die Königin in großem Zorn und rief: »Ehe dies geschieht, wollte ich eher, daß wir alle zu wilden Schwänen verwandelt werden.«

Es war aber zu der Zeit, als die Wünsche noch in Erfüllung gingen. Kaum waren diese Worte über die Lippen der Königin gekommen, siehe, da verwandelte sich das ganze Land in eine Einöde, das Schloß mit dem Garten in einen See, der König und die Königin aber mitsamt ihren sieben Kindern und dem Liebsten der Prinzessin in wilde Schwäne.

Die jüngste Prinzessin und ihr Liebster lebten am Ufer des Sees für sich allein und waren glücklich. Eines Morgens aber kam ein junger Jäger zu dem See, der verletzte mit seinem Pfeil die jüngste Prinzessin am Flügel. Da nahm er den Schwan mit in seine Hütte. Doch wer beschreibt sein Erstaunen, als er am Abend wieder zu seiner Hütte zurückkehrte, war dieselbe aufgeräumt, und das Feuer brannte im Herd. Am zweiten Tag geschah dasselbe. Da beschloß der Jäger, am dritten Tag vor der Hütte zu warten und zu sehen, was darin vorgehe. Wie er nun durch das Fenster schaute, da sah er, wie der Schwan sein Schwanenkleid abwarf und ein wunderschönes Mädchen war. Flugs sprang der Jäger in die Hütte, nahm dem Mädchen das Schwanenkleid weg, und da mußte sie bei ihm bleiben. Mit dem Verlust ihres Schwanenkleides hatte sie aber ihre ganze Erinnerung verloren. Sie wußte nicht mehr, daß sie eine Prinzessin gewesen, sie wußte nicht mehr, daß sie in einen Schwan verwandelt, und sie wußte auch nicht mehr, daß sie einen Liebsten gehabt. Nur immer zur Zeit des Frühlings und des Herbstes, wenn die wilden Schwäne über die Hütte zogen, erfaßte sie eine unbestimmte Sehnsucht.

Nun lebte sie schon drei Jahre bei dem Jäger. Es war wieder zur Zeit des Herbstes, und sie saß mit dem Jäger vor der Hütte. Dieser aber war eingeschlafen, da flogen plötzlich drei Schwäne über sie hinweg.

Das aber waren ihre Brüder gewesen, die riefen ihr zu:
»Ach, unser Schwesterchen an der Seite eines sterblichen Mannes!
Komm mit uns! Fliege wieder mit uns!«

Sie aber rief zurück: »Ich kann nicht mit euch! Fliegt mit Gott weiter!«

Danach kamen drei Schwäne geflogen, das waren ihre Schwestern gewesen. Und auch diese riefen: »Ach, unser Schwesterchen an der Seite eines sterblichen Mannes! Komm mit uns! Fliege wieder mit uns!«

Sie aber rief zurück: »Ich kann nicht mit euch! Fliegt mit Gott weiter!«

Danach kamen zwei Schwäne geflogen, das waren ihre Eltern gewesen: »Ach, unsere Tochter an der Seite eines sterblichen Mannes! Komm mit uns! Fliege wieder mit uns!«

Sie aber rief zurück: »Ich kann nicht mit euch! Fliegt mit Gott weiter!«

Nun aber kam ganz zuletzt ein einzelner Schwan geflogen. Dies aber war ihr Liebster gewesen.

Und als er sie sah, stieß er einen klagenden Schrei aus und rief: »Ach, meine Liebste, meine Schwanenprinzessin an der Seite eines Jägers! Komm mit mir! Fliege wieder mit mir! «

Der Ruf ihrer Eltern und Geschwister war ihr nur bis ans Ohr gedrungen, der Ruf ihres Liebsten aber drang ihr ins Herz. Ihre ganze Erinnerung wachte wieder auf, sie eilte in die Hütte, suchte so lange, bis sie ihr Schwanenkleid fand, schlüpfte in dasselbe und flog als Schwan zum Fenster hinaus. Und als der Jäger erwachte, sah er am Horizont zwei Schwäne fliegen. Aber immer zur Zeit des Herbstes flog die Prinzessin wieder über die Hütte des Jägers, und so vergaß er nie, daß einmal eine Schwanenfrau bei ihm gelebt.

Märchen aus Polen

DIE WALDFRAU

Es war einmal ein junges Mädchen, das hieß Lieschen. Ihre Mutter war eine Witwe und besaß nichts als eine armselige Hütte und zwei Ziegen. Doch Lieschen war immer heiter und guter Dinge. Vom Frühling bis zum späten Herbst weidete sie die Ziegen beim Birkenwald. Morgens, wenn sie aus dem Hause ging, steckte ihr die Mutter ein Stück Brot in die Tragtasche, dazu eine Spindel und sprach: »Sei fein fleißig!« Weil sie keinen Spinnrocken hatten, schlang sich Lieschen den Flachs um den Kopf. Lieschen hüpfte fröhlich hinter den Ziegen zum Birkenwald. Wenn sie dort ankamen, gingen die Ziegen weiden. Lieschen aber setzte sich unter einen Baum, zog mit der Linken die Fäden vom Kopfe, der ihr als Spinnrocken diente, und mit der Rechten drehte sie die Spindel. Dabei sang sie, daß es fröhlich im Walde klang. Stand die Sonne im Mittag, legte sie die Spindel beiseite, rief die Ziegen, gab ihnen vom Brot und suchte im Wald Erdbeeren und andere Früchte, wie's eben an der Zeit war. Hatte sie gegessen, tanzte sie, indem sie die Hände übereinanderlegte. Nach dem Tanze spann sie wieder fleißig, und wenn sie abends nach Hause kam, brauchte die Mutter niemals zu schelten, daß die Spindel nicht voll sei.

Als sie einst eben zur Mittagszeit sich wieder zum Tanze anschickte, stand plötzlich eine wunderschöne Frau vor ihr. Sie hatte ein weißes Gewand. Von dem Haupt bis zum Gürtel flossen ihre goldenen Haare herab, und auf dem Haupt trug sie einen Kranz von Waldblumen. Lieschen erschrak. Doch die Frau lächelte sie an und sprach mit lieblicher Stimme: »Lieschen, tanzest du gern?« Als die Frau so freundlich zu ihr sprach, wich Lieschens Schrecken, und sie erwiderte: »Oh, ich möchte den ganzen Tag tanzen.«

»Komm, tanzen wir miteinander. Ich will dich's lehren«, sprach die Frau. Sie schürzte ihr Gewand, faßte Lieschen und begann mit ihr zu tanzen. Als sie sich im Kreise zu drehen anfingen, ließ sich über ihnen eine schöne Musik hören, wie sie Lieschen noch nie gehört hatte. Auf einen Wink der schönen Frau hatten sich alle Singvögel des Waldes versammelt. Lieschen strahlte. Sie vergaß ihre Aufgaben und ihre Ziegen und schaute nur auf ihre Gefährtin, die sich so leicht drehte, daß sich das Gras unter ihren zarten Füßen gar nicht beugte. Sie tanzten vom Mittag bis zum Abend. Lieschens Füße ermüdeten nicht und taten ihr nicht weh. Da hielt die schöne Frau plötzlich inne. Die Musik schwieg. Und wie die Frau gekommen war, so verschwand sie.

Lieschen blickte sich um. Die Sonne neigte sich hinter dem Wald, und Lieschen schlug die Hände über dem Kopf zusammen. Und während sie den ungesponnenen Flachs griff, sah sie die Spindel, die auf dem Boden lag und nicht voll war. Sie nahm den Flachs vom Kopf, steckte ihn samt der Spindel in die Tasche, rief die Ziegen und trieb sie nach Hause. Sie sang auf dem Wege nicht, sondern machte sich bittere Vorwürfe, daß sie sich von der schönen Frau hatte berücken lassen, und nahm sich vor, der Frau nicht mehr zu folgen, wenn sie wieder zu ihr käme. Die Ziegen, die keinen fröhlichen Gesang hinter sich hörten, sahen sich um, ob ihre Herrin wirklich nachschreite. Auch die Mutter wunderte sich und fragte die Tochter, ob sie krank sei, da sie nicht singe. »Nein, Mütterchen, ich bin nicht krank. Der Hals ist mir vom Singen trocken geworden«, entschuldigte sich Lieschen und ging die Spindel und den ungesponnenen Flachs zu bewahren. Sie wußte, daß die Mutter das nicht sofort bemerken würde, und wollte am folgenden Tag nachholen, was sie an dem einen versäumt hatte. Und darum erwähnte sie der Mutter gegenüber nicht das mindeste von der schönen Frau.

Am anderen Tag trieb Lieschen die Ziegen wie gewöhnlich zum Birkenwald. Die Ziegen begannen zu weiden, und sie setzte sich unter einen Baum und fing an fleißig zu spinnen. Die Sonne stand im Mittag. Lieschen gab den Ziegen vom Brot und suchte für sich Erdbeeren im Walde. »Ach, meine Ziegen, heute darf ich nicht tanzen«, seufzte sie.

»Und warum darfst du nicht?« ließ sich eine liebliche Stimme hören. Die schöne Frau stand vor ihr, als wäre sie aus den Wolken gefallen.

Lieschen erschrak noch mehr als das erste Mal, aber sie antwortete schüchtern: »Ach, verzeiht, schöne Frau, ich kann nicht mit Euch tanzen. Ich würde meinen Flachs nicht spinnen, und die Mutter würde mich schelten. Ehe heute die Sonne untergeht, muß ich einbringen, was ich gestern versäumt.«

»Komm nur tanzen. Ehe die Sonne untergeht, wird dir Hilfe zuteil«, sprach die Frau, schürzte das Gewand und faßte Lieschen an den Händen. Die Vögel auf den Birken fingen wieder an zu musizieren, und die Tänzerinnen drehten sich im Kreise. Die Frau tanzte noch schöner, und Lieschen vergaß die Ziegen und ihre Aufgabe. Jetzt ging die Sonne unter, und die Musik schwieg. Lieschen schlug die Hände über dem Kopf zusammen, um den der ungesponnene Flachs geschlungen war, und brach in Tränen aus.

Die schöne Frau aber nahm den Flachs, schlang ihn um einen Birkenstamm, ergriff die Spindel und begann zu spinnen. Die Spindel schnurrte am Boden und ward sichtlich voller. Und ehe die Sonne ganz untergegangen war, war aller Flachs gesponnen, auch der vom vorigen Tag. Indem sie dem Mädchen die volle Spindel reichte, sprach die schöne Frau: »Weif auf und murre nicht, denk an meine Worte. Weif auf und murre nicht!« Hierauf verschwand sie, als hätte sie die Erde verschlungen.

Lieschen begab sich singend auf den Heimweg. Die Mutter aber empfing sie verdrießlich und fragte tadelnd: »Was tatest du, Tochter, daß du gestern nicht deine ganze Aufgabe spannst?«

»Verzeiht, Mutter, ich tanzte ein wenig«, und, indem sie der Mutter die Spindel zeigte, setzte sie hinzu: »Heute ist sie dafür übervoll.« Die Mutter schwieg und ging die Ziegen melken. Lieschen legte die Spindel an ihren Ort und erzählte nichts von ihrem Abenteuer.

Am dritten Morgen trieb sie die Ziegen wie gewöhnlich zum Birkenwald. Die Ziegen begannen zu weiden und Lieschen zu singen und zu spinnen. Die Sonne stand im Mittag. Lieschen legte die Spindel ins Gras, gab den Ziegen vom Brote und sagte: »Heut will ich euch eins vortanzen.« Sie hüpfte, legte die Hände übereinander und wollte versuchen, ob sie auch tanzen könnte wie die schöne Frau. Da stand diese vor ihr und sprach lächelnd: »Laß uns miteinander tanzen!« Augenblicklich erklang die Musik in den Bäumen, und die Tänzerinnen drehten sich im leichten Flug.

Lieschen vergaß die Ziegen und die Spindel. Sie tanzten vom Mittag bis zum Abend. Jetzt hielt die Frau inne, und die Musik schwieg. Lieschen blickte um sich. Die Sonne war hinter dem Walde. Weinend schlug sie die Hände über dem Kopf zusammen, und indem sie sich zur Spindel wandte, die nicht voll war, wehklagte sie, was die Mutter sagen würde. »Gib mir deine Tasche! Ich will dir ersetzen, was du heut versäumt«, sprach die schöne Frau. Lieschen gab ihr die Tasche, und die Frau ward auf einige Augenblicke unsichtbar. Dann aber reichte sie ihr die Tasche mit den Worten: »Da, zu Hause sieh hinein!« Und sie verschwand, als hätte sie der Wind davongeweht.

Lieschen fürchtete sich, in die Tasche zu sehen. Allein auf der Hälfte des Weges ließ es ihr doch keine Ruhe. Sie mußte hineinsehen, ob sie die Frau nicht getäuscht, denn sie war so leicht, als ob nichts in ihr wäre. Wie erschrak sie, als sie sah, daß die Tasche voll Birkenlaub war. Da brach sie in Tränen aus und machte sich Vorwürfe, da sie so leichtgläubig gewesen. In ihrer Aufwallung warf sie die Blätter mit beiden Händen hinaus und wollte die Tasche umstürzen. Dann aber dachte sie: »Ich will das übrige den Ziegen unterstreuen.«

Die Mutter harrte bekümmert auf der Schwelle. »Um Gottes willen, was für eine Spindel Garn brachtest du gestern nach Hause!« waren die ersten Worte der Mutter. »Als du morgens fortgegangen, begann ich aufzuweifen. Ich weife auf, weife auf, die Spindel ist beständig voll. Eine Strähne, zwei, drei Strähnen, die Spindel ist voll. ›Welch böser Geist hat das gesponnen!‹ rief ich erzürnt, und in dem Augenblick ist das Garn von der Spindel fort, als wäre es weggeblasen. Sag mir, was das ist?«

Da gestand Lieschen und begann von der schönen Frau zu erzählen. »Das war eine Waldfrau!« rief die Mutter entsetzt. »Um Mittag und Mitternacht treiben sie ihr Wesen. Ein Glück, daß du kein Knabe bist, sonst würdest du nicht lebendig aus ihren Armen entkommen sein. Sie hätte so lange mit dir getanzt, als ein Atemzug in dir gewesen wäre, oder sie hätte dich zu Tode gekitzelt. Doch mit Mädchen haben sie Erbarmen und beschenken sie oft reich. Hättest du etwas gesagt, so würde ich nicht gemurrt haben und hätte jetzt die ganze Stube voll Garn.«

Da dachte Lieschen an die Tasche, und es fiel ihr ein, es könnte doch etwas unter dem Laube sein. Sie blickt in die Tasche, blickt noch einmal hinein und schreit: »Seht, Mutter, seht!« Die Mutter blickte hinein und schlug die Hände über dem Kopf zusammen: Die Birkenblätter hatten sich in Gold verwandelt. »Sie befahl mir, erst zu Hause hineinzublicken. Ich gehorchte nicht.«

»Ein Glück, daß du nicht die ganze Tasche ausgeleert hast«, meinte die Mutter. Des Morgens ging sie selbst, um an der Stelle nachzusehen, wo Lieschen das Laub weggeworfen. Allein, auf dem Wege lag nur frisches Birkenlaub. Doch der Reichtum, den Lieschen nach Hause gebracht, war ohnehin groß genug. Die Mutter kaufte einen Bauernhof. Sie hatten viel Vieh. Lieschen ging in schöner Kleidung und mußte nicht mehr Ziegen weiden. Aber wie reich und froh und glücklich sie war, nichts machte ihr so viel Vergnügen wie der Tanz mit der Waldfrau. Noch oftmals ging sie in den Birkenwald. Sie wünschte sich die schöne Frau noch einmal zu sehen. Allein, sie erblickte sie nimmer wieder.

Märchen aus Böhmen

DAS ESELEIN

Es lebten einmal ein König und eine Königin, die waren reich und hatten alles, was sie sich wünschten, nur keine Kinder. Darüber klagte die Königin Tag und Nacht und sprach: »Ich bin wie ein Acker, auf dem nichts wächst.« Endlich erfüllte Gott ihre Wünsche: Als das Kind aber zur Welt kam, sah's nicht aus wie ein Menschenkind, sondern war ein junges Eselein. Wie die Mutter das erblickte, fing ihr Jammer und Geschrei erst recht an, sie hätte lieber gar kein Kind gehabt als einen Esel, und sagte, man sollt' ihn ins Wasser werfen, damit ihn die Fische fräßen. Der König aber sprach:

»Nein, hat Gott ihn gegeben, soll er auch mein Sohn und Erbe sein, nach meinem Tod auf dem königlichen Thron sitzen und die königliche Krone tragen.« Also ward das Eselein aufgezogen, nahm zu, und die Ohren wuchsen ihm auch fein hoch und gerad' hinauf. Es war aber sonst fröhlicher Art, sprang herum, spielte und hatte besonders seine Lust an der Musik, so daß es zu einem berühmten Spielmann ging und sprach: »Lehre mich deine Kunst, daß ich so gut die Laute schlagen kann wie du.« »Ach, liebes Herrlein«, antwortete der Spielmann, »das sollt' Euch schwerfallen, Eure Finger sind nicht allerdings dazu gemacht und gar zu groß; ich sorge, die Saiten halten's nicht aus.« Es half keine Ausrede, das Eselein wollte und mußte die Laute schlagen, war beharrlich und fleißig und lernte es am Ende so gut wie sein Meister selber. Einmal ging das junge Herrlein nachdenksam spazieren und kam an einen Brunnen, da schaute es hinein und sah im spiegelhellen Wasser seine Eseleinsgestalt. Darüber war es so betrübt, daß es in die weite Welt ging und nur einen treuen Gesellen mitnahm. Sie zogen auf und ab, zuletzt kamen sie in ein Reich, wo ein alter König herrschte, der nur eine einzige, aber wunderschöne Tochter hatte. Das Eselein sagte: »Hier wollen wir weilen«, klopfte ans Tor und rief: »Es ist ein Gast draußen, macht auf, damit er eingehen kann.« Als aber nicht aufgetan ward, setzte er sich hin, nahm seine Laute und schlug sie mit seinen zwei Vorderfüßen aufs lieblichste. Da sperrte der Türhüter gewaltig die Augen auf, lief zum König und sprach: »Da draußen sitzt ein junges Eselein vor dem Tor, das schlägt die Laute so gut wie ein gelernter Meister.« »So laß mir den Musikant hereinkommen«, sprach der König. Wie aber ein Eselein hereintrat, fing alles an, über den Lautenschläger zu lachen. Nun sollte das Eselein unten zu den Knechten gesetzt und gespeist werden, es ward aber unwillig und sprach: »Ich bin kein gemeines Stalleselein, ich bin ein vornehmes.« Da sagten sie: »Wenn du das bist, so setze dich zu dem Kriegsvolk.« »Nein«, sprach es, »ich will beim König sitzen.« Der König lachte und sprach in gutem Mut: »Ja, es soll so sein, wie du verlangst, Eselein, komm her zu mir.« Danach fragte er: »Eselein, wie gefällt dir meine Tochter?« Das Eselein drehte den Kopf nach ihr, schaute sie an, nickte und sprach: »Aus der Maßen wohl, sie ist so schön, wie ich noch keine gesehen habe.« »Nun, so sollst du auch neben ihr sitzen«, sagte der König. »Das ist mir eben recht«, sprach das Eselein und setzte sich an ihre Seite, aß und trank und wußte sich fein und säuberlich zu betragen. Als das edle Tierlein eine gute Zeit an des Königs Hof geblieben war, dachte es: »Was hilft das alles, du mußt wieder heim«, ließ den Kopf traurig hängen, trat vor den König und verlangte seinen Abschied. Der König hatte es aber liebgewonnen und sprach: »Eselein, was ist dir? Du schaust ja sauer wie ein Essigkrug; bleib bei mir, ich will dir geben, was du verlangst. Willst du Gold?« »Nein«, sagte das Eselein und schüttelte mit dem Kopf. »Willst du Kostbarkeiten und Schmuck?« »Nein.« »Willst du mein halbes Reich?« »Ach nein.« Da sprach der König: »Wenn ich nur wüßte, was dich vergnügt machen könnte: Willst du meine schöne Tochter zur Frau?« »Ach ja«, sagte das Eselein, »die möchte ich wohl haben«, war auf einmal ganz lustig und guter Dinge, denn das war's gerade, was es sich gewünscht hatte. Also ward eine große und prächtige Hochzeit gehalten. Abends, wie Braut und Bräutigam in ihr Schlafkämmerlein geführt wurden, wollte der König wissen, ob sich das Eselein auch fein artig und manierlich betrüge, und hieß einem Diener, sich dort verstecken. Wie sie nun beide drinnen waren, schob der Bräutigam den Riegel vor die Türe, blickte sich um, und wie er glaubte, daß sie ganz allein wären, da warf er auf einmal seine Eselshaut ab und stand da als ein schöner königlicher Jüngling. »Nun siehst du«, sprach er, »wer ich bin, und siehst auch, daß ich deiner nicht unwert war.« Da ward die Braut froh, küßte ihn und hatte ihn von Herzen lieb. Als aber der Morgen herankam, sprang er auf, zog seine Tierhaut wieder über, und kein Mensch hätte gedacht, was für einer dahintersteckte. Bald kam auch der alte König gegangen. »Ei«, rief er, »ist das Eselein schon munter! Du bist wohl recht traurig«, sagte er zu seiner Tochter, »daß du keinen ordentlichen Menschen zum Mann bekommen hast?«

»Ach nein, lieber Vater, ich habe ihn so lieb, als wenn er der allerschönste wäre, und will ihn mein Lebtag behalten.« Der König wunderte sich, aber der Diener, der sich versteckt hatte, kam und offenbarte ihm alles. Der König sprach: »Das ist nimmermehr wahr.« »So wacht selber die folgende Nacht, Ihr werdet's mit eigenen Augen sehen, und wißt Ihr was, Herr König, nehmt ihm die Haut weg und werft sie ins Feuer, so muß er sich wohl in seiner rechten Gestalt zeigen.« »Dein Rat ist gut«, sprach der König, und abends, als sie schliefen, schlich er sich hinein, und wie er zum Bett kam, sah er im Mondschein einen stolzen Jüngling da ruhen, und die Haut lag abgestreift auf der Erde. Da nahm er sie weg und ließ draußen ein gewaltiges Feuer anmachen und die Haut hineinwerfen und blieb selber dabei, bis sie ganz zu Asche verbrannt war. Weil er aber sehen wollte, wie sich der Beraubte anstellen würde, blieb er die Nacht über wach und lauschte. Als der Jüngling ausgeschlafen hatte, beim ersten Morgenschein, stand er auf und wollte die Eselshaut anziehen, aber sie war nicht zu finden. Da erschrak er und sprach voll Trauer und Angst: »Nun muß ich sehen, daß ich entfliehe.« Wie er hinaustrat, stand aber der König da und sprach: »Mein Sohn, wohin so eilig, was hast du im Sinn? Bleib hier, du bist ein so schöner Mann, du sollst nicht wieder von mir. Ich gebe dir jetzt mein Reich halb, und nach meinem Tod bekommst du es ganz.« »So wünsch ich, daß der gute Anfang auch ein gutes Ende nehme«, sprach der Jüngling, »ich bleibe bei Euch.« Da gab ihm der Alte das halbe Reich, und als er nach einem Jahr starb, hatte er das ganze, und nach dem Tod seines Vaters noch eins dazu, und lebte in aller Herrlichkeit.

Märchen der Brüder Grimm

Das Rosenmädchen

Eine Waldfrau hatte einen armen Waisenjungen, der sich verirrt hatte, mitleidig in ihr Haus genommen und pflegte ihn wie eine rechte Mutter.

Als er groß war, sagte er eines Tages: »Mutter, ich muß fort, ich will das Rosenmädchen suchen!«

»Das ist weit, mein Sohn, und wenn du auch dahin gelangen solltest, so wirst du es dennoch schwer erwerben, denn es wird von einem Drachen bewacht!«

Der Knabe ließ sich aber nicht länger halten. Da gab ihm seine Mutter eine Schelle und sprach: »Wenn du etwas wünschst, so läute damit!«

Darauf verabschiedete sich der Knabe und machte sich auf den Weg. Lange, lange ging er so dahin. Eines Tages begegnete er einem großen Bienenschwarm, und er fragte die Bienenkönigin, ob sie nicht wisse, wo das Rosenmädchen wohne. Das wisse sie nicht, gab sie zur Antwort, aber sie könne es bald erfahren. Sie sandte nun alle Bienen aus, um Kunde einzuziehen. Alle kamen sie zurück, aber sie hatten nichts erfahren. Da zählte die Bienenkönigin ihre Bienen, und siehe, es fehlte eine. Endlich kam auch diese zurück und brachte die erwünschte Botschaft, denn sie war gerade bei dem Rosenmädchen gewesen.

Diese Biene zeigte nun dem Knaben den Weg. Sie führte ihn über eine große, große Wiese in einen Wald. Am Ende des Waldes wohnte das Rosenmädchen in einem großen Schloß. Der Knabe verdingte sich dort als Gänsehirt und weidete immer in der Nähe des Schloßgartens. Jeden Tag konnte er hier das Rosenmädchen sehen, wie es unter den Blumen wandelte, und es war sehr schön. Da erfuhr er eines Tages, daß das Rosenmädchen jeden Abend in die Stadt zum Ball fuhr. Als es nun Abend wurde, nahm er seine Schelle und läutete. Da stand vor ihm ein kupferrotes Roß bereit, und daneben lag ein kupferner Mantel. Sogleich legte er den Mantel um, schwang sich auf das Roß und ritt in die Stadt. Auf dem Ball tanzte er die ganze Zeit mit dem Rosenmädchen, und das hatte seine helle Freude an dem schönen Jüngling. Noch ehe der Ball vorüber war, machte er sich heimlich fort.

Das Rosenmädchen erzählte seiner Mutter von dem schönen Jüngling im kupfernen Mantel. Dieser aber hütete schon wieder als armer Hirt die Gänse und blickte nur verstohlen in den Blumengarten.

Den folgenden Abend ging das Rosenmädchen wieder zum Ball. Der Gänsehirt schellte abermals, und ein silbernes Roß stand sogleich bereit, und ein silberner Mantel lag daneben. Er warf den Mantel um, schwang sich auf das Roß und ritt in die Stadt. Auf dem Ball tanzte er die ganze Zeit mit dem Rosenmädchen, und das hatte seine helle Freude an ihm. Noch ehe der Ball vorüber war, machte er sich heimlich fort.

Am folgenden Morgen erzählte das Rosenmädchen abermals seiner Mutter von dem schönen Jüngling im silbernen Mantel. Dieser aber hütete schon wieder die Gänse und blickte nur verstohlen in den Blumengarten.

Die Mutter aber war begierig, den schönen Jüngling kennenzulernen, und sprach zu ihrer Tochter: »So nimm denn zum nächsten Mal ein wenig Pech mit, und wenn er mit dir tanzt, so streiche es ihm ins Haar.«

Am Abend ging das Rosenmädchen wieder auf den Ball, und diesmal nahm es Pech mit. Der Gänsehirt aber holte seine Schelle hervor und läutete. Da stand ein goldenes Pferd bereit, und ein goldener Mantel lag daneben. Er hüllte sich schnell in den Mantel, schwang sich aufs Roß und war bald in der Stadt. Auf dem Ball tanzte er wieder mit dem Rosenmädchen. Da strich es ihm ein wenig Pech ins Haar.

Als der Ball zu Ende ging, eilte er hinaus, schwang sich auf sein Roß und ritt davon. Am Morgen erzählte das Rosenmädchen seiner Mutter wieder von dem schönen Jüngling im goldenen Mantel, und daß sie ihm Pech ins Haar gestrichen hätte. Der Gänsehirt aber sah verstohlen durch die Hecke in den Blumengarten. Als er aber gegen Mittag nach Hause kam, sah das Rosenmädchen ihn lange an und merkte, daß das Haar verstraut war.

Da rief sie voll Freude: »Du bist unser Retter!«

»Das will ich gerne sein!« antwortete der Jüngling.

Die Mutter aber sprach: »Auf denn, daß wir entfliehen, noch schläft der Drache; wenn er aber erwacht, so sind wir verloren!«

Da ging der Gänsehirt hinaus und läutete dreimal mit seiner Schelle. Sogleich standen das kupferne, das silberne und das goldene Pferd bereit. Das Rosenmädchen setzte er auf das goldene und legte ihr den Mantel um, die Mutter auf das silberne und gab ihr den silbernen Mantel; er selbst schwang sich auf das kupferne und hüllte sich in den kupfernen Mantel. So sprengten sie zusammen hinweg.

Im Schloß lag ein mächtiges Faß mit drei eisernen Ringen. Darin schlief der Drache seinen Jahresschlaf. Das Jahr war aber gerade zu Ende gegangen. Da sprang der erste Reif, bald der zweite und schon auch der dritte, und jedesmal krachte es so gewaltig wie ein Donnerschlag.

Der Drache rieb sich die Augen und blickte um sich. »Wo ist mein Rosenmädchen?« brüllte er.

Niemand antwortete ihm. Da sprang er auf, sah in allen Zimmern nach und im Garten, es war aber niemand da. Zornig eilte er in den Stall, schwang sich auf seinen Fohlenhengst und sprach: »Nun, trage mich flugs zum Räuber hin!«

Es dauerte nicht lange, so hatte er die Fliehenden erreicht. Sie konnten nicht weiter, denn sie waren auf der Stelle gebannt.

Da sagte der Drache: »Ich könnte dich, du kleiner Erdenwurm, zerschmettern, allein, das brächte mir wenig Ruhm!«

Er nahm dem Jüngling die Schelle, das goldene, das silberne und das kupferne Roß weg und ritt mit dem Rosenmädchen und seiner Mutter davon.

Noch einmal sah er zurück und höhnte: »Du könntest das Rosenmädchen wohl erlösen, wenn du ein Roß hättest wie ich, das ich von meiner Mutter bekommen. Allein, das wird nie und nimmermehr geschehen!«

Der Drache legte sich nun wieder in sein Faß zum Jahresschlaf, und die eisernen Ringe legten sich von selbst um das Faß.

Das Rosenmädchen pflegte am Tag die Blumen. Abends ging es nicht mehr auf den Ball, sondern dachte immerzu an seinen Retter.

Der Jüngling aber wanderte und wanderte immerfort und suchte nach der Mutter des Drachen. Er sah auf einmal einen Raben, der hatte sich in ein Netz verstrickt und bat den Jüngling, er möge ihm heraushelfen, er wolle es ihm vergelten. Der Jüngling befreite den Raben, und dieser flog hinweg. Wie er weiterging, sah er einen Fuchs, der steckte in einer Falle und konnte nicht fortkommen.

»Hilf mir«, sprach dieser, »ich will dir's vergelten.«

Der Jüngling befreite den Fuchs, und dieser lief in den Wald. Endlich gelangte der Jüngling zum Meeresufer, und er sah dort einen Fisch auf dem Trockenen zappeln, und der bat: »Setze mich ins Wasser, ich will dir's vergelten!«

Der Jüngling tat es, und der Fisch schwamm davon.

Als er nun weiterwanderte, sah er auf einmal ein Häuschen. Drinnen wohnte die Drachenmutter. Er ging hinein und fragte sie, ob sie ihn in ihren Dienst nehmen wollte.

»Ei, jawohl, du sollst mir meine Stute hüten. Was soll ich dir geben aufs Jahr?«

»Nur ein Füllen.«

»Es sei. Bringst du mir aber abends die Stute einmal nicht heim, so ist es mit deinem Leben vorbei.«

Die Alte hatte schon viele in den Dienst genommen und hatte alle umgebracht.

Am Morgen zog der Jüngling mit der Stute auf die Weide; bald aber verlor er sie aus den Augen, und er suchte sie bis zum Einbruch der Dämmerung und konnte sie nicht finden.

Da sah er den Vogel über sich und rief: »Hilf mir, wenn du kannst! «

Da sprach der Rabe: »Die Stute ist in den Wolken und hat ein Füllen geboren, setz dich auf meinen Rücken, ich bringe dich zu ihr!«

Als der Jüngling die Stute und das Füllen nach Hause brachte, verwunderte sich die Alte sehr.

Am folgenden Morgen, als er die Stute mit dem Füllen hinaustrieb, ging es ihm wie am Tag vorher: Sie waren auf einmal verschwunden, und er suchte sie bis zum Einbruch der Dämmerung und konnte sie nicht finden. Da begegnete ihm der Fuchs, und er klagte ihm seine Not.

Der Fuchs sprach: »Die Stute ist in der Berghöhle und hat da ein Füllen geboren, komm, setz dich auf mich, ich will dich dort hinbringen.«

Der Jüngling kam durch ein Fuchsloch in die Höhle und trieb die Stute und die zwei Füllen nach Hause. Die Alte wunderte sich sehr, als sie ihn kommen sah. Am dritten Tag, als er die Stute und die zwei Füllen austrieb, waren sie gleich wieder vor seinen Augen verschwunden. Er suchte sie bis zum Einbruch der Dämmerung und fand sie nicht. Da kam er ans Meer und sah betrübt ins Wasser. Da kam der Fisch geschwommen und fragte ihn, warum er so traurig sei. Der Jüngling klagte ihm seine Not.

Der Fisch sprach: »Die Stute ist auf dem Meeresgrund und hat dort ein Füllen geboren. Ich will dich zu ihr bringen!«

Der Fisch nahm ihn in sein Maul und schwamm mit ihm auf den Grund des Meeres. So trieb er die Stute und die drei Füllen nach Hause. Die Alte verwunderte sich sehr und wußte nicht, wie das zuging. Sie konnte nun die

Stute und die drei Füllen nirgends mehr verbergen. Der Jüngling weidete sie, bis ein Jahr vergangen war.

Da sprach die Alte: »Jetzt wähle dir ein Füllen!«

Da nahm er sich das älteste. Dieses war eine schöne Stute geworden. Er schwang sich auf sie und ritt zum Schloß des Rosenmädchens, um es vom Drachen zu befreien. Kaum war er in der Nähe des Schlosses, da fing seine Stute an zu wiehern. Das vernahm der Fohlenhengst im Stall und fing auch an zu wiehern und zu stampfen, daß alles erbebte. Darüber erwachte der Drache in dem Faß, denn es war auch das Jahr gerade zu Ende. Die drei Reifen sprangen mit großem Knall nacheinander ab. Der Drache eilte in den Stall. Aber der Fohlenhengst hatte sich schon losgerissen und wollte zur Stute laufen. Da packte ihn der Drache an der Mähne, schwang sich auf seinen Rücken und wollte ihn bändigen. Der aber bäumte sich gewaltig auf. Der Drache stürzte herunter, und nun zerstampfte ihn der wilde Hengst unter seinen Füßen, daß er gleich tot war. Dann sprengte er über die Schloßmauer und lief der Stute nach.

Als aber der Jüngling am Schloß angelangt war, sprang er ab, stieg über die Gartenhecke und grüßte und umarmte das Rosenmädchen. Seine Stute war umgekehrt, lief zu der Alten zurück, und der Fohlenhengst folgte ihr.

Der Jüngling war nun Herr des Schlosses und hatte auch seine Schelle und die drei Wunderrosse wieder. Darauf hielt er Hochzeit mit dem Rosenmädchen, und sie lebten herrlich und in Freuden.

Märchen aus Siebenbürgen

DER SCHÄFERSSOHN
UND DIE ZAUBERISCHE
KÖNIGSTOCHTER

E s war einmal ein Schäfer, der hütete seine Schafe Tag für Tag auf einer Wiese vor einem verhexten Walde, in den er sich nie zu gehen getraute. Eines Tages war ihm seine Pfeife ausgegangen, und als er Feuer schlagen wollte, merkte er, daß er seinen Stahl verloren hatte. Zugleich sah er, daß vor ihm der ganze Wald in Flammen stand. Nach Hause laufen konnte er nicht, und Feuer mußte er haben, also faßte er sich ein Herz und ging auf den Brand zu, um sich seine Pfeife anzustecken. Er war aber kaum daran, so hörte er ganz aus der Nähe seinen Namen rufen. Er blieb stehen und sah sich um, da rief es noch einmal, es war aber niemand da. Endlich, als es zum dritten Male rief, sah er vor sich auf der Erde eine große Schlange, die kam aus dem Feuer hergekrochen und sagte, sie wolle ihn glücklich machen auf sein Lebtag, wenn er mit ihr in den Wald gehen wolle. Der Schäfer war ein armer Kerl und sagte ja. Nun kroch das Gewürm vor ihm her, gerade in den Wald hinein; das Feuer war fort, denn es war nur ein Blendwerk gewesen, um ihn anzulocken. Sie kamen immer tiefer in den Forst hinein; endlich hielt die Schlange bei einem Haselbusch und hieß ihn eine Gerte brechen. Als er es getan hatte, kroch sie wieder vorwärts, und der Wald ward immer dichter und dunkler. Sie kamen noch an zwei andere Haselbüsche. Bei jedem hieß ihn die Schlange stillhalten und eine Gerte brechen, und an jede Gerte mußte er sich ein besonderes Zeichen machen, um sie nicht mit den anderen zu verwechseln. Endlich, als der Wald so dicht war, daß man fast nicht mehr hindurch konnte, und der Schäfer so müd', daß ihn die Beine nicht mehr tragen wollten, standen sie vor einem hohen Schloß mit einem großen starken Tor. Da hieß ihn die Schlange mit der ersten Gerte dagegenschlagen, und alsbald sprang es auf. Sie kamen durch einen langen dunklen Gang in einen Hof, darin stand ein anderes Schloß mit einem noch stärkeren Tor. Er mußte mit der zweiten Gerte dagegenschlagen, und es ging wieder durch einen dunklen Gang in einen schönen Hof, worin ein Schloß mit einem noch viel stärkeren Tor stand. Das mußte er mit der dritten Gerte aufmachen. Jetzt führte ihn die Schlange treppauf, treppab bis in ein wunderschönes Zimmer. »Dein Glück ist halb vollbracht«, sprach sie, »um es ganz zu vollbringen, mußt du sieben Jahr lang hier in dieser Kammer bleiben und nicht vor die Tür gehen. Auf deinem Tisch wirst du immer alles finden, was du nur brauchen und wünschen kannst. Das Geschirr von deinem Essen und alles, was du nicht bei dir behalten willst, mußt du zum Fenster hinauswerfen, nie aber darfst du nachsehen, wo es hinfällt.« Als sie das gesagt hatte, machte sie sich fort zur Tür hinaus, und der Schäfer wünschte sich gleich einen ganzen Tisch voll Essen und Trinken. Er aß und trank sich satt und warf dann das Geschirr zum Fenster hinaus, kümmerte sich auch sehr wenig darum, wo es hinfiel.

So lebte er bald drei Jahre fort, da war die Langeweile so groß geworden, daß er gar nicht mehr wußte, was er nur tun sollte. Er fing an, sich Gedanken darüber zu machen, was für ein großer Haufen von zerbrochenem Geschirr wohl jetzt unter seinem Fenster liegen müsse. Zuletzt konnte er sich nicht mehr enthalten, und als er wieder einen Packen Teller hinuntergeworfen hatte, legte er sich hinaus und schaute hinab. Da sah er freilich keinen Geschirrhaufen, wohl aber einen ganzen Hof voll großer Tiere, eines immer seltsamer und schrecklicher anzusehn als das andere, welche die Teller und Schüsseln mit den Mäulern auffingen und fortschleppten. Er machte schnell das Fenster zu, doch da klopfte es schon an der Tür, und obwohl er nicht »herein« sagte, so kam die Schlange doch und war sehr böse und sagte, jetzt hätte er die Wahl, ob er gleich auf der Stelle sterben oder die sieben Jahre noch einmal von vorn anfangen wolle. In seiner Angst versprach er's gern und war nur froh, daß er das Leben behalten sollte. Da er jetzt wußte, wo das Geschirr hinkam, kam er in keine Versuchung mehr, zum Fenster hinauszusehen, und so hielt er denn die sieben Jahre richtig aus.

Als die Zeit um war, klopfte es wieder. Diesmal rief er herzhaft: »Herein!« Die Tür ging auf, und herein kam ein König mit einer goldnen Krone und hinter ihm sein ganzer Hofstaat. Das waren alle die häßlichen Tiere, die seine Teller fortgetragen hatten und jetzt erlöst waren. Sie bedankten sich gar sehr bei ihm, der König aber sprach: »Nun kannst du unter drei Stücke dir eines wählen, das du willst. Willst du ein goldenes Hemd, ein eisernes Schwert oder eine goldne Krone?«

»Das eiserne Schwert!« rief der Schäfer, und der König sagte: »Du hast zu meinem und zu deinem Vorteil gewählt. Hättest du die Krone verlangt, so wärst du statt meiner König geworden; hättest du das Hemd verlangt, so hätte es mir und dir nichts genützt. So aber bist du durch das Schwert un-überwindlich gemacht, und ich ernenne dich zu meinem obersten General.« Der König konnte auch einen guten General brauchen, denn kaum sah sein Nachbarkönig, daß er wieder erlöst war, so fing er auch schon Krieg mit ihm an. Das war aber sein eigner Schaden, denn er durfte so viele Soldaten hinausschicken, als er nur wollte, der Schäfer mit seinem Zauberschwert schlug sie alle tot. Der fremde König hatte aber eine gar kluge Tochter, der klagte er seine Not, und das Mägdlein sagte, er solle sie nur gehen lassen, sie wolle es schon machen. Als es dunkel wurde, lief sie hinüber in das feindli-che Lager und ließ sich fangen, und als sie vor den obersten General gebracht wurde, verliebte sich der gleich so in sie, daß er sie nicht mehr von sich ließ und sie mit sich in sein Zelt nahm. Die Nacht aber, als er schlief, stand die falsche Prinzessin auf, nahm sein Schwert, das an der Zeltwand hing, und lief damit hinüber zu ihrem Vater. Des anderen Tages wurde das ganze Heer des Schäfers totgeschlagen und er selber gefangen vor den feindlichen Kö-nig gebracht. Der ließ ihn mit dem Beil zerteilen und packte die Stücke in eine Schachtel; die schickte er seinem Nachbarn und ließ ihm sagen, da hät-te er seinen General!

Da gab es großes Wehklagen im ganzen Lande, der König aber gab die Hoffnung nicht auf, er ließ die ganze Zaubererzunft zusammenkommen und befahl ihnen, den General wieder zusammenzusetzen. Da legten die Zaubergesellen die Stücke auf einem Tisch zurecht, setzten sie aneinander und bestrichen sie mit Wundersalbe, daß sie wieder zusammenwuchsen. Nun war der General fertig, bis auf das Leben, und das gab ihm der Zau-bermeister. Zugleich schenkte er ihm die Gabe, sich zu verwandeln, in was er wollte. Das war dem Schäfer recht. Er verwandelte sich in ein wunder-schönes Pferd und ließ sich von einem Kaufmann in das feindliche Land führen. Bald sprach alles von dem schönen Pferd; der König sagte, das dür-fe niemand haben, nur er, und kaufte es dem Kaufmann für schweres Geld ab.

Als aber das Tier im Stall stand und des Königs kluge Tochter es bese-hen hatte, sprach sie zu ihrem Vater: »Das Pferd kann ich nicht dulden, der Schinder muß ihm den Kopf abschlagen!« Das hörte des Königs Köchin, die war dem schönen Tier gut; sie ging zu ihm in den Stall und streichelte es und sprach dabei: »Wie dauerst du mich, daß du sterben mußt, der Schin-der wird kommen und dir den Kopf abschlagen.« Da hob das Pferd seinen Kopf in die Höhe und sprach: »Wenn mir der Schinder den Kopf abhackt, so sollen drei Tropfen Blut an deine Schürze springen, die mußt du mir zuliebe unter der Dachtraufe vergraben, es soll dir nicht vergessen sein.«

Wie das Pferd gesprochen, so geschah es; die Köchin begrub die Schürze mit den drei Blutstropfen unter der Dachtraufe, und des anderen Morgens war ein wunderschöner Weißkirschbaum voll der schönsten Kirschen daraus hervorgewachsen. Als die Prinzessin aus ihrem Schlafgemach herunterkam, sah sie den Baum. Da ging sie zu ihrem Vater und sprach:»Den Baum im Hofe leid ich nicht, der Zimmermann muß kommen und ihn mit dem Beil umhauen.« Die Köchin hatte es aber wieder gehört und ging hinab und sprach:»Ach, armer Baum, du tust mir leid, der Zimmermann soll kommen und dich mit dem Beil umhauen.« Da sprach der Baum:»Und wenn der Zimmermann kommt und mich mit dem Beil umhaut, so mußt du mir zuliebe drei Späne von mir nehmen und sie in den Teich der Prinzessin werfen.« Wie der Baum gesprochen, so geschah es; die Köchin warf die drei Späne in den Teich der Prinzessin, und des anderen Morgens schwammen drei goldene Enten darauf. Als die kluge Königstochter in den Garten kam und die Enten sah, so sprach sie:

»Die Enten leid ich nicht.« Sie nahm ihren Bogen und schoß zwei davon tot, die dritte aber gefiel ihr so gut, daß sie sich in einen Kahn setzte und ihr nachruderte, bis sie sie gefangen hatte. Am Abend nahm sie die Ente mit in ihr Schlafgemach, wo auch das gestohlene Schwert an der Wand hing. Um Mitternacht aber packte die Ente das Schwert auf und flog damit fort bis in das Nachbarland. Hier wurde sie wieder zum General, der ging zu seinem König und zeigte ihm das wiedergefundene Schwert. Da gab es große Freude im Schloß, und am anderen Tag zog der Schäfer wieder in den Krieg. Als die feindlichen Soldaten besiegt waren, eroberte er die Hauptstadt und tötete den König mit seiner ganzen Familie. Die gute Köchin aber nahm er zur Frau, und sie waren König und Königin und hielten gute Nachbarschaft mit dem andern König, und wenn sie nicht gestorben sind, leben sie heute noch.

Märchen aus Hessen

DER TEUFEL
UND DER GOLDHAHN

Es waren einmal zwei Brüder, die hatten nicht viel Geld, aber doch ein bißchen miteinander verdient. Der Ältere hieß Aljet, und der Jüngere hieß Weed. Da sprach Weed zu Aljet: »Was wollen wir mit dem bißchen Geld, das wir erübrigt haben, anfangen? Still liegenzulassen, dazu ist es zuviel. Auf Zins zu geben, dazu ist es zuwenig.«

Da sprach Aljet zu Weed: »Weißt du was, wir wollen in der Lotterie spielen. Und gewinnen wir das große Los damit, dann wollen wir das Geld teilen und sind beide reiche Leute, setzen jeder ein großes Haus auf und nehmen uns eine reiche Frau herein. Hoho! Wie soll es da aber hergehn!«

Da sprach Weed: »Ja, das laß uns nur tun; besser weiß ich es auch nicht.«

Nun spielten sie in der Lotterie und gewannen wirklich den allerhöchsten Treffer. Aber was tat Aljet da? Er hatte das Los bekommen, und so konnte er auch das Geld heben. Er gab aber Weed nichts davon und behielt alles für sich. Aljet war nun so reich wie der Bauer auf dem Deiche, und Weed war so arm wie eine Laus; er hatte nichts und kriegte nichts.

Aljet baute sich ein schönes, großes Haus. Und nun wollte er auch heiraten und bekam eine schmucke, reiche Frau. Und als die Hochzeit war, da hatte er lauter ganz reiche Leute geladen – aber seinen Bruder Weed gar nicht. Weed ging aber doch auch hin und war so zerlumpt in den Kleidern. Aber was sollte er machen? Er hatte sie nicht besser.

Als Aljet seinen Bruder durchs Fenster von weitem kommen sah, sprach er zu seiner Braut: »Gottes Kreuz, dort hinten kommt mein Bruder Weed und ist so zerlumpt in den Kleidern. Der darf hier nicht herkommen, dem muß ich entgegenlaufen und etwas bringen, damit er nur wegbleibt.« Darauf nahm er zwei Schinken und lief ihm damit entgegen.

»Weed«, sagte er, als er zu ihm kam, »wohin willst du?« »Zu deiner Hochzeit.«

»Zu meiner Hochzeit, du mit deinen zerlumpten Kleidern? Bist du auch klug? Sieh, da hast du zwei Schinken. Damit geh zum Teufel und bleib mir von der Hochzeit.« Weed konnte nichts anderes tun als weggehen. Und Aljet kehrte zu seiner Braut zurück und tanzte wie ein nüchtern Kalb.

Weed war schon lange vorher verheiratet mit einer Frau, so arm wie Lazarus, und hatte sich auch eine Hütte aufgesetzt von Plaggen auf die Art wie ein Schafkoben, darin waren nicht einmal Fenster. Brot hatte er nicht, aber Kinder genug. Weed ging nun mit seinen Schinken verdrießlich weg und sprach zu sich selbst: »Gehe ich nun sofort zum Teufel, oder gehe ich erst nach Hause?« Aber zu Hause sah er nichts zu fangen und dachte: »Gehe ich mit meinen Schinken nach Hause, dann essen die Kinder so gierig davon, daß sie mir noch krank werden. Dann habe ich nichts für den Teufel. Lieber will ich nur gleich vorbeigehen und sehen, was mir der alte Knubbe dafür gibt.«

Nun stiefelte er heimlich an seinem Hause vorbei und dann auf den Teufel zu. Als er drei Tage gegangen war, gereute es ihn beinahe schon. Er hatte Blasen an den Füßen und Hunger wie ein Wolf, er war kalt wie ein Frosch und zitterte wie eine Binse im Wasserpfuhl. Da sah er einen großen Busch vor sich und dachte, in dem könne der Teufel wohl wohnen. Als er in den Wald kam, da wurde der Wald je länger, je düsterer und zuletzt so düster wie ein Balken.

Da sah mein guter Weed in der Ferne einen Mann vor sich gehen, auf den ging er eilends zu. Und als er ihn erreichte, fragte er ihn, wohin er wolle.

»Nur ein Endchen Weges«, sagte der Mann. »Wohin wollt Ihr denn?«

»Ach«, antwortete Weed, »ich wollte nur zum Teufel.«

»Zum Teufel? Was wollt Ihr denn da?«

»Dem wollte ich zwei Schinken bringen.«

»Wofür?«

»Für nichts und wieder nichts.« Und nun erzählte er ihm die ganze Geschichte, wie sein Bruder ihn betrogen hatte, wie er ihn nicht auf der Hochzeit hatte haben wollen und wie er ihm die beiden Schinken gegeben und ihm gesagt hatte, damit solle er zum Teufel gehen. Dabei sah er heimlich den Mann an und bemerkte, daß er einen Pferdefuß hatte.

»Was siehst du mich so an?« fragte der Mann.

»Ach nichts. Ich wollte Euch bitten, ob Ihr mir nicht sagen wolltet, wo der Teufel wohnt?«

»Dann kommt Ihr just an den rechten Mann. Der Teufel bin ich selbst. Gebt mir meine Schinken nur her.«

Da gab er dem Teufel die Schinken, und der sagte zu ihm: »Es dauert mich, daß dein Bruder dich so schlimm betrogen hat. Ich sehe, du hast ein gutes Herz. Du sollst auch ein gutes Geschenk wiederhaben, denn Gabe ohne Gegengabe können nicht miteinander bestehen. Sieh, da hast du einen Hahn. Allemal, wenn du zu ihm sprichst: ›Hahn, kräh!‹, sogleich legt er dir einen schönen blanken Dukaten. Aber alle vierundzwanzig Stunden mußt du es einmal sagen, sonst gibt er Feuer von sich, das nicht zu löschen ist, bis alles verbrannt ist.«

Weed ging nun mit seinem Hahn weg und war so froh wie ein Bettler, der einen Dreier bekommt. Als er dem Teufel nur eben aus den Augen war, da versuchte er es einmal, und richtig, es kam ein Dukaten, der noch so schön war.

Da ging es an ein Hahnekrähen und Hahnekrähen, bis er alle Taschen voll hatte.

Nun konnte er in einem Tage den langen Weg nicht wieder nach Hause kommen und mußte unterwegs in einem Wirtshause bleiben. Erst wollte ihn der Wirt nicht behalten. Er dachte, Weed habe kein Geld, weil er so zerlumpt in den Kleidern ging, und er ging vor Müdigkeit so steif, gerade wie ein Pferd, das vernagelt ist. Aber als Weed ihm eine Handvoll Dukaten wies, da behielt er ihn gerne.

»Was Teufel«, dachte der Wirt, »der Kerl geht so zerlumpt in den Kleidern, trägt sich mit einem Hahn und hat die Hände so voll Geld. Das Ding muß untersucht werden, wie der Kerl zu all dem Geld gekommen ist.« Darum richtete er es ein, daß Weed ein Zimmer allein bekam, und brachte ihm zu essen. Und als Weed da beim Essen saß, da war er doch so froh über den Hahn, streichelte und küßte ihn und gab ihm das Beste, was auf dem Tisch war. Derweil guckte der Wirt durch das Schlüsselloch. Und als Weed mit dem Essen fertig war, plagte ihn die Langeweile, und so sprach er auch einmal: »Hahn, kräh!« Und siehe da, flugs fing der Hahn an zu krähen, und ein Dukaten fiel von ihm.

Das kriegte der Wirt durchs Schlüsselloch gerade zu sehen. »Aha«, dachte er, »das soll kein Blinder gesehen haben.«

Er auf den Lauf, erzählt es seiner Frau und fragte, ob sie wüßte, wie sie an den Hahn kämen. Die sagte: »Wir haben ja gerade einen solchen Hahn, der gerade so aussieht. Den nimm und vertausch ihn mit des Fremden Hahn, wenn der Fremde im Bett liegt und schläft.« Und das tat der Mann, und niemand war froher als er.

Morgens, als Weed aufstand und seine Zeche bezahlt hatte, ging er fort und wußte nicht anders, als daß er seinen eigenen Hahn auf dem Nacken habe. Mit einem Mal kam ihm in den Kopf, wie es die Kinder wohl tun aus Neugierde und Langeweile, einmal zu sehen, ob sein Hahn wohl auch noch krähen wolle, und sagte: »Hahn, kräh!« Aber statt daß der Hahn wie sonst einen Dukaten legte, legte er nun einen Krummen. Da erschrak Weed so, als ob er einen mit einem Pfahl vor den Kopf bekommen hätte – und so wieder zu dem Teufel hin! Und er rannte, daß ihm Hören und Sehen verging.

Glücklicherweise traf er den Teufel wieder gerade auf derselben Stelle, wo er ihn zuerst getroffen hatte. Das erste, was er sagte, war: »Da hast du alter Knubbe mich mit dem Hahn bös betrogen. Wenn du mir nichts anderes geben willst, dann behalt den Hahn. Den will ich gar nicht haben. Mit dem lauf, wohin du willst. Der legt mir ja nichts als lauter Krumme!«

Der Teufel probierte es auch noch einmal, aber richtig, es kam wieder ein Krummer. Da sprach der Teufel: »Das ärgert mich, daß du so betrogen bist. Aber du sollst doch nicht sagen, daß du bei mir zu kurz kommst. Ich habe noch einen Tisch, den will ich dir schenken.«

Als Weed den Tisch sah, sagte er: »Was soll ich mit dem alten, wackeligen Tisch? Der ist das Mitnehmen ja nicht wert.« Und es war auch gerade so ein Tisch: Wer ihn ansah, hätte ihn nicht mitgenommen.

Da sagte der Teufel: »Nimm ihn nur mit, der Tisch ist gut. Er ist jetzt nur etwas klein, aber du kannst ihn so groß machen, daß zum Essen wohl tausend an ihm sitzen können. Wenn du das eine Ende nur anfassest und ziehst tüchtig, dann wird er so lang, wie du ihn haben willst. Und wenn du dann sprichst: ›Tisch, deck dich!‹, dann steht alles darauf, was nur in der Welt zu denken ist. An eßbarer Speise ist nichts zu denken, was nicht darauf steht. Und soll das Essen wieder fort, so sprich nur: ›Tisch, deck dich ab!‹ Dann ist auch alles wieder fort. Und dann schiebst du ihn wieder zusammen, wie du ihn ausgezogen hast, so ist es derselbe wieder.«

»Nun, wenn das so ist«, sagte Weed, »dann nehme ich ihn mit. Sonst bringe ich ihn dir wieder.«

Weed nahm den Tisch auf den Nacken und zog damit von dannen. Als er eine Strecke damit fort war, verspürte er bereits Hunger. »Hela«, dachte er, »du hast ja den Tisch. Was hat es da für Not. Was brauchst du Hunger zu leiden?«

Er faßte den Tisch mit einer Hand an, zog damit fort und sprach: »Tisch, deck dich!«

Aber was machte er für Augen, als alles auf dem Tische stand, was er sein Lebtag noch nicht erblickt hatte! Da war Suppe mit Hühnerfleisch und allerhand Gemüse und von allerlei Arten Fleisch und Speck und Wein so viel, als er sein Lebtag noch nicht geschmeckt hatte. Aber er tat sich auch recht was zugute und richtete sein Herz einmal ordentlich auf. Dann sagte er: »Tisch, deck dich ab!«, schob ihn wieder zusammen, und dann ging er wieder in das Wirtshaus, wo er die vergangene Nacht gewesen war, denn er konnte unter dem blauen Himmel nicht liegen.

Als der Wirt ihn zu sehen kriegte, dachte er: »Aha, da ist wieder etwas zu machen. Was will er sonst mit so einem alten, wackeligen Tisch?«

Als der Wirt ihn fragte, ob er auch etwas zu essen habe wolle, antwortete er: Nein, er habe Essen genug bei sich. Er wolle nur in ein Zimmer für sich gehen. Und als er drinnen war, sah der Wirt wieder durchs Schlüsselloch. Weed kriegte wieder seine kindischen Einfälle zu fassen, machte das ganze Zimmer voll Tisch und sagte dann:

»Tisch, deck dich!« Und es war wieder alles darauf.

Als der Wirt sah, daß das so ein rarer Tisch sei, dachte er, der könne ihm gerade passen. Und er holte sein Weib auch herbei. Derweil hatte Weed das Essen just getan und schob den Tisch wieder zusammen, nachdem er zuvor gesprochen hatte: »Tisch, deck dich ab!« Da war der Tisch wieder wie gewöhnlich.

»Was nun für Rat«, sagte der Wirt zu seiner Frau, »daß wir auch den Tisch bekommen?«

»Lauf schnell zu unserem Nachbarn, der hat gerade so einen Tisch. Den kauf ihm ab und setz ihn für den anderen an die Stelle, wenn der fremde Mann schläft.« Und das tat der Wirt, während Weed schlief, daß das eine Auge das andere nicht sehen konnte, und sich um Gott und die Welt nicht kümmerte.

Morgens, als Weed aufkam, ging er mit seinem Tische fort und wußte nicht anders, als daß er seinen eigenen Tisch habe. Als er eine Strecke Weges fort war, wurde er hungrig. Er machte sich nun daran und wollte den Tisch ausziehen, wie er vorher getan hatte; aber der ganze Tisch ging mit.

»Was, Teufel, was ist das?« sagte Weed. Er sagte: »Tisch, deck dich!« Aber es kam nichts. Er wieder auf den Teufel zu, als ob er Feuer in der Hose hätte. Und glücklich kam er auch wieder bei dem Teufel an und schalt ihm den Buckel so voll, als er halten konnte, daß er ihn zweimal genarrt habe. »Das ärgert mich nun betrübt, daß du zweimal betrogen bist. Aber nun komm!

Sieh da, da hast du einen Sack, darin sind Knüppel. Den will ich dir noch geben, sonst habe ich nichts mehr. Wenn du den Sack nur öffnest oder sprichst: ›Knüppel aus dem Sack!‹, kommen gleich die Knüppel heraus und hauen alles, was ihnen vorkommt. Und so lange, bis du sagst: ›Knüppel in den Sack!‹ Wenn nun jemand ist, auf den du einen Pik hast, oder wenn dir einer etwas will, dann bind ihn nur los oder sag: ›Knüppel aus dem Sack!‹ Dann sollst du einmal sehen, was Hauen ist.«

Nun ging Weed mit den Knüppeln weg – aber so froh nicht, wie er die Male vorher gewesen war, denn er dachte, die Knüppel seien so gut nicht für ihn wie der Dukatenhahn und der Tisch-deck-Dich! Abends kam er wieder in seinem alten Wirtshause an. Nun hatte er noch einen tüchtigen Stüber Geld, aber Essen mußte er haben, denn sein Tisch war weg. Er ließ sich Essen zurechtmachen, und während er aß, guckte der Wirt wieder durchs Schlüsselloch und dachte, es sollte wieder etwas geben. Weed aß nach Herzenslust, aber für den Wirt passierte nichts. Als Weed zu Bett ging, sagte er zu dem Wirt, er solle ihm nicht in den Sack gucken. Aber der Wirt konnte kaum so lange warten, bis mein guter Weed zu Bett war. Als er nun meinte, Weed schlafe – da er nach dem Sack und aufgeknüpft. Aber wie er brüllte, als ihm die Knüppel auf dem Rücken tanzten! Sein Weib und sein Gesinde kamen herbeigelaufen und meinten, er habe Hals und Beine gebrochen. Aber sobald sie hereinkamen, kamen ihnen auch die Knüppel auf den Rükken, und sie brüllten, daß Weed aus dem Bett kam und fragte, was los sei?

Da sagte das Weib: »Steuer nur deine Knüppel! Wir wollen dir den Hahn und den Tisch gern wiedergeben.«

»Aha!« sagte Weed. »Habt ihr Tisch und Hahn, so sollt ihr noch erst etwas draufhaben«, und ließ sie so lange knüppeln, bis es ihm selbst zuviel wurde. Da sprach er: »Knüppel in den Sack!«

Darauf gingen sie hin und holten ihm den Tisch und den Hahn wieder. Nun hatte er alles miteinander, und Weed freute sich nicht wenig. Anderen Tages, des Morgens, ging Weed nach seinem Hause zu, den Hahn unter dem Arm, Tisch und Sack auf dem Nacken. Unterwegs ließ er den Hahn noch eine halbe Stiege krähen und traf dann auch sein Weib an. Aber seine Frau fing gar heftig zu zanken mit ihm an und sagte: »Das ist nun der sechste Tag, daß du aus dem Hause bist. Und man weiß nicht, wohin du gestoben oder geflogen bist. Und nun kommst du noch mit solchen dummen Dingern, mit einem Hahn und einem wackeligen Tisch. Und mit einem Sack, darin hast du ja wohl Knochen, du rechter Lump. Du bist ja wohl verwirrt im Kopfe, daß du so lange aus dem Haus bleibst und sagst nicht einmal, wohin du gehst. Und ich muß sitzen und Hunger und Kummer leiden mit den Kindern.«

Da fing Weed an und sagte: »Nun schweig nur still, hast jetzt genug gesprochen. Das sind so dumme Dinger nicht, wie du meinst. Paß auf, du sollst es sogleich sehen.« Da ließ er seinen Hahn krähen, und zum Tisch sagte er: »Tisch deck dich!«

Aber als die Frau das sah, die blanken Dukaten und allerlei eßbare Speise, da sprang sie vor Freuden hoch, schlug die Hände zusammen und wußte nicht, was sie sagen sollte. »Wie auf Gottes Welt bist du dazu gekommen? Nun sind wir ja auf einmal reich, wenn der Hahn immer so tut.«

»Ja«, sagte Weed, »so tut er jedesmal«, und ließ den Hahn so lange krähen, bis sie das Geld nicht mehr zählen konnten; sie mußten es messen.

Aber sie hatten, Gott besser's, keinen Scheffel. Darum mußten sie ihren kleinen Knaben zum Bruder Aljet schicken, daß der ihnen einen Scheffel leihe.

»Was, Teufel!« dachte Aljet. »Was hat mein Bruder Weed wohl zu messen? Einer, der nichts hat, kann der auch etwas messen? Das will ich wissen«, sprach er zu sich selbst. Also schmierte er ein wenig Pech unten auf den Boden des Scheffels, gab den Scheffel dem Knaben mit und sagte: »Du mußt ihn mir aber sogleich wiederbringen, wenn ihr gemessen habt.«

Als der Knabe nach Hause kam, maßen sie das Geld, und da hatten sie zwei und einen halben Scheffel voll Dukaten. Als sie nun mit dem Messen fertig waren, sagte der Knabe:

»Aljet Ohm hat gesagt, ich solle ihm den Scheffel sogleich wiederbringen.«

»Dann lauf«, sprach Weed, »und komm rasch wieder.«

Als der Knabe mit dem Scheffel nach Aljets Haus kam, war das erste, was Aljet tat, daß er in den Scheffel guckte. Und da sah er noch eine halbe Stiege Dukaten am Boden kleben.

»Was, Satan! Was hat dein Vater gemessen, Kniljes (Kornelius)?«

»Lauter Dukaten«, antwortete Kniljes.

»Lauter Dukaten? Wie auf Gottes Welt ist er zu denen gekommen?«

»Die legt unser Hahn.« »Euer Hahn?«

»Ja, unser Hahn.«

»Wie ist er denn an den Hahn gekommen?« Da fing der kleine Kniljes an und erzählte ihm alles, wie sein Vater den Hahn empfangen hatte, wie der Wirt Weed den Hahn und den Tisch genommen hatte und wie er sie wiederbekommen hatte, kurzum, er erzählte ihm alles, wie es damit zugegangen war.

»Aha«, dachte Aljet, »das soll kein Tauber gehört haben!« Er eins, zwei, drei, ein Schwein beim Kopf genommen, geschlachtet und die Schinken abgeschnitten. Denn Schinken hatte er nicht mehr, weil sie die, welche Weed nicht bekommen hatte, alle auf der Hochzeit aufgegessen hatten. Und damit auf den Busch zu, den Kniljes ihm als des Teufels Aufenthalt bezeichnet hatte. Und was für ein Glück! Er traf ihn dort auch an.

Als Aljet nun bei dem Teufel ankam, fragte der Teufel, wohin er mit den beiden Schinken wolle, die er auf dem Nacken trage?

»Ich will sie dem Teufel bringen«, sagte Aljet. »Was soll er damit?«

»Ich will sie ihm bloß schenken.«

»Gabe ohne Gegengabe können nicht miteinander bestehen«, antwortete der Teufel. »Sag nur, was ich dir schenken soll.«

»Ach, wenn ich nun doch einmal etwas haben soll, dann gib mir einen solchen Hahn, wie du meinem Bruder Weed gegeben hast.«

»Sieh, da hast du einen«, sprach der Teufel, zog einen aus dem Busen und gab ihm den, sagte aber nicht dabei, daß er Feuer von sich gebe, wenn man ihn nicht alle vierundzwanzig Stunden krähen ließe.

Nun Aljet damit nach dem Wirtshause und dachte, der Wirt solle ihm den Hahn nehmen, damit er auch den Tisch bekomme; den Hahn könne er ja immer wieder herausknüppeln. Aljet blieb im Wirtshause bis zum anderen Morgen und meinte, nun sei sein Hahn vertauscht. Aber nein, der Wirt hatte ihn nicht angerührt, denn er fürchtete sich vor neuen Knüppeln. Aljet ließ seinen Hahn krähen, aber es war derselbe noch.

Nun hatte der Wirt noch gerade so einen Hahn, den kaufte Aljet ihm ab, begab sich damit zum Teufel und schalt ihn tüchtig aus, daß er ihn so betrogen habe, denn der Hahn wolle ja gar nicht krähen.

»Ja«, sagte der Teufel, »was soll ich dir denn schenken?«

»Ach, dann gib mir einen solchen Tisch, wie du meinem Bruder Weed geschenkt hast.«

»Sieh, da hast du einen«, erwiderte der Teufel und reichte ihm einen alten, wackeligen Tisch hin, und Aljet ging damit wieder zum Wirtshaus und dachte: »Den Tisch vertauschen sie mir gewiß, damit ich auch die Knüppel bekomme. Die muß ich doch notwendig auch noch haben.«

Aber des anderen Morgens war sein Tisch ebensowenig angerührt. Er mußte sich just so gut einen Tisch kaufen, wie er sich einen Hahn gekauft hatte. Damit begab er sich wieder zum Teufel, fing abermals seine Schelterei an, und der Teufel gab ihm auch einen Sack mit Knüppeln - sagte ihm aber nicht, daß er auch sprechen könne: »Knüppel in den Sack!« Und das hatte Kniljes ihm auch nicht erzählt. Nun war Aljet gar froh, daß er die drei Teile just so gut hatte wie sein Bruder Weed. Und er eilte nach Hause, als ob er einen Totschlag begangen hätte.

Nun kam er zu seinem Weib und sprach: »Welches Glück! Ich habe alle drei Teile just so gut wie mein Bruder Weed. Was ist das für ein edler Hahn und welch ein trefflicher Tisch! Und die Knüppel, die sind noch das Beste von allem. Denn wenn man nur einmal sagt: ›Knüppel aus dem Sack!‹, dann kommen ... Gottes Kreuz, da sind sie schon!«

Und nun die Knüppel ans Hauen auf das Weib und auf ihn, daß sie vor Not nicht wußten, wohin sie sollten. Doch liefen sie vor Angst und Schrecken zu Weed hin, denn die Knüppel selber steuern konnten sie nicht.

»Bruder, hilf! Bruder, hilf! Sie schlagen uns tot!« riefen sie schon von ferne.

Weed, der nichts von der Sache wußte, dachte: »Was Teufel ist da zu tun?«

Und sie riefen immer: »Weed, hilf! Weed, hilf!«

Endlich, als sie zu ihm kamen, fuhr ihm durch den Sinn, er möchte diese Knüppel auch wohl steuern können, und er sprach: »Knüppel in den Sack!«

Da ließen sie das Schlagen sein und krochen zu Weeds Knüppeln in dessen Sack.

»Wie seid ihr zu den Knüppeln gekommen?« fragte Weed. Da fingen sie an zu erzählen, aber mit einem Mal, als sie zufällig aufblickten, stand ihr schönes Haus in Brand, denn der Hahn hatte ganze vierundzwanzig Stunden nicht gekräht. Aljet hatte gedacht, er könne ihn zu Hause noch genug krähen lassen.

Nun war Weed reich und Aljet arm, denn es war ihm alles verbrannt, mitsamt dem Hahn und dem Tisch. Und wenn sie noch nicht anders geworden sind, dann sind sie noch so. Und der es zuletzt erzählt hat, der lebt noch.

Märchen aus Oldenburg

Die Geschichte vom armen Stanschu

Hörte oft erzählen, und wenn ich ein Schriftgelehrter wäre, möcht ich es euch in den Büchern nachweisen, daß einmal ein armer Mann war, welcher Stanschu hieß. Er hatte nur ein einziges Joch Feld, das er jahraus, jahrein mit Mais bestellte, den er für seine armselige Haushaltung notwendig hatte.

Einmal nun, da der Mais eben zu reifen anfing, fand er, daß nachts Pferde darin gewesen sein mußten, die großen Schaden angerichtet hatten. Als sich dieses in der folgenden Nacht wiederholte, hieß er sein Weib einen Vorrat Malai (Kuchen aus Maismehl) backen, damit er hinausgehen und womöglich die Pferde abfangen könne. Die Leute waren aber sehr arm und hatten nichts weniger als vorrätiges Mehl im Haus, darum ging das Weib zu einem Nachbarn und lieh dort Maismehl, um den Mundvorrat für ihren Mann zu bereiten. Den Wert des Mehls wollte sie bei dem Nachbarn mit Arbeit abverdienen.

Als nun der Mann seine Tasche mit frischgebackenem Malai voll hatte, ging er hinaus und legte sich ruhig in seinem Maisfeld nieder, um wohl aufzupassen, so daß ihm die Pferde, die da kommen sollten, nicht entgehen könnten. Es währte nicht lange, nachdem es Nacht geworden war, da hörte er ein fernes Geräusch wie Donner, über sich aber sah er, wie sich dichte schwarze Wolken herabsenkten und, da sie ganz nahe an der Erde waren, aufbrachen. Daraus sprang ein Troß wilder Pferde hervor, der gerade in sein Maisfeld lief und anfing, sich an der süßen, noch milchigen Frucht sattzufressen und so wiederum einen mächtigen Schaden anzurichten. Jetzt erhob sich Stanschu leise und fing eines der Pferde, indem er rief: »Was habt ihr in meinem Maisfeld zu suchen, und warum macht ihr mir so großen Schaden?« Während er so das Pferd beim Schopf hielt, um es zu erschlagen, flohen die andern davon.

Er hob eben sein Beil auf, um im Zorn und Unmut über den mächtigen Schaden seinem Arm den Lauf zu lassen, da rief das Pferd: »Schlag nicht, Stanschu, uns hat der Himmel gesandt, dir diesen Schaden zu machen!

Willst du mich aber schonen, so greif in mein rechtes Ohr, und du wirst dort finden, was dich tausendmal reicher machen wird, als es zehn Ernten deines Feldes vermöchten!« Schon daß das Pferd sprach, war für Stanschu genug, um den Arm mit dem Beil sinken zu lassen und den Streich nicht zu führen. Jetzt wußte er aber auch, daß er ein Wundertier und kein gewöhnliches Pferd beim Schopf hatte. Deshalb griff er demselben, wie es ihm selbst gesagt hatte, ins rechte Ohr und fand darin eine welsche Nuß. Als er diese näher betrachtete, sprach das Pferd weiter und sagte:

»Diese Nuß wird dir alles gewähren, was immer dein Herz nur wünscht.«

Da war Stanschu nicht wenig erfreut, ließ das Pferd los und ging nach Hause. Dort angekommen, befahl er seinem Weib, im Augenblick das gebratene Spanferkel aus dem Ofen zu nehmen, weil er hungrig sei. Das Weib, zuerst über des Mannes schnelles Zurückkommen vom Maisfeldhüten erstaunt, wußte nicht, wie sie dies deuten sollte, und sagte: »Was machst du denn für Streiche, Mann? Bist du vielleicht im Wirtshaus gewesen? Wir haben nicht einmal etwas zu brennen, und woher sollte noch ein Braten in den Ofen kommen?« Da mahnte Stanschu wieder: »Geh nur, mein Weib, hol den Braten, du wirst ihn schon sehen.«

Der bestimmte Ton, womit ihr Mann diese Worte begleitete, machte es ihr nicht wahrscheinlich, daß er betrunken sei, um aber der Sache auf den Grund zu kommen, ging sie, wie ihr Mann gesagt hatte. Als sie zum Ofen kam, wußte sie nicht, ob sie träumte oder wachte, denn sie fand denselben warm und darinnen neben gerade verglimmender Glut ein gargebratenes Spanferkel, das eben zum Auftragen recht war. Sie nahm es also und trug es staunend auf, bald ihren Mann, bald den herrlichen Braten betrachtend. Jetzt erhielt sie den Befehl, in den Keller zu gehen und einen Krug besten Wein zu bringen, denn ihr Mann hatte Durst nach einem guten Schluck. Stillschweigend ging sie und fand wirklich in dem armseligen Haus einen Keller, wo sonst keiner war, und darinnen zwei Reihen Fässer, alle in Eisenband. Sie enthielten die feinsten und vorzüglichsten Weine. Nun ließen sich's beide Eheleute wohl gehen, sie aßen und tranken, so viel und gut sie konnten, bis sie zuletzt beim Tisch selbst einschliefen.

Als sie des andern Tages ziemlich spät erwachten, wünschte Stanschu, daß sich sein ärmliches Haus in einen zwei Stock hohen Palast verwandeln solle, dessen Fenster aus Gold und Silber wären, so wie es nicht einmal der Kaiser habe. Nachdem dies geschehen war, sagte er zu seinem Weib: »Mein liebes Weib, wünsche nur immerzu, was dein Herz begehrt, ich habe die

Macht, dir alles zu gewähren.« Da wünschte sich diese, sie wußte nichts anderes mehr, da sie schon alles hatte, viele Herren und Frauen zur Gesellschaft, worauf sich der Palast mit großen und vornehmen Leuten füllte, die der Frau Stanschus Gesellschaft leisten mußten, so daß diese jetzt sich von einem glänzenderen Kreis umgeben sah, als ihn je irgendein Graf oder Gräfin in der Welt hatten.

Es dauerte indessen nicht lange, so bekam die Frau andere Gedanken, welche ihr die Gesellschaft lästig machten, denn sie mochte jetzt lieber mit einem Liebhaber allein verkehren. Einem solchen war es bald genug gelungen, ihren Sinn ganz zu umstricken und ihr besonders das Geheimnis zu entlocken, womit ihr Mann, sonst in der bittersten Armut, auf einmal so grenzenlos reich geworden sei. Das Weib konnte dies ihrem Liebhaber nicht verschweigen, obwohl ihr Mann sie um alles gebeten hatte, es ja an niemanden zu verraten.

So verstrich einige Zeit. Stanschu ließ sich und seinem Weib durch seine Zaubernuß alle Wünsche gewähren, zugleich aber sank letzteres immer tiefer in die unselige Leidenschaft zu ihrem Liebhaber, und es kam endlich so weit, daß ihnen beiden der gute Stanschu im Weg war. Da dachten sie auf Mittel, wie sie von ihm loskommen könnten, und kamen endlich darin überein, daß ihm das Weib die Zaubernuß entwenden und ihn mittels derselben in einen Esel verwandeln solle.

Eines Abends nun, als Stanschu und sein Weib schlafen gingen, merkte sich die Falsche, wohin ihr Mann die Nuß versteckte, und als er dann später eingeschlafen war, stand sie auf, nahm die Nuß und verwandelte ihren Mann in einen Esel, den sie dann sogleich zur Stube hinaus und auf die Gasse trieb. Da erkannte der Arme die Treulosigkeit seines Weibes, aber es war zu spät.

Er sah ein, daß er weiter nichts machen konnte, und fügte sich darum betrübt in sein Schicksal und schaute, wo er etwas zu fressen und einen Stall oder Schuppen finden konnte, um sich darin niederzulegen. Kaum hatte er sich aber hier ausgestreckt, so kam der Hausherr, sah und führte ihn vor den Gemeinderichter als ein verlaufenes Tier.

Dieser ließ ihn nun, bis sich der rechtmäßige Eigentümer drum melden würde, auf Gemeindekosten einsperren, wo er wenig genug zu fressen und zu saufen bekam, wohl aber, da er keinen Herrn hatte, fürs halbe Dorf Dienst tun mußte, so daß er die meiste Zeit immer mit schweren Frucht- und Mehlsäcken beladen auf dem Weg zur Mühle hin und her war. Da sich niemand um ihn meldete, wurde er endlich als Gemeindegut betrachtet, und man ließ ihm, wenn er just nichts zu tun hatte, freien Weg, sein Futter zu suchen. Einen solchen Augenblick benützte er denn einmal und schlich sich seinem Haus zu, freilich nur, um sich vergangener glücklicherer Zeiten zu erinnern.

Als ihn aber sein Weib da stehen sah und erkannte, wurde sie böse und verwandelte ihn, zum Teil auch aus Furcht, er könne sie verraten, mittels der Zaubernuß in einen Hund. Kaum sah sich der Unglückliche in seiner neuen Gestalt, so fühlte er sich noch unglücklicher, als da er sich zum ersten Mal als Esel sah. Denn, dachte er, jetzt kann mir jeder, dem es beliebt, auf die Rippen schießen, und ist auch dies nicht der Fall, so gibt es ja Hunde genug, und zudem braucht man dieselben weniger.

Mit diesen trübseligen Gedanken schlich er sich wieder aus dem Dorf aufs freie Feld, wo er sich unter einen Trupp Schäferhunde mischte. Hier gedachte er, für jetzt am sichersten zu sein. Diese wollten ihn freilich anfangs nicht recht dulden, der Schäfer nahm ihn aber in Schutz, und als die anderen dies bemerkten, gaben sie ihm Ruhe und betrachteten ihn endlich auch als ihren Kameraden.

Als ihn nun der Schäfer ein paar Tage in seinen Diensten hatte, freute er sich des zugelaufenen Hundes sehr, denn dieser versah fast das ganze Schäferhundgeschäft allein. Wenn die andern sich niederlegten und schliefen, hielt er rings um den ganzen Haufen Wache, wehrte, daß irgendein Schaden geschah, kurz, er versah mit einem Verstand, der fast ans Menschliche reichte, alles, was nur von dem besten Schäferhund verlangt werden kann. Der Schäfer selbst konnte sich oft halbe Tage von den Schafen entfernen, ohne einen Schaden besorgen oder es nachher bereuen zu müssen. Ja, eines Tages verriet sogar der Hund seinem Herrn, daß die anderen Hunde ausgemacht hätten, nachts die Wölfe zu rufen, um sich mit denen zusammen einmal mit fettem Schaffleisch recht gütlich zu tun. Der Schäfer glaubte zwar dem Hund, doch wollte er sich von der Treulosigkeit der andern überzeugen und wartete, bis die Hunde in der Nacht richtig den Wölfen das verabredete Zeichen gaben. Da ergrimmte der Schäfer, nahm seinen Knittel und schlug alle seine Hunde samt und sonders tot, nur den treuen, der ihn aufmerksam gemacht hatte, ließ er leben und hielt ihn gut wie sein Kind.

Zu dieser Zeit nun begab es sich, daß ein eiserner Wolf im Land war und ringsum Angst und Schrecken verbreitete, indem er alle Kinder raubte, ohne daß ihm jemand hätte Einhalt tun können. Auch dem Kaiser selbst waren von dreien schon zwei Kinder geraubt worden, worüber er und die Kaiserin in große Trauer geraten waren. Noch größer aber war die Furcht, daß das eiserne Ungeheuer auch ihr drittes und letztes Kind rauben werde. Deshalb versprach der Kaiser demjenigen eine große Belohnung, welchem es gelingen würde, den furchtbaren Wolf zu erlegen. Als der Schäfer dies hörte, erzählte er dem Kaiser von seinem vortrefflichsten aller Hunde und rühmte von ihm, daß er gewiß sein drittes Kind vor dem Ungeheuer bewachen werde. Darauf ließ der Kaiser den Hund holen und an eine leere Bettstätte binden, und zwar im selben Zimmer, wo er mit der Kaiserin in einem Bett lag und sie das dritte Kind zwischen sich hatten.

Als sie nun in der Nacht schliefen, kam der eiserne Wolf und stahl das Kind aus dem Bett des Kaisers von der Seite der beiden Eltern. Der Hund hatte zwar großen Lärm gemacht, weil er aber angebunden war, so konnte er an den fürchterlichen Kinderräuber nicht kommen, welcher denn auch mit seiner Beute ungehindert davonjagte. Als der Kaiser erwachte und sich auch seines letzten Kindes beraubt sah, ergrimmte er und wollte des andern Tags den Hund, der ihm umsonst so gerühmt worden war, erschießen lassen. Dies hörte aber der Eigentümer desselben, trat vor den Kaiser und bat ihn, dies nicht zu tun. Als aber der Kaiser in seinem Zorn durchaus darauf bestand, so fragte der Schäfer, wo denn der Hund gewesen sei, als der Wolf gekommen, da sagte man ihm, im Zimmer, aber angebunden. Jetzt lachte der Schäfer und sagte: »Da hat er ja nicht können, wie er wollte!« und bat jetzt, das Tier nur ohne weiteres loszulassen, der Hund werde gewiß den Räuber finden. Da befahl der Kaiser, ihn loszulassen, und als dies geschah, rannte der Hund wie der Wind hinaus und davon. Einige der Umstehenden wollten wohl zweifeln, ob er wiederkommen würde, der Schäfer aber war guten Muts, und siehe, bald darauf kam das treue Tier zurück, auf seinem Rükken aber saßen reitend die beiden älteren vom eisernen Wolf geraubten Kinder, und im Maul trug er das dritte, welches derselbe erst diese Nacht genommen hatte.

Jetzt war natürlich die allgemeine Freude groß und nicht minder das Erstaunen über das wunderbar kluge Tier. Letzteres wuchs aber zur grenzenlosen Verwunderung, als es zu sprechen anfing und erzählte, wie es die Spur des eisernen Wolfes bis zu dessen Lager verfolgt und dort ihn und die Wölfin und zu seiner großen Freude unter den jungen Wölflein auch die drei Kinder des Kaisers gesund und unversehrt gefunden habe. Der überglückliche Kaiser schenkte jetzt dem Schäfer zehntausend Gulden und wollte ihm überdies den Hund abkaufen. Dem war er aber um kein Geld feil, auch wollte der Hund seinen Herrn nicht verlassen.

Die Geschichte wurde natürlich schnell im ganzen Land bekannt, und so hörte sie auch die Frau, welche darüber sehr erschrak, da das böse Gewissen in ihr sprach. Sie verwandelte ihn deshalb mittels ihrer Zaubernuß in eine Taube. Dies verursachte, wie sich leicht denken läßt, dem Unglücklichen wieder neue Betrübnis. Kaum hatte er sich von einer in die andere Lage gefunden, so mußte er eine neue ihm unbekannte Gestalt annehmen. Jetzt als Taube jedem Schützen ausgesetzt zu sein, der nach ihm lüstern war, war keine kleine Sache, drum flog er in seiner Not zur heiligen Mutter Freitag, der Herrin der Tiere, und da sie die Sprache der Vögel verstand, klagte er ihr sein Leid. Diese tröstete ihn und versprach, ihm zu helfen. Sie machten nun zusammen aus, daß sie zu seinem Haus gehen wollten, da in dem Augenblick seine Frau mit ihrem Liebhaber ein glänzendes Essen gäbe. Hierzu wollte die heilige Mutter Freitag als Zigeunermusikant gehen, um die Gäste dort zu belustigen. Stanschu solle sich indessen als Taube dem Haus gegenüber auf einen Baum setzen, so daß er von den Fenstern aus gesehen werden könne; dorthin sollte ihm alsdann ein Zeichen gegeben werden, wo die Zaubernuß liege.

Die Gäste in Stanschus Haus waren bereits beieinander, und alle waren guter Dinge. Da erschien der Zigeunermusikant, welcher mit großer Freude aufgenommen wurde. Während sich nun die ganze Gesellschaft an den Späßen und Schwänken des Spielmanns erlustigte, sah Stanschus Weib mit einem Mal eine Taube auf einem Baum dem Fenster gegenüber sitzen und erkannte sogleich ihren Mann. Erschrocken darüber, bat sie ihren Liebhaber, dieselbe herunterzuschießen. Der aber, fröhlich und guter Dinge, wie er war, sagte: »Ei was! Sie tut ja niemand Schaden, sie soll leben!«

Währenddessen gab nun der Zigeunermusikant der aufmerksamen Taube das verabredete Zeichen und winkte nach dem Fenstergesims, wo die Zaubernuß lag. Sie flog herbei, nahm die Nuß und ließ sich von derselben wieder ihre wahre Gestalt geben. Jetzt war Stanschu wieder da. Dann noch einen Augenblick, und das böse treulose Weib samt dem Liebhaber wurden in ein Büffelpaar verwandelt, welches, die Nase wie die Schweine im Kot haltend, in einer stinkenden Pfütze nebeneinander lag. Da Stanschu jetzt sah, daß sie beide da waren, wohin sie gehörten, dankte er der heiligen Mutter Freitag für ihren Beistand und ging weiter, seine Zaubernuß nie mehr aus der Hand gebend. Es läßt sich denken, daß es ihm niemals mehr so schlecht erging wie in der letzten Zeit. Die Geschichte aber schließt hier. Drum weiß ich auch nichts mehr, als euch zu bitten, daß euch diese Geschichte wohl gefallen haben möge.

Märchen aus dem Banat

TAM LIN

In einem Schloß inmitten grüner Wiesen lebte ein Graf aus dem Unterland. Seine Tochter war die schöne Janet. Eines Tages war das Mädchen es leid, stets nur in ihrer Kammer zu sitzen und zu nähen oder sich bei Brettspielen mit den Hofdamen die Zeit zu vertreiben. Und so legte sie sich ein grünes Gewand an, flocht ihr goldenes Haar zu Zöpfen und ging hinaus in die Wälder von Carterburgh. Durch sonnige Lichtungen wanderte sie, wo Glockenblumen und Heckenrosen blühten. Da pflückte sie eine Rose und steckte sie an den Saum ihres Gewands. Kaum aber hatte sie die Blume gebrochen, da stand plötzlich ein Jüngling vor ihr auf dem Weg. »Wie kannst du es wagen, unerlaubt durch diese Wälder zu streifen? Wie kannst du es wagen, die Rosen von Carterburgh zu brechen?« rief er.

Janet antwortete: »Ich habe mir nichts Unrechtes dabei gedacht.«

Der Jüngling sprach: »Ich bin der Wächter dieser Wälder und trage Sorge dafür, daß niemand ihren Frieden stört.« Dann aber ging ein Lächeln über sein Angesicht, so als habe er schon lange nicht mehr gelächelt. Er brach eine weiße Rose ab und steckte sie zu der anderen, die das Mädchen trug. »Einer, die so schön ist wie du, würde ich alle Rosen von Carterburgh geben.«

»Wer bist du?« fragte Janet.

»Mein Name ist Tam Lin«, erwiderte der Jüngling.

»Oh, von dir habe ich schon gehört, bist du nicht ein Feenritter?« rief Janet erschrocken und warf die Rose rasch fort, die er ihr gegeben hatte.

»Du brauchst dich vor mir nicht zu fürchten«, sprach Tam Lin, »nennt man mich auch einen Feenritter, so bin ich doch als einer der Sterblichen geboren wie du.«

Verwundert lauschte Janet seinen Worten, als er ihr erzählte: »Meine Eltern starben, als ich noch ein Kind war. Mein Großvater, der Graf von Roseburgh, nahm mich bei sich auf. Eines Tages jagten wir in diesem Wald hier, als plötzlich ein seltsamer kalter Wind aus dem Norden blies. Da überfiel mich große Müdigkeit. Ich blieb hinter meinen Gefährten zurück und fiel zuletzt vom Pferd. Als ich erwachte, war ich im Feenreich. Die Feenkönigin war gekommen, um mich zu holen, während ich schlief.« Tam Lin schwieg einen Augenblick und schien an das grüne verzauberte Land zu denken. »Seitdem«, erzählte er weiter, »stehe ich unter dem Bann der Feenkönigin. Am Tag bewache ich die Wälder von Carterburgh. Bei Nacht kehre ich ins Feenreich zurück. Ach, wie gerne wäre ich wieder ein ganz gewöhnlicher Sterblicher. Von ganzem Herzen wünschte ich es mir!« So traurig klang seine Stimme, daß Janet rief: »Gibt es denn nichts, womit der Zauber gebrochen werden kann?« Da faßte Tam Lin sie bei den Händen und sprach: »Heute nacht ist Halloween, Janet. Und das ist die Nacht der Nächte. An Halloween reitet das Feenvolk aus, und ich reite mit ihnen.«

»Sag mir, was ich tun soll!« rief Janet.

»Du mußt um Mitternacht zum Kreuzweg gehen und dort warten. Der Zug der Feen wird vorüberkommen. Laß die erste Gruppe vorbeireiten und kümmere dich nicht um sie. Laß auch die zweite Gruppe vorbeireiten. Habe aber acht auf die dritte Gruppe, denn ich werde unter ihnen sein. Mein Pferd ist eine milchweiße Stute. Auf dem Kopf trage ich einen goldenen Reif. Lauf auf mich zu, reiß mich vom Pferd und nimm mich in die Arme. Drücke mich so fest an dich, daß ich deine Brüste spüren kann. Was immer auch mit mir geschieht, halte mich fest und laß mich nicht los! Nur so kannst du mich zu den Sterblichen zurückholen.«

Als es zwölf Uhr schlug, wartete die schöne Janet am Kreuzweg im Schatten eines Dornbuschs. Die Bäche glitzerten im Mondlicht, die Büsche warfen seltsame Schatten, der Wind rüttelte unheimlich im Geäst. Von ferne hörte sie Hufgetrappel. Da wußte Janet, daß Feenpferde unterwegs waren. Sie sah den weißen Blitz auf der Stirn des Pferdes, das den Zug anführte. Bald war der ganze Feenzug zu sehen. Die Reiter hatten ihre bleichen Gesichter dem Mond zugewandt, und Feenlocken wehten hinter ihnen drein, als sie dahinritten. Janet blieb ganz still, als die erste Gruppe vorüberritt, unter ihnen die Feenkönigin auf einem schwarzen Pferd. Janet rührte sich nicht, als die zweite Gruppe vorüberritt. Dann kam die dritte Gruppe. Sie erkannte das milchweiße Pferd, auf dem Tam Lin saß. Sie sah den Goldreif in seinem Haar. Da sprang sie aus dem Schatten hervor, griff in die Zügel, zerrte den Mann aus dem Sattel und preßte ihn fest an sich.

Sofort erhob sich ein Geschrei: »Tam Lin ist verschwunden!«

Auf ihrem Rappen kam die Feenkönigin herbeigesprengt. Sie wandte sich um und richtete ihre schönen unmenschlichen Augen auf Janet und Tam Lin. Tam Lin wurde vom Zauber der Feenkönigin getroffen. Er wurde kleiner und kleiner. Und plötzlich hielt Janet einen Salamander an ihrem Busen. Der Salamander wurde zu einer schlüpfrigen Schlange. Janet hatte

Mühe, das Tier festzuhalten. Schreck und Schmerz durchfuhren Janet, als sich die Schlange in ein Stück rotglühendes Eisen verwandelte. Tränen strömten ihr übers Gesicht. Aber sie drückte Tam Lin unentwegt an sich.

Da merkte die Feenkönigin, daß sie Tam Lin von sich geben mußte; denn er hatte die standhafte, unbeirrbare Liebe einer sterblichen Frau gewonnen. Und sie gab ihm seine ursprüngliche Gestalt zurück.

Da hielt Janet einen Mann umfangen, der war nackt, so wie er aus dem Schoß seiner Mutter in die irdische Welt gekommen war. Noch einmal hielt der Feenzug an. Eine schmale grüne Hand erschien und führte die milchweiße Stute fort. Dabei jammerte und klagte die Feenkönigin:

»Der schönste Ritter aus meinem Gefolge ist verloren an die Welt der Sterblichen! Leb wohl, Tam Lin. Hätte ich gewußt, daß sich eine Sterbliche in dich verlieben würde, ich hätte ihr das Herz aus der Brust gerissen und ihr statt dessen ein Herz aus Stein eingesetzt. Hätte ich gewußt, daß die schöne Janet nach Carterburgh kommt, hätte ich ihr die schönen Augen ausgekratzt und ihr ein Paar Holzaugen angehext!«

Als sie das gerufen hatte, begann es hell zu werden. Mit einem unheimlichen Schrei gaben die Reiter aus dem Feenvolk ihren Pferden die Sporen und verschwanden. Tam Lin aber küßte Janets verbrannte Hände, und zusammen eilten sie zum Schloß ihres Vaters.

Märchen aus Schottland

Wie die Geige
auf die Welt kam

Es waren einmal ein armer Mann und eine arme Frau. Die hatten lange Zeit keine Kinder, und darüber waren sie sehr traurig. Nun geschah es einmal, daß die Frau in den Wald ging, um Holz zu sammeln. Da begegnete ihr ein uraltes Weiblein, das sprach zu ihr:»Ich kenne deinen Kummer, aber ich kann dir helfen. Du mußt nur tun, was ich dir sage. Gehe jetzt nach Hause und nimm einen Kürbis. Teile ihn in zwei Hälften, gieße in jede Hälfte Milch hinein und trinke diese aus. Wenn eine Zeit vorüber sein wird, wirst du einen Sohn bekommen. Der wird einmal sehr glücklich sein in seinem Leben, und ich will seine Patin sein.« Und plötzlich war die Alte verschwunden, es war, als hätte es sie nie gegeben.

Die arme Frau aber ging nach Hause und tat, was ihr die Alte geraten hatte. Als einige Zeit vorübergegangen war, da bekam sie einen schönen Knaben, der wuchs im Lauf der Jahre zu einem stattlichen Jüngling heran. Doch er war kaum achtzehn Jahre alt geworden, da starben ihm Vater und Mutter. Und weil er nun so ganz allein war, beschloß er, in die weite Welt hinauszuwandern und das Glück zu suchen.

Durch viele Dörfer, Städte und Länder wanderte er, ohne das Glück irgendwo zu finden. Eines Tages kam er zu einer großen Stadt, in der ein reicher, mächtiger und grausamer König herrschte. Der hatte eine einzige Tochter, aber die war wunderschön. Und der König hatte in allen Landen verkünden lassen, daß nur derjenige seine Tochter zur Frau bekomme, der etwas schaffen könne, was man noch nie gesehen oder gehört habe auf der Welt. Begehre jedoch jemand die schöne Königstochter zur Frau, und ihm gelinge dies nicht, dann müsse er es mit seinem Leben bezahlen.

Nun hatten schon viele Prinzen, Grafen und andere wackere Jünglinge um die Königstochter geworben, doch keiner hatte etwas schaffen können, was man noch nie gesehen oder gehört hatte auf der Welt. Und alle ließ der grausame König deshalb ums Leben bringen.

Da trat der Jüngling vor den Königsthron und fragte:

»Was muß ich denn tun, um deine schöne Tochter zur Frau zu bekommen?«

»Weil du gar so dumm fragst«, rief der König zornig, »sollst du in den Kerker geworfen werden und dort Hungers sterben.«

Schon eilten Diener herbei, ergriffen den armen Jüngling und warfen ihn in den Kerker.

Als er nun ganz verzweifelt im Kerkerdunkel saß, da wurde es mit einem Mal hell, und die Matuya, die Feenkönigin, stand vor ihm. Sie sprach: »Sei nicht traurig, ich bin gekommen, um dir zu helfen, denn ich bin deine Patin. Du sollst die schöne Königstochter zur Frau bekommen, aber dazu mußt du tun, was ich dir sage. Ziehe mir einige meiner langen Haare heraus, und dann spanne sie über diesen Stab und dieses Kästchen, das ich dir mitgebracht habe.«

Der Jüngling tat, wie ihm die Matuya geraten hatte. Als er fertig war, nahm sie das Kästchen in ihre Hände und lachte ihr silberhelles Lachen hinein. Dann weinte sie und ließ ein paar ihrer Tränen in das Kästchen fallen. Sie gab es dem Jüngling zurück und sprach: »Jetzt lasse dich wieder vor den Königsthron führen und streiche mit dem Stab über das Kästchen, und du wirst die Menschen damit traurig und fröhlich stimmen.« Dann war die Matuya verschwunden, und es war wieder dunkel im Kerker wie zuvor.

Der Jüngling aber pochte an die Kerkertür, bis die Diener gelaufen kamen und ihm die Tür öffneten. Er ließ sich vor den König führen und sprach: »Nun höre und sieh, was ich geschaffen habe!«

Dann nahm er das Kästchen unter sein Kinn und strich mit dem Stab darüber, und da drang das silberne Lachen der Feenkönigin aus dem Kästchen, und alle, die es hörten, lachten mit. Wieder strich der Jüngling darüber, und nun kam das Weinen der Feenkönigin hervor, und alle weinten mit, sogar der grausame König. Unablässig strich der Jüngling mit dem Stab über das Kästchen, und es strömten Lieder daraus hervor, die das Herz bald traurig, bald fröhlich stimmten. Der König war außer sich vor Freude. Er erhob sich von seinem Thron und sprach: »Dir ist es wirklich gelungen, etwas zu schaffen, was man noch nie gesehen und gehört hat auf der Welt. Von nun an sollst du König sein in meinem Reich und meine Tochter zur Frau bekommen.«

So ist es auch geschehen, und der Jüngling wurde ein gütiger und gerechter König, und mit seiner Frau hat er in Glück und in Liebe gelebt.

Das ist die Geschichte, wie vor langer, langer Zeit die Geige auf die Welt gekommen ist. Und noch heute dringt daraus das Lachen und Weinen der Feenkönigin. Hört nur einmal ganz genau hin.

Märchen der Sinti und Roma

Wie Dummhans für ein Gerstenkorn ein Königreich bekam

E s war einmal ein Junge, der war so einfältig, daß ihn das ganze Dorf nur den Dummhans nannte. Als er eingesegnet war, ging er als Knecht zu einem Bauern in den Dienst und hielt dort sieben Jahre treu aus, ohne einen Pfennig zum Lohn zu erhalten. Da bekam er Lust, in die Welt zu gehen und Städte und Länder kennenzulernen.

»Bauer«, sprach er darum am Martinstag, »zahl mir den Lohn aus, welcher mir für sieben Jahre Dienst zukommt; mach's aber nicht zu schwer, daß er mich nicht drückt und mir die Tasche zerreißt.«

Der Bauer dachte: »Das willst du schon besorgen!«, ging in die Kammer und tat ein Gerstenkorn in ein Tüchlein und band einen seidenen Faden darum, trat dann vor Dummhans hin, steckte ihm das Tuch in die Tasche und hieß ihn recht Obacht geben, daß es ja nicht verlorenginge. Dummhans dankte dem Bauern, daß er ihm seinen Siebenjahrslohn so leicht gemacht, und wanderte vergnügt und guter Dinge in die weite Welt hinaus.

Am Abend kam er in ein Wirtshaus und bat um ein Nachtlager. »Das sollst du haben«, entgegnete der Gastwirt, »und wenn du Geld oder Geldeswert bei dir hast, so gib es mir in Verwahrung, daß es dir nicht gestohlen wird.«

»Und ob ich etwas bei mir hätte!« rief Dummhans. »Einen ganzen Siebenjahrslohn sogar!« Und damit griff er in die Tasche, zog das Tüchlein mit dem Gerstenkorn heraus und übergab es dem Herbergsvater. Dann legte er sich auf die Streu und schlief fest ein. Dem Wirt ließ aber die Neugier keine Ruhe. »Ein Siebenjahrslohn soll in dem Tüchlein enthalten sein?« dachte er bei sich. »Das ist wohl gar ein Diamant! « Und wenn ihm auch sein Gewissen zurief:

»Gastwirt, Gastwirt, laß das Tüchlein in Ruh, was geht dich des Dummhans Siebenjahrslohn an!«, er konnte der Neugier nicht widerstehen und löste den Knoten. Nachdem er jedoch das Tuch auseinandergefaltet, war nichts weiter darin zu sehen als ein einziges Gerstenkorn. Darüber bekam der Wirt einen solchen Schrecken, daß er es fallen ließ, und ehe er's sich versah, war der Hahn herbeigesprungen und hatte das Gerstenkorn gefressen.

Am anderen Morgen stand Dummhans zeitig auf und verlangte sein Tüchlein. »Der Schatz ist fort«, lachte der Wirt, »der Hahn hat das Gerstenkorn gefressen.«

»Dann gib mir den Hahn«, sprach Dummhans, »oder ich gehe zum Richter, weil du mich um meinen Siebenjahrslohn betrogen hast.«

Vor dem Richter hatte aber der Wirt eine Himmelangst, und so gab er dem Dummhans den Hahn mit auf den Weg und freute sich öbendrein, daß er den Jungen so leichten Kaufs losgeworden war.

Den nächsten Abend kehrte Dummhans wiederum in einer Herberge ein und übergab dem Wirt seinen Hahn; er solle ihn aber ja nicht aus den Augen lassen, denn er sei ihm über die Maßen wert, weil er ihn erhalten habe statt eines Lohnes von sieben Jahren. Der Herbergsvater kehrte sich aber nicht an des Dummhans Gerede, sondern sperrte den Hahn in den Pferdestall. Als nun Dummhans am andern Morgen weiterziehen wollte und den Hahn zurückforderte, lag der Vogel tot in der Ecke, der Hengst im Stall hatte ihn mit seinen Hufen erschlagen. Dummhans schrie Mord und Zeter und wollte den Wirt verklagen, weil er ihn um seinen Siebenjahrslohn gebracht, und er ruhte auch nicht eher, bis ihm der Mann für den erschlagenen Hahn den Hengst abgetreten hatte. Das war ein herrliches Tier mit goldener Mähne und goldenem Schweif, daß es eine Lust war, ihn anzublicken. Außerdem hatte der Hengst die wundersame Gabe, daß jedes Wesen, welches ihn berührte und zu dem sein Herr sprach: »Bleek an!«, dem Pferd auf den Rükken springen mußte und dort fest sitzen blieb, bis er es wieder heruntersteigen hieß. Und damit er ja nichts übersähe, wieherte der Hengst jedesmal hell auf, wenn jemand seinem Goldhaar zu nahe kam.

Auf diesen Hengst schwang sich Dummhans, gab ihm die Sporen, und hoch zu Roß ging es nun die breite Landstraße entlang, daß die Pappeln zur Rechten und zur Linken vorbeiflogen und die Wandersleute haltmachten und dem stolzen Reiter nachblickten. Endlich wurde es dunkel, und Dummhans langte in dem dritten Gasthof an. Nachdem er gegessen und getrunken, legte er sich zu dem Goldhengst in den Stall neben die Häckselkiste und schlief fest ein. Den drei Töchtern des Wirtes hatte aber das goldene Haar keine Ruhe gelassen, und es dauerte nicht lange, so klinkte die älteste leise die Stalltüre auf, trat zu dem Hengst und zupfte ihm ein Goldhaar aus der Mähne. In demselben Augenblick wieherte der Hengst hell auf. Dummhans erwachte und rief: »Bleek an!«, und auf dem Rücken des Pferdes saß das Mädchen und konnte nicht wieder herunter.

Kaum war Dummhans wieder eingeschlafen, so öffnete sich die Tür von neuem, und die zweite Tochter schlich sich auf Strümpfen herein. Als sie ihre Schwester auf dem Rücken des Hengstes erblickte, schalt sie zornig: »Du habgieriges Ding, kannst du nicht hier unten pflücken? Schau, mach's wie ich!« Und damit riß sie dem Tier ein paar Haare aus dem Schweif. Hell wieherte der Hengst auf, Dummhans erwachte, rief: »Bleek an!« und schnarchte weiter. Das Mädchen aber saß oben auf dem Rücken des Pferdes hinter der Schwester, und sie verwünschten ihr Geschick. Indem stahl sich die jüngste Tochter des Wirtes herein, um auch für ihren Teil von den Goldhaaren zu nehmen. Wie sie ihre Schwestern auf dem Rücken des Pferdes sah, sprach sie: »Ihr seid wohl ganz und gar nicht klug, was habt ihr denn auf dem Gaul zu suchen?« Die beiden Mädchen winkten ihr jedoch zu, sie solle stille sein, und machten ihr darauf leise klar, daß sie nicht wieder herunterkönnten. Das tat der jüngsten Schwester leid, und sie faßte die beiden älteren bei den Beinen, um sie herabzuziehen; doch es gelang ihr nicht, und ehe sie's sich versah, wieherte der Goldhengst hell auf, Dummhans rief: »Bleek an!«, und oben saß sie als die Dritte im Bunde und konnte ihre Schwestern nach Herzenslust knuffen und puffen, weil sie von ihnen mit in das Unglück gebracht worden war.

Die Sonne stand schon hoch am Himmel, als Dummhans sich von der Streu erhob, seinen Goldhengst löste und zum Stall herausführte. Auf dem Hof standen der Wirt und die Wirtin und alle Knechte und Mägde und weinten und jammerten, weil die drei Jungfern verschwunden waren. Als sie dieselben auf dem Roß erblickten, wurden sie froh, daß sie wiedergefunden seien. Die drei Mädchen waren aber gar nicht vergnügt, sondern riefen immerfort:

»Vater, Mutter, helft uns von dem verwünschten Tier!« Aber so viel sie auch zogen, die Jungfern blieben fest an dem Hengst kleben und rückten und rührten sich nicht. »Ach, laß sie doch wieder herabsteigen!« bat nun der Wirt den Dummhans; doch der hatte taube Ohren und sprach:

»Ich habe sie nicht stehlen heißen, und wenn sie selbst hinaufgeklettert sind, mögen sie auch selbst herabsteigen!«

Dann ergriff er den Hengst am Zügel und führte ihn zum Tor hinaus.

Vor dem Schulhaus stand der Küster. Kaum sah er die wunderbare Gesellschaft, so rief er zornig: »Drei große, schwere Mädchen auf einem Pferd!

Ist das Zucht und gute Sitte? Und laßt ihr euch von einem wildfremden Kerl aus dem Dorf führen? Wartet nur, ich werde euch kriegen!«

Sprach's und lief auf den Goldhengst zu, um die Mädchen herabzureißen. »Hühühü!« wieherte der Hengst. »Bleek an!« sagte Dummhans, und hinter der jüngsten Tochter des Gastwirts saß der Küster und mußte mit auf die Reise.

Der Zug kam an der Kirche vorbei. Da stand der Herr Pastor in Schlafrock und Pantoffeln und sah nach, ob die bösen Buben wieder eins von den kleinen Fenstern eingeworfen hätten. Wie erschrak er aber, als er des Küsters und der drei Jungfern auf dem Hengst ansichtig ward! Er ließ die kleinen Fenster kleine Fenster sein und schrie aus vollem Halse: »Heißt das, Kinder lehren und ehrbaren Wandel führen? Schämt Er sich denn nicht, mit drei leichtsinnigen Jungfern aus dem Dorfe zu reiten und noch dazu alle vier auf einem Pferde? Herunter mit Ihm!« Und schon hatte er den langen Rockschoß des Küsters in der Hand, um ihn herabzuziehen. »Hühühü!« wieherte der Goldhengst. »Bleek an!« sagte Dummhans, und der Pastor saß hinter dem Küster und wußte nicht, wie er hinaufgekommen war.

Er hatte auch gar nicht Zeit, lange darüber nachzusinnen, denn mittlerweile waren sie an den Ausgang des Dorfes gekommen, wo die Großbäuerin mit der kleinen Magd an dem Backofen hantierte. Die Bäuerin hatte gerade den Schieber in der Hand, um damit in den Ofen zu fahren, als sie die fünf Menschen auf dem Roß erblickte. »Kinnerlüd!« rief sie ergrimmt. »Was ist das für ein Teufelswerk? Und, du mein Schrecken, da sitzt auch der Herr Pastor! Das heißt also den Leuten mit gutem Beispiel vorangehen? Heda, Kathrine, komm schnell, daß wir die gottlose Gesellschaft auseinanderbringen!« Und sie stürzte mit dem Schieber, Kathrine aber mit dem Besen auf den Goldhengst zu, und dann schlugen sie gemeinsam auf den Pastor ein. »Hühühü!« wieherte der Goldhengst. »Bleek an!« sprach Dummhans, und die Bäuerin und die Kleinmagd sprangen auf das Roß und saßen fest; doch es war nicht mehr viel Platz da, so daß Kathrinchen auf dem äußersten Schwanzende zu sitzen kam.

Kathrinchen war nun böse auf die Großbäuerin und schlug sie mit dem Besen, die Bäuerin schob die Schuld auf den Pastor und stieß ihn mit dem Schieber, der Pastor hielt sich an den Küster und knuffte ihn in die Seiten; der Küster schalt auf die jüngste Wirtstochter und raufte sie an den Haaren, die jüngste Wirtstochter ließ das ihre zweite Schwester entgelten und kniff sie in die Arme, die zweite Schwester rächte sich an der ältesten und zwickte ihr die Ohren, die älteste aber saß still und weinte, denn sie hatte das ganze Unheil angerichtet. Dummhans allein war vergnügt und heiter, zog seinen Goldhengst am Zaum hinter sich her und zeigte ihn in den Dörfern und auf den Höfen und erhielt viel Geld dafür von den Leuten; denn ein Pferd mit einer solchen Last hatten sie ihr Lebtag nicht zu Gesichte bekommen.

Nun führte den Dummhans sein Weg durch eine große Stadt. Da kam ein feingekleideter Herr auf ihn zu und bot tausend blitzblanke Taler, wenn er ihm den Hengst verkaufen würde. Dummhans stach das viele Geld in die Augen, und er ging auf den Handel ein. Der fremde Herr war aber ein Prinz und wollte König werden. Der alte König nämlich, dem die Stadt gehörte, besaß eine Tochter, die noch niemals in ihrem Leben gelacht hatte. Weil ihm das nicht gefiel, so ließ er ein Gebot ergehen, wer seine Tochter zum Lachen brächte, der solle sie heiraten. Das hatten schon viele versucht, aber noch keinem war es gelungen. Aber der Prinz war in die Stadt gereist, um die Prinzessin zum Lachen zu bewegen, und da kam ihm gerade Dummhans mit seiner sonderbaren Last entgegen. Als er ihn gekauft hatte, glaubte er, gewonnenes Spiel zu haben, und richtig, als er den Hengst vor dem Schloß vorbeiführte, sah die Königstochter zum Fenster hinaus und kicherte über den sonderbaren Aufzug.

Die Sache ward sogleich dem König gemeldet, der sprach: »Kichern ist auch ein Lachen, wenn nicht binnen drei Tagen ein anderer kommt, über den die Prinzessin ordentlich lacht, so soll sie den Prinzen nehmen und ihm angetraut werden.« Die Rede des Königs ward bald ruchbar in der Stadt, und auch Dummhans hörte davon, welches Glück durch seinen Hengst der fremde Prinz erreicht habe. Das ging ihm zu Herzen, und traurig schlich er mit gesenktem Haupt durch die Straßen, außerdem drückten ihm die harten Talerstücke das Fleisch wund, und er seufzte von ganzem Herzen: »O wäre ich doch die tausend Taler los und hätte mein Pferd wieder, daß ich die Prinzessin damit zum Lachen brächte und König würde in dieser Stadt!«

Diese Rede hörte ein steinaltes Mütterchen, welches schon mit dem Kopfe wackelte, das sprach: »Ist es dein Ernst mit den tausend Talern, so will ich dir etwas geben, daß die Königstochter noch hundertmal mehr darüber lachen soll als über den komischsten Aufzug!« Dummhans ward froh, als er diese Worte hörte, und versprach der alten Frau das Geld, wenn sie ihm dafür die Königstochter zum Lachen brächte. »Lauf morgen früh, ehe die Sonne aufgeht, vor die Stadt auf den Kreuzweg«, sagte das Mütterchen, »und was du dort findest, heb auf und tu's in einen Kasten, mag es auch noch so klein sein.« Dummhans tat, wie die Alte ihm befohlen hatte, und fand am anderen Morgen auf dem Kreuzweg einen Mistkäfer, der lag auf dem Rücken und streckte die Beine in die Luft und konnte sich nicht wieder umdrehen. Dummhans ergriff ihn, tat ihn in eine Schachtel und brachte ihn dem alten Mütterchen.

»Das hast du gut gemacht«, sagte die Alte, »und morgen gehst du zur selben Stunde noch einmal vors Tor und bringst wieder, was du findest. Es mag sein, was es wolle.«

Dummhans folgte ihrem Geheiß; aber so sehr er auch umherguckte, er konnte weiter nichts auf dem Kreuzweg entdecken als eine einzige kleine Ameise. »Erst ein Mistkäfer und dann eine Ameise, das wird dir viel helfen«, dachte er bei sich, »doch wer weiß, wozu es gut ist. Alte Leute wissen mehr als die jungen.« Damit tat er die Ameise in eine Schachtel und kehrte zur Stadt in das Haus des alten Mütterchens zurück. »Recht, mein Sohn«, rief die Alte vergnügt, »nun geh morgen noch einmal auf den Kreuzweg, sei aber flink und behende, dann wird dir die Königstochter nicht entgehen.«

Am dritten Morgen erblickte Dummhans weiter nichts im Sand als eine kleine Maus. Die lief ängstlich hin und her und suchte zu entwischen. Er nahm jedoch seine Beine in die Hand, und so sehr das Mäuschen auch lief, er holte es ein und steckte es in eine Schachtel. Dann kehrte er seelenvergnügt in die Stadt zurück und übergab der Alten die Beute. Die kramte ein kleines Wägelchen aus dem Kasten und spannte den Mistkäfer, die Ameise und die Maus davor. Der Mistkäfer ging unterm Sattel, die Ameise vorn in der Leine und die Maus hinter der Handseite; Dummhans aber bekam eine allmächtig lange Hetzpeitsche in die Hand und schritt und knallte, daß es eine Lust war.

Schon auf der Straße scharten sich Leute über Leute um ihn, als sie das Gefährt sahen, und lachten aus vollem Halse. Mit jedem Haus wurde die Menschenmenge größer, und als er vor dem Schloß anlangte, war die ganze Stadt auf den Beinen, und alles lachte, so laut, daß es die Prinzessin hörte und neugierig zum Fenster lief. Als sie den Wagen mit dem Mistkäfer, der Ameise und der Maus und daneben den Dummhans mit der langen Hetzpeitsche erblickte, da war es mit ihrem Ernst aus. Sie lachte, daß sie auf den Rücken fiel und ihr der Leib wackelte.

»Dummhans wird König! Dummhans wird König!« schrie das Volk. Der alte König mußte zugeben, daß die Leute recht hatten, aber ihm wäre der

Prinz als Schwiegersohn lieber gewesen als der schmutzige Bauernjunge. Er ließ die beiden vor seinen Thron rufen und sprach zu ihnen: »Über des Prinzen sonderbares Pferd hat meine Tochter nur gekichert, und über des Dummhans Gefährt hat sie gelacht, daß ihr Leib wackelte; aber dafür ist der Prinz drei Tage früher zum Ziele gekommen. Kurz und gut, die Sache ist unentschieden! Und damit sich keiner von euch beklagen kann, so soll die Prinzessin einen Schlaftrunk bekommen; der Prinz legt sich zur Rechten und Dummhans zur Linken, und wem sie am andern Morgen zugewandt ist, der soll sie zur Frau haben.« Er dachte nämlich, weil ein Prinz lieblich, ein Bauernjunge aber nach Kühen und Schweinen riecht, seine Tochter würde sich jenem zukehren und von diesem abwenden.

Aber Dummhans durchschaute des alten Königs Ränke. Er kaufte sich Mandelkern und Zuckerbrot und aß davon zu Abend, daß ihm ein süßer Atem aus dem Munde ging. Als es Schlafenszeit war, legte er sich zur Linken der Königstochter nieder, während der Prinz, als ein Königssohn, seinen Platz an ihrer rechten Seite eingenommen hatte. Nachdem jener fest eingeschlafen war, ließ Dummhans den Mistkäfer aus der Schachtel. Der setzte sich vor des Prinzen Mund; und da ein Mistkäfer gemeiniglich nicht schön zu riechen pflegt, so wendete die Prinzessin im Schlafe ihr Köpfchen von dem Prinzen ab und drehte es dem Dummhans zu und blieb auch die ganze Nacht über so liegen.

Am andern Morgen sah der alte König nach, und als er befand, daß seine Tochter ihren Kopf dem Bauernsohn zugekehrt hatte, konnte er nichts mehr gegen ihn einwenden. Es ward eine große Hochzeit angerichtet, und Dummhans heiratete die Prinzessin und lebte mit ihr glücklich und zufrieden ein Leben lang: Und wenn sie nicht gestorben wären, lebten sie heute noch.

Märchen aus Pommern und von Rügen

PETER UND LENE

Zwei Kinder, Peter und Lene, gingen einmal in den Wald nach Beeren und Blumen; sie gingen und pflückten und kamen immer weiter in den Wald hinein, ohne daß sie es gewahr wurden. Da war dem Lenchen endlich so angst, daß sie sich wohl verirrt hätten, und es war auch wirklich so. Je mehr sie nun nach der rechten Straße suchten, je weiter kamen sie von ihr ab, und je tiefer gerieten sie in den Wald. Peter erblickte zuletzt ein Lichtchen; darauf gingen sie zu und kamen zu einem ganz kleinen Haus, das war das Pfannkuchenhaus, das war mit Pfannkuchen gedeckt, und die Wände waren von frischen Mettwürsten aufgesetzt.

Da lief Peter eilig darauf zu, denn er war hungrig, und nahm sich einen Pfannkuchen herunter, aber der Pfannkuchen war so heiß, als wäre er eben aus der Pfanne gekommen; da mußte er ihn fallen lassen. Aber Lenchen nahm nun auch einen, wendete ihn ein paarmal zwischen den Händen hin und her, und als er sich nun abgekühlt hatte, aßen sie ihn auf. Also taten sie sich gütlich an den Pfannkuchen und auch an den Mettwürsten. Als sie aber kaum mit dem Essen fertig waren, brach da Donner und Blitz über ihnen los, ein Blitz fuhr in das Haus, und mit einem Mal war es in ein scheußliches finsteres Loch verwandelt, und Peter und Lene steckten darin. Sie weinten und schrien, aber all ihr Weinen und Schreien half nichts, sie mußten in dem finsteren Loch sitzen bleiben. Vor Müdigkeit und Trübsal schliefen sie schließlich ein. Als sie nun am anderen Morgen erwachten, da fanden sie etwas neben ihnen stehen, sie merkten gleich, daß es ein Korb war, und als Peter ihn aufmachte, waren der schönste Braten und Wein und Gemüse und Früchte, kurz die allerherrlichsten Speisen darin. Daran erquickten sich die Kinder und trösteten sich allmählich über ihre traurige Gefangenschaft. Denn wenn sie auch gar gerne aus dem Loch befreit gewesen wären, so fanden sie doch jeden Morgen einen solchen Korb vor ihnen stehen, immer mit den schönsten Speisen angefüllt. Das dauerte nun so ein paar Wochen. Da, an einem Morgen, kam wieder ein fürchterliches Gewitter, und als die Kinder von einem grausamen Donnerschlag erwachten, stand eine alte abscheuliche Hexe vor ihnen und glotzte sie mit ihren großen Augen, die wie Kohlen brannten, an und sprach: »Nun habt ihr genug gegessen, nun will ich euch schlachten und auffressen.«

Sie führte die Kinder nun hinauf in eine Küche, und Lenchen sollte den Backofen glühend machen, und Peter sollte Wasser tragen. Aber Peter wollte das nicht und wehrte sich; da aber rührte die Alte ihn an, und er mußte stehen wie eine Bildsäule; er hatte keine Macht gegen sie und mußte tun, was sie wollte. Als nun der Ofen glühte und das Wasser kochte, da kam die Alte wieder, faßte Lenchen beim Arm und wollte sie in den Ofen schieben. Aber in dem Augenblick erschien über ihnen eine Jungfrau, schön wie der Tag, in einem blauen Kleid, auf einem silbernen, von zwölf Tauben gezogenen Wagen; in der Hand hielt sie einen Becher mit Wasser, den reichte sie Peter und sprach zu ihm: »Lösche die Glut des Ofens.«

Peter nahm den Becher, und wie er ihn in den Ofen schüttete, erlosch die Glut augenblicklich. Darauf sprach die Jungfrau zu der bösen Alten: »Wie konntest du dich unterstehen, das Wasser zu mißbrauchen, das mir untertan?«

Und als sie die Alte mit ihrem Stab berührte, fiel die tot zur Erde. Nun hob sie die Kinder zu sich in den Wagen, nahm den Zauberstab der Hexe an sich und fuhr davon, und die Tauben zogen sie. Unterwegs aber erzählte die Jungfrau den Kindern:

»Mir ist das Wasser untertan, der alten Hexe aber gehörte das Feuer; weil sie aber mein Element gebrauchen wollte, um euch hineinzuwerfen und dann auch aufzuessen, was ich nicht zugeben wollte, so hatte ich Macht über sie; wir sind jetzt von der alten Hexe befreit, und das Feuer ist mir von nun an auch untertan.«

Darauf brachte sie Peter und Lenchen wieder zu ihren Eltern, die ihre Kinder längst für tot gehalten und betrauert hatten; sie beschenkte alle reichlich mit vielen schönen und kostbaren Sachen, und die Leute wurden reich bis zum Überfluß. Peter und Lenchen lebten lange Zeit glücklich, aber jedes Jahr besuchten sie einmal ihre Wohltäterin, die schöne Jungfrau.

Märchen aus Schleswig-Holstein

Der hoffärtige Rehbock

Über dem Heeloch, dort wo es zur Bildmühle hinuntergeht, lebte einmal im Wald, gegen Hochfirst zu, eine Rehgeiß. Sie hatte einen schönen kleinen Rehbock und eine Rehgeiß. Der alte Rehbock wurde eines Tages geschossen, und die junge Rehgeiß geriet in die Falle eines Wilderers. Da war die alte Rehgeiß allein mit ihrem kleinen Rehbock. Das war sehr traurig für sie.

Man kann sich denken, wie sehr sie achtgab auf den kleinen Bock, und wie sehr sie ihn verwöhnte und ihm zu Willen war. Sie ließ den Bock niemals allein. Ganz früh am Morgen, wenn noch keine Wäscherin am Heeloch-Weiher war, ging sie hin, um den Kleinen zu tränken. Sie suchte ihm die schönsten Plätze zum Grasen aus. Sie bereitete ihm das weichste Bett aus Moos und wachte stets über seinen Schlaf. Kaum wagte sie, selbst zu schlafen. War der kleine Rehbock erwacht, so lehrte sie ihn, wie man über die Hecken springt und über die Wurzeln der Bäume und die Felsen im Wald. Sie lehrte ihn, wie man sich im Dickicht versteckt und wie man einen Satz über die Bäche und Gräben des Tales macht. Die ganze Gegend zeigte sie ihm, damit er den Weg wußte und immer wieder heimfinden konnte. Sie ging mit ihm zum Hädekeppel-Wäldchen hinüber, bis zur unteren Bildmühle. Danach ging sie mit ihm den Pfad hinauf zur oberen Mühle bei der Zinselquelle. Auch am dortigen Weiher kamen sie vorbei, und sie stiegen auf den Maifelsen. Dort hauste eine Hexe. Es war aber keine von der bösartigen Sorte. Aber sie konnte sehr gut hexen.

Das Böckchen wurde größer und älter. Da gefiel ihm alles nicht mehr. Er wurde übermütig. Es stieg ihm zu Kopfe, daß seine Mutter sich so viel Sorge und Mühe um ihn gemacht hatte. Und er sprach zu ihr: »Ich kann jetzt allein spazieren. Ich bin schon groß und weiß mir selber zu helfen.«

Eines schönen Tages kam der Rehbock von der Escherusche herunter. In der Kapelle dort hatte er den Hirsch gesehen, der ein goldenes Kreuz zwischen den Geweihenden trug. Da sprach er zu seiner Mutter: »Ich will kein Rehbock mehr sein, ich will ein schöner großer Hirsch sein, mit so einem prächtigen Geweih und einem goldenen Kreuz dazwischen.«

Da weinte die Rehgeiß und sprach: »Dann habe ich ja gar kein Kind mehr, dann bin ich ja mutterseelenallein auf der Welt!«

»Ach, Mutter, ich komme doch jeden Tag zu dir. Du brauchst nicht zu weinen. Ich bleibe doch dein Kind.«

Die Rehgeiß sagte nichts mehr und dachte bei sich: »Nun ja, wenn er dieses Kreuz im Geweih hat, dann wird man ihm Respekt erweisen und ihn nicht totschießen.« Damit tröstete sie sich.

Am anderen Tag kam der Bock heim und rief: »Ich will ein ganz weißes Fell haben, so weiß wie der Schnee, der im Winter im Wald liegt.«

Da sprach seine Mutter: »Kind, dann kannst du dich doch nicht mehr vor den Jägern verstecken, und auch die Hunde sehen dich gleich. Man sieht dich ja schon von weitem im dürren Laub. Und dann schießen sie dich ab.«

»Nein, nein«, sprach der Rehbock, »wenn ich ein Hirsch bin, dann habe ich ja längere Beine und kann besser laufen und springen. Kein Jäger und kein Hund wird mich fangen können oder mir auch nur zu nahe kommen!«

»Ach, das werden wir ja sehen«, sagte die Rehgeiß. Sie sann hin und her, was sie machen könnte, um diesen jungen Rehbock zur Raison zu bringen, damit er von seinen hoffärtigen Wünschen Abstand nehme. Schließlich sprach sie: »Leg dich nieder und schlafe, damit dir nichts passiert. Warte hier, bis ich wiederkomme!«

Und sie ging heimlich zum Maifelsen und klopfte bei der alten Hexe an. Diese öffnete ihr die Tür, und die Rehgeiß klagte ihr ihr Leid. Sie erzählte der Hexe, welchen Kummer sie mit ihrem hoffärtigen Sohn, dem Rehbock, habe.

Da sprach die Hexe: »Gut, ich paß auf, wenn er wieder einmal bei mir vorbeigeht, und rede ihm gut zu, auf daß er zu Verstand kommt.«

Die Rehgeiß machte sich schnell auf den Heimweg. Unterwegs sammelte sie allerlei Pflanzen und Kräuter: Kamille, Fenchel und Pfefferminze. Diese gab sie dem Bock zu fressen. Aber dem jungen Bock war nicht zu helfen.

Er lief wieder fort, geradewegs auf die Escherusche hinauf, um in der Kapelle noch einmal den Hirsch anzuschauen. Auf einmal stand ein winzig kleines Männlein vor ihm, das trug ein rotes Röckchen. Es sprach zu ihm: »Was willst du denn dort?«

Da antwortete der Rehbock: »Ich will auch so ein Hirsch sein mit so langen Beinen und so einem prächtigen Geweih mit einem Kreuz dazwischen.«

Da sprach das Männlein: »Das kannst du werden. Geh jeden Tag auf den Maifelsen und trink dort aus der Quelle. Das ist gutes Wasser, das beim

Wachsen hilft. Dann geh zu der Alten, die dort in der Höhle wohnt, und sag ihr, sie soll dir eine Pflanze geben, die Jelängerjelieber heißt.« Mit diesen Worten verschwand das Männlein.

Der Rehbock ging auf den Maifelsen und trank einen tüchtigen Schluck aus der Quelle. Als er sich umwandte, stand da die alte Hexe und sprach: »Komm einmal mit zu mir in meine Höhle.«

Und drinnen sprach sie ihm gut zu, schmeichelte ihm und sprach, was für ein wunderschöner Rehbock er doch sei. Der Bock ließ sich aber nicht abbringen und sagte nur immer, er wolle ein schöner, großer Hirsch werden. Und er wolle die Pflanze Jelängerjelieber, die zu fressen ihm das Männlein im roten Rock geraten habe.

Da sprach die Hexe: »Mir tut nur deine arme Mutter leid. In unseren Wäldern gibt es schon lange keine Hirsche mehr. Die Herren auf dem Schloß von Bitsch haben sie längst alle erjagt. Da bist du dann der einzige Hirsch weit und breit. Die Jäger werden dich bald haben und totschießen. Deine arme Mutter wird ganz allein sein.«

»Nein, nein«, sprach der Rehbock, »ich ducke mich in die Mulden und unter die Felsenvorsprünge. Die Jäger kriegen mich nicht.«

Und weil der Rehbock partout nicht nachließ und bat und bettelte, gab sie ihm schließlich die Pflanze, nach der er verlangte. Der Rehbock ging nun jeden Tag auf den Maifelsen und trank aus der Quelle, und jeden Tag fraß er von der Pflanze. Da war er bald ein großer Hirsch.

Nun ging er zur Bildmühle und schaute in den Weiher. Da sah er sich auf dem Wasserspiegel. Er gefiel sich aber noch nicht gut genug. Er wollte unbedingt einen weißen Pelz haben.

Da ging er wieder zur Escherusche, um sich den weißen Hirsch anzusehen. Wieder begegnete er dem kleinen Männlein mit dem roten Rock. Das Männlein fragte ihn:

»Was willst du denn da?«

Der Hirsch sprach: »Ich will ein ganz weißes Fell haben, so weiß wie Schnee.«

Das Männlein antwortete: »Das sollst du haben. Geh wieder auf den Maifelsen zu der Alten und sag ihr, sie soll dir Blüten vom Weißdorn geben. Die mußt du acht Tage lang fressen, und dann ist dein Fell weiß.«

Der Hirsch eilte auf den Maifelsen und klopfte an die Höhle. Die Hexe öffnete ihm, und er sagte ihr, was das Männlein ihm geraten habe. Die Alte sprach: »Ach, es ist dein Unglück. Aber wenn du es unbedingt willst und wenn das Männlein im roten Rock dich schickt, so muß ich dir geben, was du verlangst. Die Blüten von der Weißdornhecke mußt du aber immer ganz frisch fressen. Auf der oberen Bildmühle, an der Wegbiegung, steht solch eine Hecke. Dahin geh und friß von den Blüten. Du mußt aber frühmorgens davon fressen, wenn noch der Tau auf ihnen liegt.«

Der Hirsch eilte fort und machte alles genauso, wie man es ihm gesagt hatte. Nach acht Tagen hatte er ein weißes Fell. Da wurde er aber noch hoffärtiger und stolzierte hoch erhobenen Hauptes umher.

Bald fiel den Leuten der weiße Hirsch auf, und er wurde zum Gespräch in der ganzen Gegend. Da legte sich Vetter Nickel, der ein guter Jäger war und nie fehlschoß, auf die Lauer. Vom Vetter Jeannickel aus der Bildmühle ließ er sich die Fährte des Hirsches zeigen. Er sagte ihm, es sei ein Stück Vieh, groß wie ein junges Rind, mit einem Geweih wie ein Baum. Und als dieses Stück Vieh wieder zum Weiher kam, da gab Vetter Nickel ihm Schrot und Korn. Aber der Hirsch war im Sprung und wurde nur an der Seite getroffen. Er schleppte sich zu seiner Mutter, der alten Rehgeiß. Die pflegte und versorgte ihn, bis er wieder gesund war.

Dann ging er wieder auf die Escherusche, denn er hätte gern dieses Kreuz zwischen den Geweihenden gehabt. Da stand wieder das kleine Männlein vor ihm und fragte:

»Was willst du denn da?«

Da sprach der weiße Hirsch: »Ich will auch so ein Kreuz zwischen dem Geweih, so eines, wie es der Hirsch in der Kapelle trägt.«

Da wurde das Männlein sehr böse und schrie: »Mit dem Kreuz habe ich nichts zu tun, merk dir das! Wünsch dir was anderes! Der Herrgott ist nicht mein Meister. Mein Meister ist ein ganz anderer!«

Da wünschte sich der hoffärtige weiße Hirsch, der einmal ein Rehbock war, goldene Schuhe. Und kaum hatte er sie sich gewünscht, da trug er sie auch schon an seinen Hufen. Jetzt stolzierte er mit den goldenen Schuhen umher. Er ging auf den Maifelsen zur Höhle der Hexe, um sie ihr zu zeigen und damit zu prahlen. Als sie ihn mit den goldenen Schuhen sah, erschrak sie und sprach: »Das ist dein Unglück!«

»Ach was, nein«, antwortete der weiße Hirsch mit den goldenen Schuhen. Und er ging zum Weiher bei der Bildmühle, um sich dort im Wasserspiegel zu betrachten. Aber dort lag der Vetter Nickel schon auf dem Jägerstand und feuerte mit der Flinte auf ihn. Und weil der weiße Hirsch die goldenen Schuhe anhatte, konnte er nicht davonspringen, denn sie waren ihm zu schwer. Er fiel um und war tot. Der Vetter Nickel zog ihm das schöne weiße Fell ab, spannte es auf und hängte es an die Wand. Das große Geweih hängte er darüber auf.

Und alles dies geschah nur deshalb, weil dieser Rehbock kein Rehbock mehr sein wollte und so hoffärtig war. Und so geht es allen, die hoffärtig sind.

»Aber dort hinten läuft eine Maus, schau, fang sie, und mach dir ein Pelzmützchen draus!«

Märchen aus Lothringen

Der Kater und das Lamm

E s war einmal ein Kater, der war ein rechter Gauner. Während der Karnevalszeit hatte er gewaltige Mengen von Blutwurst stibitzt. Als es nun auf Ostern zuging, wollte er, wie alle anderen Gläubigen auch, zur Beichte gehen. Aber der Pfarrer weigerte sich, ihm die Absolution zu erteilen. Zu viele Schweinerücken, Gänselebern und Hähnchenschlegel waren in seinem Wanst verschwunden, so daß es dringend nötig war, daß der Kater Buße tat. Zudem hatte sich jeder über den diebischen Gauner beschwert, vor allem des Herrn Pfarrers Haushälterin, die ihn mehrmals bei seinen üblen Missetaten ertappt hatte. Als der Pfarrer nun diese Miezekatze im Beichtstuhl knien sah, fragte er nicht lange, wieviele Tage die Woche habe (er machte nicht viel Federlesens), und hörte sich nicht einmal die Entschuldigungen an, nein, er schickte den Kater sofort nach Rom, um dort um Vergebung zu bitten. Und jeder weiß ja, daß nur diejenigen nach Rom gehen müssen, die die allerschlimmsten Sünden auf sich geladen haben.

Dennoch war der Kater ein guter Christ. Er machte sich sogleich auf den Weg. Und wie er so über Land ging, begegnete er einem Lamm, das gerade weidete. Er fragte es:

»Was machst du da, mein Freund?«

»Meister Kater, ich nehme einen Bissen zu mir.« »Bist du hier auf deiner eigenen Wiese?«

»Nein, natürlich nicht. Aber warum ist das für Euch von Bedeutung?«

»Es ist mir gleich, wenn's dir recht ist. Aber ich versichere dir, solltest du zur Beichte gehen, dann wird der Priester nicht imstande sein, dir die Absolution zu erteilen. Wenn du wirklich willst, daß dir verziehen wird, mußt du zum Papst nach Rom pilgern. Dorthin wird man dich nämlich schicken.«

»Haltet Ihr mich denn für einen schlechten Christen? Wie steht es mit Euch selbst? Geht Ihr denn nach Rom?«

»Wie du siehst, bin ich unterwegs.« »Ich begleite Euch.«

Der Kater trug einen Säbel am Gürtel, und ein Proviantbeutel hing um seinen Schwanz. Die beiden zogen nun los. Als sie ein gutes Stück Weges zurückgelegt hatten, begegneten sie einem Wolf. Der war gerade damit fertig, das Fleisch und die Knochen zu zerreißen, die noch an einer Ziegenhaut klebten. Also hatte auch er schwere Schuld auf sich geladen ...

»Was machst du da, edler Herr Wolf?« fragte der Kater. »Ich übe nur mein Gerberhandwerk aus.«

»Hast du die Ziegenhaut denn gekauft?«

»Mit welchem Geld denn, mein Lieber? In der Wohnung des Wolfes gibt es kein Fleisch. Es gibt lediglich Knochen. Vergebens aber suchst du nach Talern und nach Münzen.«

»Ich versichere dir, wenn du deine Sünden bekennst, wird man dich, genau wie uns beide, auf der Stelle nach Rom schicken.«

Nach diesen Worten des Katers zogen sie zu dritt weiter. Der Kater bildete den Kopf der Karawane. Ihm folgte das Lamm, und zum Schluß kam der Wolf. Der Flinkste von den dreien war der Kater. Er ließ seinen Proviantbeutel von der einen Pfote baumeln und stützte sich mit der anderen auf den Säbel. Der Wolf hingegen konnte der Versuchung nicht widerstehen, immer wieder einen gierigen Blick auf die Waden und das Hinterteil des Lamms zu werfen. Dieses blökte immer wieder, zitternd vor Angst. Auf ein Zeichen des Katers hin versprach der Wolf, brav zu sein. Und weil der Kater im Besitz des Säbels war, senkte der Wolf die Schnauze zu Boden. Aber kaum hatte der Kater ihm den Rücken zugedreht, da fing der Wolf auch schon wieder an, das Lamm mit hungrigen Blicken zu ängstigen. Dieses beklagte sich. Schließlich und endlich benahm sich der Wolf so unverschämt, daß der Kater ihm mit einem Säbelstreich den Kopf abhieb. Dann packte er den Kopf in den Proviantbeutel. Mit Hilfe des Lamms warf er den Leib des wilden Tieres in den Sturzbach (von denen es viele in den Pyrenäen gibt). Befreit von der unangenehmen Gesellschaft, beschleunigten die beiden Freunde ihren Schritt, denn die Nacht kam näher. Als sie in einen großen Wald kamen, umfing sie völlige Dunkelheit. Welchen Pfad sollten sie nun einschlagen? Man konnte keine Eiche mehr von einem Nußbaum unterscheiden. Schließlich kletterte der Kater auf eine Birke und sah in der Ferne ein flackerndes Licht. Er dachte, dies müsse eine Behausung sein, womöglich gar eine Pilgerherberge. Sie gingen also in diese Richtung und standen bald vor einem prächtigen Schloß.

Der Kater legte sich nun auf die Lauer und horchte sich um. Unsere Pilger waren da ja wirklich gut hineingeraten! Es handelte sich um den Wohnsitz der Wölfe! Am liebsten hätten sie gleich wieder kehrtgemacht. Aber ihre Vorräte waren aufgebraucht.

»Wir sind arm dran«, sprach der Kater zum Lamm, »wir müssen sehen, wie wir aus diesem Schlamassel wieder herauskommen.« Sie pochten an das Tor. »Was wollt ihr?« fragte eine unfreundliche Stimme.

»Eine Bleibe für die Nacht. Wir, Colombet und ich, Minet, arme Pilger auf dem Weg nach Rom. Wir haben uns im Wald verlaufen. Zwei arme Schlucker sind wir, ehrbare Bettler. Edler Herr Wolf, wenn Ihr erlaubt, so schlafen wir im Stall, nehmen zwei Roggenballen als Strohsack und einen Stein als Schlummerrolle.«

»Tretet ein!« antwortete der Wolf barsch. Unsere Reisenden waren, meiner Treu, das dürft ihr mir glauben, sehr, sehr höflich. Ihre mageren Beine zitterten und schwankten, als hätten sie mehrere Liter zuviel getrunken. Der Schloßherr befahl, daß man sie zu der Kammer bringen solle, in der gewöhnlich die Pilger nach Compostela, Rom oder Jerusalem untergebracht würden. Er ließ für sie einige morsche Holzscheite in den Kamin werfen und stellte einen Krug Wasser und ein Stück Schwarzbrot auf den Tisch. So hatten sie alles zum Wohlbehagen für Bauch und Zähne.

Aber während sie aßen, kamen die Wölfe einer nach dem anderen, um sie zu belauern. Sie wollten nämlich nähere Bekanntschaft mit dem Pelz dieser vierbeinigen Pilger machen. In der Dunkelheit beobachtete der Kater entsprechende Gesten und bezeichnende Blicke. Und sie kamen näher. Da sprang der Kater auf den Tisch und hielt ihnen eine Ansprache:

»Beim lebendigen Gott, ich fürchte mich nicht vor euch, auch dann nicht, wenn ich in eurem Hause bin. In meinem Leben habe ich nicht wenigen von euch die Kehle durchgeschnitten, Wölfen wohlgemerkt, mehr als dreißig an der Zahl. Wenn ihr es wagt, noch näher herzukommen, fackle ich nicht lang!«

Unser Kater schützte sich unter der Ummantelung des Kamins. Er verbarg den Beutel, der den Kopf des am Morgen getöteten Wolfs enthielt. Nun holte er ihn hervor, wickelte ihn aus und zeigte ihn den Wölfen, indem er ausrief: »Ein Wolfskopf gefällig? Hier habt ihr einen!« Dann verbarg er ihn wieder, zog ihn abermals hervor und präsentierte ihn den Wölfen mit den Worten: »Ein anderer Wolfskopf? Bitte sehr, hier ist einer.« Und so fuhr er fort und machte es noch dreißigmal.

Das Lamm konnte sich nur mit größter Mühe zurückhalten. Beinahe hätte es schallend losgelacht. Die Wölfe aber ergriffen die Flucht, einer nach dem anderen, genauso wie sie gekommen waren. Und als alles ringsum friedlich geworden war, gingen Minet und Colombet schlafen. Die Müdigkeit schloß ihnen bald die Augenlider.

Die Wölfe aber fürchteten, daß der Kater im Schutz der Dunkelheit noch einmal sein Unwesen treiben könnte. Der schicksalhafte Säbel, der die Fähigkeit besaß, die Köpfe von Wölfen abzuschneiden, geisterte durch ihre Träume.

Auch das Lamm hatte einen Alptraum. Es träumte, daß ein Wolf sein zartes weißes Fleisch verschlang. Vor Entsetzen machte es einen Satz in die Höhe, fiel dabei aus dem Bett und stürzte zu Boden. Dies verursachte einen gewaltigen Lärm.

»Da haben wir's, jetzt ist's geschehen«, sagten die Wölfe mit Schrecken. Und auf der Stelle nahmen sie alle Reißaus, alle ohne Ausnahme.

Als es tagte, waren aus unseren beiden Freunden die Herren des Schlosses geworden. Sie durchstreiften ihren Besitz samt den Ländereien. Die Schränke und Truhen, der Innenhof und die Ställe quollen über von Vorräten. Da verlängerten sie ihr Mittagessen um einige Gänge. Zur Verdauung ging der Kater auf den Balkon, legte sich auf den Rücken und breitete seinen Körper in der Sonne aus. Das Lamm saß an seiner Seite und genoß die Aussicht.

Die Wölfe, denen ihr behagliches Zuhause doch sehr fehlte, schnüffelten in der Umgebung herum und schlichen sich heran, indem sie an Baumstümpfen entlanggingen und sich in Schluchten versteckten.

Unterdessen war der Kater vollauf mit seiner Toilette beschäftigt. Er führte sie nach Katzenart in aller Gründlichkeit durch. Seine Pfoten wurden geleckt. Er polierte seinen Bart und seine Ohren und rieb die Augen, wie es alle Katzen gewöhnlich tun, wenn Regen bevorsteht. Die Wölfe aber glaubten, er drohe ihnen mit dem Säbel und wolle sie köpfen. Dies war nun gar nicht gut für sie. Sie flohen weit, weit weg, und man sah sie nie mehr wieder.

Als der Kater und das Lamm sahen, daß sie jetzt ungestört waren, schlossen sie das Tor ab und wanderten nach Rom. Der Heilige Vater empfing sie wie gute alte Freunde. Sie erzählten haargenau den Grund ihres Kommens und erhielten Vergebung.

Sie gingen dann zurück und zogen in das Schloß der Wölfe ein. Solange sie zu essen hatten, ging alles gut. Aber als Colombet alle Hälmlein und Kräuter der Umgebung abgegrast hatte (er wagte nicht, sich allzu weit vom Kater zu entfernen) und als Minet alle Mäuse vertilgt hatte, rief der Kater aus: »Das hier ist ein elendes Land!«

Und er legte Feuer an alle vier Ecken des Schlosses. Dann kehrten sie in ihr Heimatdorf zurück, das auch das meinige ist, um mir ihre Abenteuer zu erzählen.

Märchen aus Südfrankreich/Languedoc

WEIBERLIST

D a lebte in einer Stadt ein junger, reicher Kaufmann, der hatte
über seiner Tür ein Schild angebracht mit den Worten:

Die List der Männer ist größer
als die List der Weiber.

Nun ging einmal die Tochter des Meisters der Schmiede in den Straßen spazieren und kam auch an jenem Laden vorüber. Da sah sie die Tafel, auf der
geschrieben stand:

Die List der Männer ist größer
als die List der Weiber.

Vor Zorn wurde sie ganz rot im Gesicht. Den ganzen Tag und die Nacht bis
zum Morgen konnte sie keine Ruhe mehr finden, so sehr ärgerte sie sich über
jenes Schild. Dann aber putzte und kämmte sie sich, rieb sich mit wohlrie-
chenden Essenzen ein, legte ihr schönstes Kleid an und ging zu dem Laden
des Kaufmannes. Sie spazierte langsam vorüber und sagte: »Allerschönsten
guten Morgen!« Der Kaufmann schaute auf, erblickte die Jungfrau und antwortete: »Tausendfach guten Morgen! Ich wünsche, daß es dir wohl gehen
möge!« Da blieb das Mädchen stehen und begann laut zu weinen. Erschrocken versuchte der Kaufmann, es zu beruhigen, aber es weinte nur immer mehr. Er bat es, näherzukommen und ihm seinen Kummer zu erzählen.
Da kam die Jungfrau in seinen Laden, aber sie sagte immer noch nichts und
weinte in einem fort. Der Kaufmann wurde ganz aufgeregt: »Sage mir doch,
was du hast und was ich für dich tun kann! Ich will dir alles geben, was du
dir wünschest, nur höre auf zu weinen, denn dein Weinen zerreißt mir das
Herz!« So sprach er auf sie ein, und da seufzte sie, hob den Kopf und schaute ihn an und fragte:
»Wie findest du meine Augen?« Als der Kaufmann in ihre großen Augen blickte, die in Tränen schwammen, war es um seinen Verstand geschehen, und er rief zurück: »Ich sah nie schönere!« Da entblößte die Jungfrau
ihre Arme und fragte: »Und was ist mit meinen Armen?« Der Anblick ihrer

weißen, wohlgerundeten Arme verwirrte seine Sinne noch mehr, und er stammelte: »O Jungfrau, sie sind wie Alabaster!« Nun fuhr sie fort und zeigte ihm die Waden, und sie fragte schluchzend: »Und meine Waden?«

»Sie sind unvergleichlich«, sprach jener, und als sie nun noch ihr Haupt enthüllte und er ihre schweren, schwarzen Flechten sah, war er vollends berückt und rief: »Nie hat Gott eine schönere Jungfrau geschaffen, niemand kommt dir gleich!«

»Ach, ach«, klagte sie, »und doch ist mein Unglück so groß! Ich bin die Tochter des Kadis, aber jedesmal, wenn ein Mann kommt und mich zum Weibe haben will, sagt mein Vater: ›Meine Tochter ist häßlich und bösartig und zanksüchtig.‹ Dann gehen die Bewerber wieder fort. Was soll ich nur tun? Ich sah dich gestern hier vor deinem Laden, und weil du mir gefällst, bin ich heute gekommen, um dir von meinem Unglück zu erzählen.« Auf diese Rede antwortete der Kaufmann: »Wenn es weiter nichts ist! Ich werde morgen zum Kadi gehen und ihn um seine Tochter bitten. Er mag mir sagen, was er will, ich werde nicht auf ihn hören, denn ich kenne dich ja nun.« Da war sie froh und ging heim.

Der Kaufmann aber konnte die ganze Nacht nicht schlafen, weil er immer an die schöne Jungfrau denken mußte. Am Morgen ging er sogleich zum Kadi, verbeugte sich und sprach: »O Kadi, die Sonne deiner Gnade erleuchte mich! Ich möchte deine Tochter zur Frau.« Da antwortete der Kadi: »Lieber Sohn, meine Tochter ist häßlich.«

»Das macht nichts«, sagte der Kaufmann.

»Sie ist bösartig.«

»Ich nehme sie trotzdem.«

»Sie ist zanksüchtig«, fuhr der Kadi fort. »Ich will sie so, wie sie ist«, antwortete der Kaufmann fröhlich. »Der Brautpreis beträgt tausend Goldstücke«, sagte der Kadi zuletzt, und auch damit war jener einverstanden. »Nun, so sei es«, seufzte der Kadi, »du selbst willst es.«

Es wurde alles zur Hochzeit vorbereitet, und als der Tag kam, ging der Kaufmann zum Kadi, der Vertrag wurde aufgesetzt, und er unterschrieb ihn: Vermählt ist die Tochter der Edlen mit dem Sohne der Edlen. Am Abend wurde die Tochter des Kadis in das Haus des Kaufmanns gebracht. Er konnte gar nicht erwarten, sie zu sehen, und betrat hochentzückt das Brautgemach. Schon auf der Schwelle aber blieb er vor Schreck und Bestürzung wie versteinert stehen: Die dort im Zimmer stand, war häßlich, kahlköpfig und einäugig! »Bist du die Tochter des Kadis?« brachte er endlich mühsam hervor. »Ich bin es«, antwortete das häßliche Geschöpf. »Komm und lege dich zu mir, du Dummkopf.« Da ging er hinaus, legte sich allein auf sein Ruhelager und sagte sich: »Welch ein Unglück ist über mich gekommen! Warum hat jene Jungfrau mir das antun müssen! O Gott, was soll ich mit diesem abscheulichen Wesen anfangen?« Am nächsten Morgen ging der junge Mann zu seinem Laden, und kaum saß er dort, da kam die Tochter des Schmieds vorüber und sagte: »Allerschönsten guten Morgen für dich!« Er sprang auf und sprach:

»Nichts dergleichen für dich! Gott strafe dich dafür, daß du mir so übel mitgespielt hast! Nun sage mir, was ich dir angetan habe, daß du mir ein solches Unglück angehängt hast!« Da lächelte sie und antwortete: »Du bist doch sehr schlau, sonst könntest du ja nicht dieses Schild über deinem Laden aufhängen!« Da erkannte er, daß jene Tafel, auf der geschrieben stand:

Die List der Männer ist größer
als die List der Weiber,

sie so aufgebracht hatte. »Aber was soll ich jetzt tun?« fragte er. »Wenn du das Schild änderst und mit Goldfarbe schreibst:

Die List der Weiber ist größer
als die List der Männer,

dann komme ich morgen wieder und sage dir, was du tun mußt«, erwiderte sie und ging davon. So rasch er konnte, holte da der Kaufmann die Tafel herunter, wischte die Inschrift aus und schrieb mit den schönsten Goldbuchstaben:

Die List der Weiber ist größer
als die List der Männer.

Als die Jungfrau am nächsten Morgen wieder kam, hing das Schild über der Tür, und voller Befriedigung las sie die neue Schrift: »Bist du nun zufrieden?« fragte der junge Mann. »Ja«, sagte das Mädchen und freute sich sehr. »Jetzt will ich dir auch sagen, was du tun mußt«, fuhr sie fort. »Draußen vor der Stadt leben Zigeuner. Geh zu ihnen und sage ihnen, etwa zwanzig sollten mit Trommeln und Pfeifen zum Kadi kommen, wenn du gerade bei ihm bist. Und wenn der Kadi fragt, was diese Leute wollen, so antworte ihm, es seien deine Verwandten und sie wollten dir zur Hochzeit Glück wünschen. Dann wird der Kadi dich von seiner Tochter scheiden wollen, weil er keinen

Zigeuner zum Schwiegersohn will, und nach einigem Sträuben gibst du ihm nach.«

»So sei es«, sagte der Kaufmann vergnügt und ging sogleich zu den Zigeunern. »Hört zu«, sprach er zu ihnen, »mein Vater war auch Zigeuner, und da ich nun die Tochter des Kadis geheiratet habe, möchte ich gern, daß ihr kommt und mir Glück wünscht. Hier habt ihr ein paar Goldstücke für eure Bemühungen.«

Dann besuchte er seinen Schwiegervater, den Kadi, und setzte sich zu ihm in den Gerichtssaal. Sie hatten noch nicht lange geplaudert, da kam eine Schar Zigeuner in den Saal, spielte auf Trommeln und Pfeifen und rief: »Tausendfach Glück für dich, lieber Vetter!«

»Wer ist euer Vetter?« fragte der Kadi erstaunt. »Dieser Kaufmann hier, der neben dir sitzt!« Und sie fuhren fort zu singen und zu spielen. »Was reden sie da?« fragte der Kadi den Kaufmann. »Es ist wahr, lieber Schwiegervater, diese sind meine Verwandten«, sprach jener da, »warum sollte ich auch meine Abkunft verleugnen?«

»Das hättest du mir eher sagen müssen!« rief der Kadi zornig, »nie hätte ich meine Tochter einem Zigeuner gegeben! Du mußt dich von ihr scheiden!«

»Auf gar keinen Fall gebe ich sie wieder her«, antwortete der junge Mann, »warum hast du mich nicht nach meiner Abkunft gefragt, dann hätte ich dir alles berichtet.« Doch der Kadi gab sich nicht zufrieden und verlangte immer wieder die Scheidung. »Es sei«, gab der Kaufmann endlich nach, »aber nur, wenn du mir alle Auslagen, die ich gehabt habe, zurückgibst.« Der Kadi war dazu bereit, zahlte alles Geld zurück und noch tausend Goldstücke dazu und schied dann seine Tochter von dem Kaufmann. Am Abend wurde sie in das Haus ihres Vaters zurückgebracht. Vergnügt und zufrieden legte der junge Mann sich zur Ruhe und ging am nächsten Morgen zu seinem Laden, weil er hoffte, die Tochter des Schmiedes würde zu ihm kommen. Sie kam auch sehr bald, und er erzählte ihr, daß alles so geschehen war, wie sie es vorausgesagt hatte. »Gibst du nun zu, daß Weiberlist größer ist als Männerlist?« fragte sie dann, und als er sagte, daß er es eingesehen hätte, sprach sie: »Geh nun zu meinem Vater, dem Meister der Schmiede, und wirb um mich.«

»Sehr gern«, antwortete er und ging sogleich zu ihrem Vater.

»Glücklichen guten Morgen!« wünschte er. »Auch dir einen glücklichen guten Morgen«, erwiderte der Schmied. »Ich möchte, daß du mir deine

Tochter zur Frau gibst«, sagte der junge Mann, »aber ich mache die Bedingung, daß ich sie vorher sehen darf.«

»Wie darf einer die Jungfrau, die er heiraten will, vor der Hochzeit sehen!« entrüstete sich der Schmied. »Ich muß sie unbedingt vorher sehen«, bestand der Kaufmann auf seinem Verlangen, »ich will dir tausend Goldstücke dafür geben!«

»Nun, so sei es«, antwortete der Schmied und führte jenen in sein Haus zu seiner Tochter. Die lachte laut, als sie ihren Bewerber sah und fragte: »Warum kommst du hierher?«

»Ich wollte ganz sicher sein, daß du mich nicht mit einer noch schlimmeren Jungfrau als der Tochter des Kadis zusammenbringen würdest!« Da lachte sie noch lauter, und auch er war sehr vergnügt. Sie feierten eine Hochzeit, wie man noch keine erlebt hatte, und sie waren beide aufs höchste erfreut.

Arabisches Märchen

Der Trunkenbold im Himmel

Es war einmal ein Trunkenbold, der mußte sterben, wie wir alle sterben müssen. Er wanderte in den Himmel und pochte an das Himmelstor. Sankt Petrus, der dort den Dienst innehatte, fragte: »Wer ist es, der hier klopft?«

»Ich bin's, der Trunkenbold.«

»Was!« rief Sankt Petrus. »Für einen Trunkenbold haben wir hier im Himmel keinen Platz.«

Da fragte der Trunkenbold: »Wer ist es denn, der mir hier den Platz verwehrt?«

»Ich bin der heilige Petrus!«

»Was?« rief der Trunkenbold. »Du bist der heilige Petrus? Du bist doch derjenige, der unsern Herrn dreimal verleugnet hat, und du willst mir hier den Platz verwehren?« Da ging Petrus in den Himmel zurück. Er ging zum heiligen Paulus und sprach: »Gehe zur Himmelstür und schicke den Trunkenbold weg, damit hier endlich Ruhe einkehre!«

Der heilige Paulus ging vor zur Himmelstür und sprach:

»Geh hinweg, Trunkenbold, für dich haben wir hier im Himmel keinen Platz!«

»Ja, wer ist es denn jetzt, der mir hier den Platz verwehrt?«

»Ich bin der heilige Paulus!«

»Was? Du bist der heilige Paulus? Du bist doch derjenige, der die Anhänger unseres Herrn bis Damaskus verfolgt hat! Und du willst mir nun hier den Platz verwehren?«

Da gingen Petrus und Paulus in den Himmel zurück. Sie gingen zu Johannes, dem Evangelisten, und sprachen:

»Du hast unsern Herrn nie verleugnet, und du hast ihn auch nicht verfolgt. Deshalb gehe du nun vor zur Himmelstüre und schicke den Trunkenbold weg, damit hier endlich Ruhe einkehre!«

Johannes, der Evangelist, ging vor zur Himmelstür und sprach: »Hebe dich hinweg, Trunkenbold, für dich haben wir hier keinen Platz!«

»Ja, wer ist es denn jetzt, der mir den Platz verwehrt?« »Ich bin Johannes, der Evangelist!«

»Was? Du bist Johannes, der Evangelist? Und im Buch der Bücher steht geschrieben: Klopfet an, so wird euch aufgetan. Ich aber stehe schon über eine Stunde und klopfe. Mir aber wird nicht aufgetan. Wenn ihr mir jetzt nicht endlich öffnet, gehe ich zur Erde zurück und sage, daß ihr gelogen habt.«

Da blieb Johannes, dem Evangelisten, nichts anderes übrig. Er öffnete die Himmelstür, nahm den Trunkenbold bei der Hand und führte ihn vor den Thron des Allerhöchsten. Und der Allerhöchste lächelte und sprach:

»Brüderchen, willst du Wässerchen?«, und der Chor der Engel jubilierte: »Nastrowje.«

Märchen aus Rußland

DIE SCHWANENKINDER DES LIR

Vor langer, langer Zeit kamen die Edlen aus allen Gauen Erins zusammen und beschlossen, sich aus ihrer Mitte einen Hochkönig zu wählen, der Herrscher über sie alle sein sollte. Die Wahl fiel auf den tapfersten und edelsten unter ihnen, und alle waren zufrieden, bis auf Lir aus dem Hause Finacaid, denn Lir war sehr stolz, und er wäre selbst sehr gerne Hochkönig geworden. Und so verließ er die Versammlung mit Groll. Die Edlen, die fürchteten, daß Lir Ränke schmieden würde, wollten ihm nachsetzen mit dem Speer. Doch der König untersagte es ihnen und sprach:

»Lasset uns meine Herrschaft nicht mit Blutvergießen beginnen. Ich bin nun euer König, und ihr sollt mir auch darin gehorsam sein.« So unterließen es die Edlen, und die Herrschaft des Königs war gesegnet.

Aber draußen auf Finacaid saß Lir und grollte. Da geschah es, daß ihn Unheil ereilte. Sein Weib erkrankte und starb. Als die Trauerkunde zum Hofe des Königs kam, sprach dieser: »Ich habe nun Gelegenheit, mir Lir zum Freunde zu gewinnen. Drei liebliche Töchter nenne ich mein eigen. Ich werde eine davon Lir zur Gemahlin geben.«

Als nun die Trauerzeit vorüber war, da wählte sich Lir die älteste der Königstöchter, Aeb. Aeb war schön von Angesicht und gütig von Herzen. Und jeder liebte sie darum. Wie nun ein Jahr vorübergegangen war, schenkte sie Zwillingen das Leben, einem Knaben und einem Mädchen. Und als wiederum ein Jahr vorübergegangen war, gebar sie abermals Zwillinge, zwei Knaben. Doch diese Geburt kostete Aeb das Leben.

Als nun die Trauerkunde durch das Volk ging, erscholl lautes Jammern und Wehklagen, denn ein jeder hatte Aeb liebgehabt. Da sprach der König: »Abermals hat Kummer Lir ereilt, doch ich werde ihn trösten und ihm wieder eine meiner Töchter zur Frau geben.«

Als nun die Trauerzeit vorüber war, da wählte sich Lir die zweite der Königstöchter, Aive. Aive war ebenso schön wie ihre Schwester Aeb. Doch ihr Herz war nicht mit Liebe erfüllt, sondern es wohnten der Neid und der Haß und die Eifersucht darin. Und besonderer Neid erfüllte sie, als sie sah, wie sehr ihr Gemahl Lir seine vier Kinder, die vier Kinder ihrer Schwester, liebte. Wahrlich, nichts Lieblicheres hatte man seither auf Erden gesehen als diese vier Kinder. Aive beschloß deren Verderben. Als sie mit den Kindern allein war, befahl sie ihnen, mit ihr auszufahren. Das Mädchen, das in der Nacht dunkle Träume gehabt hatte und von bösen Ahnungen erfüllt war, wollte nicht mit. Doch Aive befahl es ihr mit harten Worten, und so fügte sich das Mädchen in ihr Geschick. Unterwegs ließ Aive den Wagen anhalten und befahl einem der Diener, die Kinder zu töten. Der Diener erschrak und verweigerte es ihr. Er drohte, alles Lir zu erzählen. Da fuhr Aive weiter mit den Kindern, bis sie zum Ufer des Bunteichensees kamen. Dort ging sie mit den Kindern in das Wasser. Als sie weit genug vom Ufer entfernt waren, da schwang Aive eine Zaubergerte über die vier und sprach: »Werdet vier weiße, heimatlose Vögel. Werdet vier Schwäne und seid von nun an getrennt vom Geschicke der Menschen!«

Unverwandt hatten die vier Kinder sie angeschaut. Nun ergriff das Mädchen das Wort und sprach: »Weh, du Arge, was haben wir vier Kinder dir getan, daß du diesen Kummer über uns und diesen Schmerz über unseren Vater Lir bringst? Doch mächtig sind unsere Freunde, die Druiden, und sie werden deinen Zauberspruch entkräften.«

Da lachte Aive und rief: »Es wäre besser für euch gewesen, du hättest nicht gesprochen, denn nun werde ich auch noch euer Schicksal enthüllen, denn so mächtig war mein Zauberspruch, daß auch eure Freunde, die Druiden, nicht mehr helfen können. Erst wenn der Mann aus dem Norden und das Weib aus dem Süden eins sein werden und wenn die Liebe der Menschen einmal größer sein wird denn ihr Haß, werdet ihr wieder in Menschengestalt zurückfinden.«

Aive ging zum Ufer zurück, und die Diener erschraken, als sie sie allein kommen sahen. Aive aber fuhr mit ihrer Dienerschaft zum Hofe des Königs, ihres Vaters. Und der König empfing sie und rief: »Wo sind die vier Kinder Lirs, Aive, die doch die Freude und die Sonne meines Lebens sind?«

»Ach«, sprach Aive, »immer noch hegt Lir heimlichen Groll gegen dich, und er wird dir seine vier Kinder nicht mehr senden.«

Dies konnte der König nicht glauben nach all den guten Taten, die er Lir erwiesen hatte. Er drang weiter in Aive. Da fürchtete der König, daß es zwischen seinem Schwiegersohn und Aive nicht zum besten bestellt sei. Er sandte heimlich einen Boten zu Lir und bat, zu ihm zu kommen. Als der Bote bei Lir erschien mit der Botschaft, brach dieser sogleich auf.

Doch siehe, als er am Bunteichensee vorüberzog, erhob sich plötzlich ein Schwan vor ihm und rief: »Halt, Fürst Lir, denn eine Botschaft habe ich für dich.«

Erstaunt zügelte Lir die Rosse und sprach: »Wie kommt es denn, du Weißgeflügelter, daß du mich mit Menschenstimme ansprichst?«

»Ach«, klagte der Schwan, »ich bin deine Tochter, dort sind meine Brüder. Aive, dein Weib, die Schwester unserer Mutter, hat uns in diese Gestalt verwandelt.«

Und sie erzählten ihrem Vater, was ihnen widerfahren war.

»Ach, meine Kinder«, rief Lir, »kommt zu mir!«

Doch traurig schüttelten die Schwäne das Haupt und sprachen: »Es ist nun unser Los, Vater, daß wir geschieden sind von den Geschicken der Menschen.«

»Dann werde ich euch noch eine Gabe geben, da ich sonst nichts mehr für euch tun kann, die Gabe des Gesangs. Und wenn ihr euren Gesang anstimmt, dann sollen die, die ohne Trost sind, getröstet werden, dann soll in die, in deren Herzen der Kummer wohnt, wieder die Freude einziehen, und sie sollen eine Ahnung haben von den Welten der Götter.«

Und Lir fuhr weiter zum Hofe des Königs. Der König empfing ihn mit Vorwürfen und rief: »Habe ich das verdient, o Lir, daß du mir deine vier Kinder, die doch die Freude und die Sonne meines Lebens sind, nicht mehr senden willst?«

»Nicht ich bin es, der sie dir vorenthält«, antwortete Lir, »dort, Aive, mein Weib, deine Tochter, hat sie in vier weiße Schwäne verwandelt. Aber sie haben ihren menschlichen Geist und ihre Stimme behalten, und so konnten sie mir alles erzählen.«

Und Lir schilderte dem König sein Erlebnis am Bunteichensee. Da wandte sich der König mit zornigen Augen zu Aive und rief: »Erlösung hast du den vier Kindern versprochen, wenn auch spät, dir aber soll keine Erlösung widerfahren. Werde ein Bocalinn, ein Dämon der Lüfte!« Und der König murmelte einen Zauberspruch. Da schrumpfte Aive zusammen, und es wehte sie aus dem Fenster. Sie ist ein Dämon der Lüfte geworden und bis zum heutigen Tage geblieben.

Der König aber und Lir, mit ihrem ganzen Gefolge, zogen zum Bunteichensee und schlugen dort ihre Zelte auf. Am dritten Tag, da hörten sie den Gesang der Schwäne. In ihre Herzen, in denen der Kummer gewohnt, zog wieder die Freude ein, und mit der Ahnung des Göttlichen kehrte ein jeder getröstet an seinen Hof zurück.

Der König aber ließ ein Gesetz ausgehen, daß keiner in Irland je einen Schwan töten dürfe.

Und haben die vier Kinder Lirs ihre Menschengestalt zurückerhalten?

Bis zum heutigen Tage nicht. Erst wenn die Liebe der Menschen größer sein wird als der Haß Aives, der sie verwandelt hat, dann werden die vier Kinder Lirs wieder in Menschengestalt zurückkehren.

Märchen aus Irland

DER KRUG DER ALTEN FRAU

E inst lebte in einem Schloß ein böser Graf. Tagsüber tötete er die Hirsche in den Wäldern. Nachts schlief er erst ein, wenn er sich zuvor die Gefangenen in seinem Kerker angeschaut hatte. Ihre Seufzer und ihre Gebete machten ihm Vergnügen. Traf er auf seinen Ausritten auf ein Tier, so schlug er es. Stieß er auf einen Wanderer, so mißhandelte er ihn. Wenn er sich von weitem einem Dorf näherte, so flohen alle Menschen in ihre Häuser. Mütter brachten ihre kleinen Kinder eilends vor ihm in Sicherheit.

An einem trüben und nebligen Herbsttag ritt er allein auf seinem hohen, schwarzen Roß zwischen den zur Hälfte entlaubten Bäumen hindurch, die den Weg säumten. Er kam an eine Quelle. Dort sah er, wie eine alte Frau vergeblich versuchte, einen gefüllten Krug mit sich zu schleppen. Sie war sehr arm, denn sie war in Lumpen gehüllt, und sie war sehr schwach, denn ihre mageren Hände hielten zitternd den Henkel umklammert. Sie sah mitleiderregend aus. Auf ihrem verwelkten Gesicht kreuzten sich die Falten, Spuren von Alter, Kummer und Elend. Sie richtete ihre fast erblindeten Augen zu ihm auf und flehte ihn mit schwacher Stimme an: »Habt Erbarmen, Herr. Helft mir!«

Er aber lachte nur höhnisch, und weil sie sich auf seinem Grund und Boden aufhielt, gab er ihr mit dem Stiefel einen solchen Stoß vor die Brust, daß die Ärmste mit einem Schrei in die Scherben des Kruges stürzte und das Wasser sich mit ihrem Blut vermischt über den Boden ergoß. Aber, o Wunder. Plötzlich hing der Krug am Hals des Bösewichts, und eine donnernde Stimme dröhnte ihm ins Ohr: »Unseliger, erst dann wirst du zur Ruhe kommen, wenn dieser Krug voll sein wird!«

Da hob ein schreckliches Pfeifen und Tosen an. Die Bäume krümmten sich, und die Raben krächzten schaurig. Das Pferd wieherte rasend und erhob sich mit der Mähne im Wind. Es galoppierte dem Horizont entgegen. Und das war ein Ritt ohne Ziel und Ende, ohne Rast und Ruh'. Er konnte tun und machen, was er wollte: Kein Regen und kein Wolkenbruch, kein Bach und kein Fluß, kein Teich und kein See und auch kein Meer konnten den Krug füllen. Er blieb immer trocken und leer. Da ergab sich der unglückselige Reiter in sein Schicksal. Wochen, Monate und Jahre verstrichen auf diese Weise.

An den Augen des Reiters zogen Ebenen, Berge und Täler vorbei. Die Sonne brannte ihm aufs Haupt, der Regen prasselte ihm ins Gesicht, Schnee und Wind peitschten ihn. Vor ihm breitete sich die weite Welt aus.

Er sah, wie sich das arme Volk abmühte, sah die Leute die Ackerfurchen bearbeiten, das Leinen weben, das Holz hacken, das Ruder führen, die Kelle heben und den Hammer schwingen. Er sah die Adligen mit glänzenden, stählernen Rüstungen und bunten Bannern spazierenreiten. Er sah Hochzeiten, wo gesungen, und Begräbnisse, wo geweint wurde. Dicht an Kirchen kam er vorbei, aus denen Musik ertönte, an summenden Städten gleich Bienenkörben, an friedlichen Dörfern, wo der Rauch aus den Strohhütten stieg, an Bäumen, die im Frühling blühten und im Herbst wie im Gold dastanden. An der Steilküste ritt er entlang, von wo aus er Schiffe auf dem herrlichen Meer sah, und am Fuß hoher Berge, die mit einem Diadem aus Gletschereis gekrönt waren. Und langsam, nach und nach, rührte die Vielfalt und Schönheit dieser Welt auch an die Seele dieses Rohlings.

Aber er erkannte auch, daß es die Bosheit des Menschen war, die das Werk des Schöpfers zerstörte. Er sah, wie Kriegsheere die Ernten vernichteten und das klare Wasser der Flüsse rot färbten mit Blut. Er sah herrliche Kirchen zusammenstürzen, sah die Verwüstung blühender Städte mit fleißigen Bewohnern, sah freundliche Ortschaften brennen. Er sah, wie der Starke den Schwachen niederschlug, sah, wie die Schwachen hilflos ihre tränenerfüllten Augen zum Himmel hoben. Dicht vor ihm schrien alte Männer um Hilfe, Frauen streckten verzweifelt ihre Arme aus, Kinder weinten mitten in dem Entsetzen. Als sein Herz mit der Zeit immer weicher geworden war, da hätte er gerne sein Schwert gezogen, um die Leidenden zu schützen und ihre Peiniger zu vertreiben. Aber das schwarze Roß galoppierte unaufhaltsam weiter.

Eines Tages kam er an einen von Bäumen gesäumten Weg. Die Bäume waren schon halb entlaubt, da bald der Winter nahte. Bei einer Quelle versuchte eine alte Frau, einen Krug Wasser mit sich zu schleppen, aber es gelang ihr nicht. Der Krug war zu schwer. Sie war in Lumpen gehüllt, zerbrechlich und zittrig, mitleiderregend anzusehen. Als sie das schwarze Pferd gewahr wurde, flehte sie den Reiter mit ihren halbblinden Augen und schwacher Stimme an: »Habt Erbarmen, Herr! Helft mir!«

Da wollte er gerne helfen. Sie war so traurig, so alt und so zerbrechlich. Mit all seiner Kraft drückte er seine Knie in die Weichen des Rappen, um ihn zum Stehen zu bringen, er straffte gewaltig die Zügel, um dem wilden Galopp Einhalt zu gebieten. Er redete auf das Tier ein, er bat es inständig. Nichts von alledem half. Da senkte der Unglückliche hilflos und verzweifelt das Haupt. Aus seinen Augen liefen Tränen, die ersten, die er je in seinem Leben vergossen hatte, und sie alle fielen in den Krug, der an seinem Hals hing.

Und siehe, das Pferd blieb stehen. Der Krug war voll.

Märchen aus Südfrankreich

HANSEL UND DIE
DREI SCHWANENFRAUEN

Es lebte einmal in Lothringen ein alter, reicher Graf. Er besaß ein prächtiges Schloß, Äcker und Weinberge und große Wälder. Nun hatte der Graf drei Söhne. Der Älteste hieß Peter. Dieser war ein großer Jäger, und er hatte die Aufsicht über die Wälder. Der zweite hieß Paul, und er hatte die Aufsicht über die Äcker und Weinberge, von denen er besonders viel verstand. Der jüngste der Grafensöhne aber, der Hansel, der hatte für nichts ein Geschick. Er lag am liebsten am Fluß, schaute dem Spiel der Fische zu und kannte sie alle gut. Hatte er sich damit genug Zeit vertrieben, so drehte er sich auf den Rücken und schaute den Wolken nach.

Die Äcker, Wiesen und Weiden des Gutes aber standen immer in voller Pracht, denn der junge Graf Paul war sehr tüchtig und hatte ein Auge auf die Knechte und Mägde. Nun lag aber inmitten des Gutes ein Stück Land, auf dem seit Menschengedenken kein Grashalm wuchs. Es standen Felsen darauf und eine uralte knorrige Eiche, von der keiner ihr Alter wußte. Rund um dieses Stück Land zog sich ein Kreis, als ob jemand ständig hier herumgehen würde. Diesen Ort nannte man den Hexenring. Alte Leute sagten, früher wären an dieser Stelle Menschen geopfert worden. Wer nicht mußte, ging nicht an dem Hexenring vorbei, geschweige denn stellte seinen Fuß darauf.

Dem Hansel aber gefiel dieser Platz. Im Sommer, wenn die anderen auf den Feldern arbeiteten und das Heu einbrachten, saß er auf einem der Felsen und schaute den Eidechsen zu, die sich in der Sonne räkelten. Und er hatte seine Freude an diesen Tieren, von denen er ein jedes kannte.

Die Brüder aber wurden sehr zornig, wenn sie den Hansel unter der Eiche liegen sahen, während sie arbeiteten. Und sie berieten sich, wie sie dieser Faulenzerei ein Ende setzen könnten.

»Ich werde einen Wald anlegen, ich werde Bäume pflanzen«, sprach Peter, der Älteste, »dann ist ihm der Spaß verdorben.«

»Ach, nein«, sprach Paul, der zweite, »Wälder haben wir genügend, um darin zu jagen, ich werde auf diesem Stück einen Acker anlegen und werde den Pflug über das Feld gehen lassen.«

Peter war damit einverstanden, und die beiden jungen Grafen brachten die Sache vor ihren Vater. »Ach«, antwortete der alte Graf, »ihr werdet wenig Glück haben. Dieser Platz ist nicht geheuer. Seit Menschengedenken wächst nichts darauf. Er war früher ein Tanzplatz der Hexen. In der Nacht zum ersten Mai sollen sie sich noch heute dort versammeln. Man sagt, daß alle Hexen des ganzen Landes dorthin kommen würden. Die Hexen werden nicht dulden, daß der Pflug über ihr Land geht. Auch hat mir meine Großmutter erzählt, daß in Vollmondnächten ein Schimmel ohne Kopf über das Feld jagen würde.«

Hansel saß am Kamin, hörte allem zu und dachte bei sich: »Das muß ich doch erst einmal sehen, ob das wahr ist, was sie da sagen.« Und von nun an liebte er den Platz um so mehr. Der junge Graf Paul aber geriet in Zorn und sprach: »Wer ist hier denn der Herr über das Stück Land, die Hexen und der Schimmel ohne Kopf oder wir, die mächtigen Grafen?« Kaum war der Schnee geschmolzen, da mußten die Knechte die Felsbrocken aus jenem Feld räumen. Dies war auch bald geschehen, bis auf einen, der stak tief, tief in der Erde, und keine Macht der Welt konnte ihn bewegen. Die alte Eiche ließ Graf Paul gerne stehen, denn er dachte, daß sie in der Sommerhitze den Leuten auf dem Feld Schatten bei ihrer Mittagsrast spenden würde. Er ließ das Feld pflügen und mit Weizen besäen. Und der Weizen ging auf und stand prächtig im Halm. Er war schöner als aller Weizen in der ganzen Gegend. Jedesmal, wenn Graf Paul an dem Feld vorüberging, lachte ihm das Herz vor Freude. Und so kam die Walpurgisnacht. Am Morgen des ersten Mai wollte Graf Peter zur Jagd reiten. Als er nun an dem Stück Feld vorüberkam, wollte er seinen Augen nicht trauen. Nicht ein einziger Halm stand mehr da, das Feld war leergefegt wie eine Tenne. Er holte seinen Bruder Paul, und dieser geriet in einen unbändigen Zorn, als er die Verwüstung sah.

Nun hatte Graf Paul aber den harten Schädel eines Bauern. Er ließ das Feld wiederum umgraben und ließ diesmal Klee darauf säen. Aber mit dem Klee erging es ihm wie mit dem Weizen. Die Walpurgisnacht kam, und am anderen Morgen war das Stück Feld kahl und leer, so daß kein einziges Schaf auch nur ein Blättlein Klee fressen konnte.

· Im dritten Jahr ließ Graf Paul Flachs auf dem Stück Feld säen. Und der Flachs blühte und wuchs in den Himmel, so daß sich die Gräfin schon auf allerfeinstes Leinen freute.

Als die Walpurgisnacht herankam, erbot sich Graf Peter, der Älteste, auf jenem Feld Wache zu stehen. Er setzte sich auf eine hohe Tanne und schaute umher. Bald aber war er tief eingeschlafen. Als es Mitternacht schlug, erwachte er vom Winseln seines scharfen Jagdhunds. Wie er die Augen öffnete, da brausten durch die Lüfte hundert Frauen auf Besenstielen, gefolgt von hundert feurigen Schlangen. Im selben Augenblick kam ein Drache geflogen, und das Feuer schoß ihm aus seinen sieben Mäulern. Und es waren ein Sturm und ein Gewitter in der Luft, ein Lärmen und Tosen, wie man es noch nie gehört hatte.

Da floh der Hund in einem Satz, und auch Graf Peter nahm die Beine in die Hand und ergriff die Flucht, wiewohl er sonst ein wackerer Jäger war.

Aber Graf Paul gab nicht auf. Jetzt ließ er Gerste säen. Und als die Walpurgisnacht herankam, übernahm er selbst die Wache. Und er sprach: »Und wenn tausend Hexen geritten kommen, sie bringen mich nicht von der Stelle!«

Weil er sehr müde war, schlief er bald ein. Um Mitternacht aber schreckte er auf. Der Boden zu seinen Füßen bebte, es toste, pfiff und brüllte in der Luft, und eine pechschwarze Wolke verdeckte den Mond. Da kamen tausend Hexen auf Besenstielen durch die Lüfte gebraust, gefolgt von tausend Schlangen. Im selben Augenblick kam ein Drache geflogen, und das Feuer schoß ihm aus den neun Mäulern. Da dachte Graf Paul, daß dies nicht mit rechten Dingen zugehe, und floh Hals über Kopf zum Schloß, so schnell ihn seine Beine tragen konnten. Von nun an hatte er jede Lust an dem Stück Feld verloren. Er ließ Hexenacker Hexenacker sein, und bald lag dieser einsam wie zuvor.

Da freute sich der Jüngste, denn nun konnte er dort wieder ungestört seinen Träumen nachhängen.

Als aber die nächste Walpurgisnacht kam, da ging Hansel nicht nach Hause. Er kletterte auf die alte Eiche und wartete. Als es Mitternacht schlug, da kam eine schwarze Wolke näher und näher, und Tausend und Abertausend Hexen sprangen aus der Wolke hervor. Danach kam ein riesiger Drache geflogen, und das Feuer schoß ihm aus seinen zwölf Mäulern, und er verdeckte den Himmel, und der Mond verlor seinen Schein. Und Tausende und Abertausende von Schlangen kamen im Gefolge des Drachen, und sie verbreiteten ein blaues und gelbes Licht. Es dröhnte und erzitterte die ganze Welt, nur die alte Eiche nicht. Und so blieb Hansel ruhig in den Ästen sitzen und rührte sich nicht vom Fleck. Da sah er, daß der Drache der leibhaftige Teufel war. Um die Schrecken der Nacht noch voll zu machen, kam nun der Schimmel ohne Kopf durch die Lüfte geritten. Und Hansel sprach zu sich: »Auf diesem Feld kann wahrhaftig nichts gedeihen.«

Schon wollte er vom Baum herabklettern. Da kamen durch die Lüfte drei herrliche Schwäne geflogen, und ihr Gefieder glänzte im Mondschein wie Silber. Dreimal flogen sie um den Felsblock, und dreimal umkreisten sie die Eiche, dann ließen sie sich zur Erde nieder, warfen ihre Schwanenkleider ab und waren drei wunderschöne Jungfrauen. Eine jede von ihnen trug eine goldene Krone im Haar. Die drei Jungfrauen faßten sich bei den Händen und tanzten einen Reigen und sangen so schön, schöner noch als die Nachtigallen.

Hansel aber schlich sich heimlich hinzu und nahm die drei Schwanenkleider an sich. Als nun der Morgen graute, da wollten die Jungfrauen wieder in ihre Schwanenkleider schlüpfen. Doch, ach, sie fanden ihre Schwanenkleider nicht wieder. Sie suchten und suchten hinter jedem Fels, hinter jeder Hecke. Und wie sie so suchten, fanden sie Hansel in den Ästen der Eiche sitzen. Sie wußten sogleich, daß er derjenige war, der ihnen ihre Schwanenkleider genommen hatte. Und sie erhoben flehend ihre Hände und baten, daß er ihnen ihre Kleider zurückgeben solle.

Doch Hansel sprach: »Erst wenn eine von euch einwilligt, meine Frau zu werden, gebe ich euch die Schwanenkleider zurück.« Da reichte ihm die Jüngste ihre Krone, küßte ihn, reichte ihm noch einen goldenen Ring und sprach:

»Ich kann erst in einem Jahr wiederkehren und mit dir Hochzeit halten. In dieser Zeit mußt du das alte Schloß, von dem noch die Ruinen unten am Fluß stehen, wieder aufbauen. Es war das Schloß meiner Vorfahren, die mächtige Kaiser waren. Wir sind drei Schwestern, die verzaubert sind, und wir warten auf den Tag unserer Erlösung. Du darfst ein Jahr lang niemandem von dem Erlebnis erzählen. Nimm dir nun eine Feder aus meinem Kleid. Wenn du diese Feder ein Jahr lang gut behütest, dann wirst du uns erlöst haben, und ich bleibe immer bei dir. Mit Hilfe dieser Feder kannst du auch die Schatzkammer des verfallenen Schlosses öffnen. Du wirst in dieser alles Gold finden, das du brauchst, um das Schloß meiner Vorfahren wieder aufzubauen. Der Eingang zu der Kammer befindet sich unter dem großen Felsen. Dreimal mußt du mit der Feder gegen den Felsen schlagen und dabei sprechen:

›Fels, Fels, dreh dich um,
die Schwanenjungfer bittet drum!‹

Doch achte darauf, daß niemand die Krone, den Ring und die Feder erblickt.«

Nachdem sie Hansel noch einmal geküßt hatte, flog sie mit ihren Schwestern hinweg. Hansel ging nach Hause zurück. Er verwahrte die Krone, den Ring und die Feder in einem goldbeschlagenen Kästchen, verschloß dieses und versteckte den Schlüssel an seiner Brust. Danach ging er zu seinen Eltern und Brüdern, die gerade beim Morgenbrot saßen. Diese verwunderten sich über die Verwandlung, die mit dem Hansel über Nacht vor sich gegangen war, denn sonst war er still und verträumt und in sich gekehrt. Nun aber war er munter und fröhlich und gesprächig, und er erzählte ihnen, daß er nun um das Geheimnis des Hexenringes wisse und weshalb dort nichts wachsen würde. Er aber würde auf diesem Platz eine Kapelle errichten lassen, und innerhalb eines Jahres würde er das verfallene Schloß unten am Fluß wieder aufbauen. Und wenn dies alles geschehen wäre, würde er Hochzeit halten.

Die Brüder und die Eltern fürchteten, daß der Hansel nun seinen geringen Verstand völlig verloren habe.

Als die Nacht herangekommen war, nahm Hansel den Ring, die Krone und die Feder, versteckte sie unter seinem Umhang und schlich zu dem verwunschenen Feld. Er schlug mit der Feder dreimal an den Felsen und sprach dazu:

»*Fels, Fels, dreh dich um,*
die Schwanenjungfer bittet drum!«

Da drehte sich der Fels langsam zur Seite. Hansel stand in einem langen finsteren Gang. Er ging den Gang entlang und kam zu einer eisernen Tür. Er steckte die Feder in das Schlüsselloch, da sprang die Tür krachend vor ihm auf. Und er erblickte ein Gewölbe, das war gefüllt mit Gold und Edelsteinen, so daß er geblendet die Augen schließen mußte. Von den ganzen Schätzen aber wählte er sich den schönsten Ring für seine Frau aus. Danach füllte er sich seinen Beutel mit Goldstücken, ging den Gang wieder zurück und nach Hause. Dort waren seine Eltern und Brüder gerade beim Mittagessen. Er schüttete den Beutel mit den Goldstücken vor ihnen aus, und da nahmen sie den Hansel ernst und hielten ihn nicht mehr für einen Narren. Sie bestürmten ihn mit Fragen, wo er das Geld gefunden habe. Er aber gab keine Antwort. Ein Drittel des Goldes reichte er seinem ältesten Bruder, dem Peter, und sprach: »Laß mich für dieses Geld die größten und schönsten Baumstämme fällen, die ich für den Bau meines Schlosses brauche.«

Der Bruder nickte und nahm die Goldstücke an sich.

Dann wandte er sich an den zweiten Bruder, den Paul, und sprach: »Und du speist die Maurer und Bauleute. Deine Äcker tragen genug.«

Der Bruder nickte und nahm seinen Anteil an sich. Dann sprach Hansel zu seinem Vater, indem er ihm das letzte Drittel gab: »Gebt mir doch, lieber Vater, das Gestein von den Steinbrüchen, die Ihr in den Bergen habt. Ich brauche es für den Bau meines Schlosses.«

Auch der Vater willigte ein, und alle waren sie nun zufrieden mit dem Hansel.

Und nun begann ein Bauen und Werken. Es kamen die besten Handwerker aus allen Landen. Sie waren alle zufrieden, denn die jungen Grafen gaben ihnen zum guten Lohn noch vortreffliche Speise und den besten Rotwein.

Als die Walpurgisnacht wieder herankam, war das Schloß fertig, und es wurde die Wetterfahne aus purem Gold auf der Turmspitze befestigt, denn am ersten Maientag sollte die Hochzeit mit aller Pracht gefeiert werden. Die Gäste waren schon von allen Gegenden herangekommen, und ein jeder wurde reichlich bewirtet, die Handwerker und die Bauern, die Grafen und die Bettler. Der Hansel aber holte sich aus dem Gewölbe die allerschönste Rüstung. Sie war aus purem Gold und mit Perlen und Diamanten besetzt. Diese wollte er zu seiner Hochzeit tragen.

Die Mutter aber fand keine Ruhe, so sehr quälte sie die Neugier. Sie wollte um jeden Preis erfahren, woher der Hansel all diese Reichtümer habe. Als nun der Hansel in seiner Kammer war und sein Kästchen aufsperrte, um die Krone, den Ring und die Feder für das Fest bereitzuhalten, da rief sie ihm zu: »Schau doch, es fliegen drei Schwäne am Himmel!«

Da eilte Hansel zum Turm hinauf, denn er wußte, daß diese Schwäne seine Frau und ihre beiden Schwestern waren, und er wollte ihnen zuwinken. Unterdessen aber war die Mutter in die Kammer geeilt. Da sah sie den Ring, die Krone und die Feder in dem geöffneten Kästchen liegen, und da wußte sie alles. Schnell schlug sie den Deckel des Kästchens zu, und da schnappte das Schloß ein, und keines Menschen Hand vermochte es mehr zu öffnen. So konnte der Hansel seiner Braut den Ring, die Krone und die Feder nicht geben, die ja die Zeichen seiner Verschwiegenheit gewesen wären.

Plötzlich hielt vor dem Tor des neuen Schlosses eine prächtige Kutsche, die von sieben Schimmeln gezogen war. Darin saß Hansels Braut mit ihren beiden Schwestern. Da eilte er hinzu und öffnete den Wagenschlag. Sie aber sprach zu ihm: »Stecke mir erst den Ring, den ich dir gegeben habe, an den Finger, zum Zeichen, daß niemand etwas von unserem Geheimnis weiß.«

Der Hansel erbleichte. Er konnte ihr den Ring nicht geben. Da sprach sie traurig: »Nun mußt du mich suchen hundert Meilen hinter dem Mond und hundert Meilen vor der Sonne, mitten im gläsernen Berg.«

Und auf einmal war die Kutsche mit den Schimmeln verschwunden. Am Himmel aber flogen drei Schwäne gen Süden.

Da hängte der Hansel die goldene Rüstung wieder an ihren Platz in der Schatzkammer, legte ein grobes Pilgergewand an, nahm einen Stock in die Hand und machte sich auf die weite Wanderschaft. Woche um Woche, Jahr um Jahr wanderte er so dahin, immer auf dem Weg nach Süden. Er kam in fremde Länder und ferne Reiche. Überall fragte er nach dem gläsernen Berg. Doch niemand hatte je etwas davon erfahren. Niemand wußte einen Rat.

Eines Tages geriet der Hansel in einen finsteren Wald. Weil es schon dunkelte, suchte er nach einer Höhle, um sich darin zur Ruhe zu legen. Als er eine große Höhle fand, da saßen davor ein Hund und ein Bär. Auf der Eiche daneben saß ein großer Adler. Vor den Tieren lag ein toter Hirsch, und sie stritten sich darum, wie dieser am besten zu verteilen sei. Da merkte der Hansel, daß er die Sprache der Tiere verstand. Der Hund bat ihn, daß er zwischen ihnen allen vieren entscheide.

»Ich sehe Ihrer nur drei«, antwortete der Hansel verwundert.

Da kam eine winzige Ameise gekrochen und rief: »Ich gehöre doch auch dazu!«

Da sprach der Hansel, nachdem er lange nachgedacht hatte: »Wohlan denn, liebe Tiere, so hört meinen Rat: Dir, kleine Ameise, gebe ich den Kopf. Du kannst dich darin schützen vor allem Sturm und Wind.«

Die Ameise freute sich darüber.

»Dir, Adler, gebe ich das Gedärm, denn du hast starke Krallen und einen kräftigen Schnabel.«

Da freute sich auch der Adler und fing gleich an, seine Jungen zu füttern.

»Dir, Bär, gebe ich das Fleisch, und dir, Hund, die Knochen.«

Auch diese beiden waren damit zufrieden, und alle Tiere freuten sich, daß ihres Haders nun ein Ende war. Das Fell des Hirsches nahm der Hansel für sich, denn es konnte ihn des Nachts wärmen. Als nun die Tiere zusammensaßen und froh waren über den Frieden, der nun zwischen ihnen herrschte, da fiel ihnen ein, daß sie vergessen hatten, sich bei dem hilfreichen Menschen zu bedanken. Sie sandten ihm den Hund, damit sie dies nachholen könnten. Als der Hansel nun wieder bei den Tieren war, da gab ihm der Bär ein Haar aus seinem Fell und sprach:»Wenn du in Not kommst, ziehe dieses Haar durch deine Finger und denke dabei an mich, und du wirst ein Bär werden, so stark wie ich.«

Und der Hund gab ihm ein Haar und sprach:»Wenn du dieses Haar zwischen deine Finger ziehst und dabei an mich denkst, dann kannst du so schnell laufen wie ich und eine Spur aufnehmen wie ich.«

Der Adler gab ihm eine Feder und sprach:»Wenn du in Not kommst, stecke diese Feder ins Haar, denke dabei an mich, und du wirst ein starker Adler werden und so hoch fliegen wie ich.«

Zuletzt kroch die Ameise herzu, und sie gab ihm ein Stückchen ihres Bartes und sprach:»Wenn du dieses Stückchen zwischen deine Fingerspitzen nimmst und dabei an mich denkst, wirst du eine Ameise werden wie ich und durch alle Ritzen und Spalten kriechen können.«

Hansel bedankte sich bei den vier Tieren und steckte ihre Geschenke in ein goldenes Medaillon, das er auf der Brust trug, und wanderte weiter.

Als es nun wieder Abend war, kam der Hansel zu einem Einsiedler. Dieser war der Herr über alle vierfüßigen Tiere. Hansel klagte ihm sein Leid und fragte, wo der gläserne Berg, hundert Meilen hinter dem Mond und hundert Meilen vor der Sonne, sei. Da rief der Einsiedler alle vierfüßigen Tiere zu sich. Doch keines wußte etwas von dem gläsernen Berg. Da sprach der Einsiedler:»Hundert Meilen von hier wohnt mein Bruder, der Herr über alle gefiederten Tiere. Vielleicht weiß der einen Rat. Nimm diesen Ring zum Zeichen, daß du von mir kommst.«

Der Einsiedler wollte ihm seinen Hund mitgeben, auf daß er schnell bei seinem Bruder wäre. Hansel aber verwandelte sich selbst in einen Hund und war im Handumdrehen vor dem Haus des Herrn der gefiederten Tiere. Hansel zeigte ihm den Ring, klagte ihm sein Leid und fragte, ob er nicht wisse, wo der gläserne Berg, hundert Meilen hinter dem Mond und hundert Meilen vor der Sonne, sei. Da rief der Einsiedler alle gefiederten Tiere zu sich. Doch keiner der Vögel wußte einen Rat.

Da sprach der Einsiedler:»Geh zu unserem ältesten Bruder. Der wohnt am Ende der Welt, und er ist der Herr über die vier Winde. Nimm diesen Ring zum Zeichen, daß du von mir kommst.«

Der Einsiedler wollte ihm seinen Adler mitgeben, auf daß er schnell am Ende der Welt wäre. Hansel aber verwandelte sich selbst in einen Adler und flog davon.

Endlich erreichte er das Ende der Welt. Dort saß der älteste Einsiedler auf einem Felsen. Hansel zeigte ihm den Ring, klagte ihm sein Leid und fragte, ob er nicht wisse, wo der gläserne Berg, hundert Meilen hinter dem Mond und hundert Meilen vor der Sonne, sei. Da blies der Einsiedler auf einer mächtigen Trompete alle vier Winde herbei.

Der Südwind sprach: »Oft habe ich die drei Schwanenjungfrauen auf meinen Fittichen getragen. Der gläserne Berg steht in meinem Reich. Aber der Weg dorthin ist weit, weit. Der Ostwind kann dich hinter den Mond tragen, der Westwind bis an die Sonne, der Nordwind durch die Sonne hindurch, und ich bringe dich bis zum gläsernen Berg, und von dort mußt du selbst sehen, wie du weiterkommst.«

Der Hansel war es zufrieden, denn er hatte nur noch den einen Wunsch, bei seiner Schwanenfrau zu sein.

Noch in derselben Nacht brachte ihn der Ostwind zum Mond. Danach brachte ihn der Westwind zur Sonne. Der Nordwind trug ihn durch die Sonne hindurch, und auf der anderen Seite stand der Südwind und trug ihn über ein weites, weites Meer.

Plötzlich sah Hansel in der Ferne etwas glänzen und glitzern und leuchten, so hell wie hundert Sonnen. »Das ist der gläserne Berg«, sprach der Südwind, und er setzte den Hansel auf der Bergspitze ab.

Wie aber sollte der Hansel in das Bergesinnere gelangen? Weit und breit war kein Eingang zu sehen. Auf einmal entdeckte er einen winzigen Spalt, und da nahm er das Barthaar der Ameise zwischen die Fingerspitzen. Nun war er eine Ameise, und er konnte in den Berg hineinkriechen. Und er kam zu einem Schloß, dessen Wände waren aus Gold und Silber. Er verwandelte sich in einen Hund und rannte weiter. Und er nahm die Spur von einem Menschen auf. So kam er vor ein großes eisernes Tor, das von einem Drachen bewacht wurde. Da wußte Hansel, daß er den Drachen überwinden müsse, um in den inneren Schloßhof zu gelangen. Hansel verwandelte sich in einen Bären und stürzte sich auf den Drachen. Und die beiden kämpften, daß die Funken stoben, und es gab einen Kampf auf Leben und Tod. Nach langem, langem Kampf gelang es dem Hansel, den Drachen zu überwinden und zu töten. Hansel verwandelte sich wieder zurück, ging in den inneren Schloßhof, und er betrat das Schloß, und er ging in alle Säle desselben, bis er im letzten Saal aus reinem Silber drei wunderschöne Jungfrauen sah, die in weiße Schleier gehüllt waren. Da wußte Hansel, daß er nun bei seiner Schwanenfrau angelangt war. Er fiel vor ihr auf die Knie, steckte ihr den Ring an den Finger, und sie erkannte ihn und wußte, daß nun die Stunde ihrer Erlösung gekommen war.

Da erzählte sie dem Hansel, daß sie von einer Hexe verwünscht worden seien, und nur wenn diese Hexe überwunden würde, wären sie und ihre Schwestern erlöst und sie könnten zu den Menschen zurück. Diese Hexe aber sitze oben auf dem Turm neben dem Schloß, und der stehe tausend Meter über dem Boden, und es gebe keine Tür zu ihm. Da verwandelte sich Hansel in einen Adler, flog zur Turmesspitze und überwand die alte Hexe. Da ertönte ein lautes Krachen und Bersten, und der gläserne Berg brach zusammen. Vor dem Schloß aber stand eine goldene Kutsche, bespannt mit sieben Schimmeln, und die drei Prinzessinnen und Hansel stiegen in die Kutsche und fuhren nach Lothringen vor das elterliche Schloß des Hansel. Und die Eltern und die Brüder kamen heraus, und sie freuten sich, daß der Hansel wieder da war und die drei Schwanenfrauen erlöst hatte.

Da wurde die Hochzeit des Hansel mit der Schwanenfrau gefeiert, und die zwei Brüder, der Peter und der Paul, die haben die Schwestern geheiratet, und die Hochzeit dauerte drei Wochen lang. Alles Volk war dazu eingeladen. Die drei jungen Grafen aber lebten mit ihren Frauen in Glück und Zufriedenheit, und im Gedenken daran, daß sie einmal Schwäne waren, trugen die drei Grafenfrauen nur weiße Kleider.

Märchen aus Lothringen

Märchen von Freunden

DER HERR PER

Es war einmal ein altes Ehepaar, arme Leute, die hatten nichts als ihre drei Söhne. Wie die zwei Älteren hießen, weiß ich nicht mehr, aber der Jüngste, der hieß Per.

Als die Eltern gestorben waren, wollten die Söhne das Erbe verteilen, aber da war nichts zu holen als nur ein Topf, ein Backblech und eine Katze. Der Älteste sollte das Beste haben, der nahm den Topf: »Wenn ich den Topf verleihe, so kann ich ihn immer noch auskratzen«, sagte er. Der zweite nahm das Backblech: »Wenn ich das Backblech verleihe, so bleiben immer ein paar Kuchenkrümel für mich dran«, sagte er. Da blieb für den Jüngsten nichts mehr zu wählen – wollte er überhaupt etwas erben, so blieb ihm nur die Katze. »Wenn ich die Katze verleihe, so krieg' ich nichts dafür«, sagte er, »bekommt die Katze ein bißchen Milch, so schleckt sie das selbst. Aber ich nehm' sie trotzdem; es wär' doch schade, wenn sie ausgesetzt würde und umkommen sollte.«

Und dann zogen die Brüder los, um ihr Glück zu versuchen, und jeder ging seiner eigenen Wege. Doch als der Jüngste ein Weilchen gewandert war, sagte die Katze: »Du wirst es nicht bereuen, daß du mich nicht in der alten Hütte hast umkommen lassen. Ich geh' jetzt in den Wald und fange ein paar seltene Tiere. Dann gehst du zu dem Königsschloß, das du da hinten siehst, und sagst, du kämest mit einem kleinen Geschenk für den König. Und wenn er dich dann fragt, von wem das sei, so sage: Das ist vom Herrn Per!«

Ja, Per hatte noch nicht lange gewartet, da kam die Katze zurück aus dem Wald mit einem Rentier. Sie war dem Rentier auf den Kopf gesprungen und hatte sich zwischen dessen Hörner gesetzt: »Gehst du nicht gleich zum Königsschloß«, sagte sie, »so kratz' ich dir die Augen aus«, und da konnte das Rentier ja gar nicht anders.

Wie nun Per zum Königshof kam, ging er mit dem Rentier in die Küche und sagte: »Ich komme mit einem kleinen Geschenk für den König, ich hoffe, er wird es nicht verschmähen.«

Wie der König in die Küche hinunterkam und das schöne große Rentier sah, war er sehr erfreut: »Mein lieber guter Freund! Wer schickt mir denn so ein nettes Geschenk?« sagte der König.

»Ach, das kommt von dem Herrn Per«, sagte der Junge.

»Der Herr Per? Der Herr Per?« sagte der König, »wo wohnt der doch gleich, der Herr Per?«, denn es schien ihm eine Schande, daß er so einen braven Mann nicht kennen sollte. Aber der Junge wollte nicht heraus damit; sein Herr habe es ihm verboten, sagte er. Also gab der König dem Per ein gutes Trinkgeld und bat ihn, daheim auch fleißig zu grüßen und vielmals zu danken für das Geschenk.

Am andern Tag ging die Katze abermals in den Wald, und diesmal sprang sie einem Hirsch auf den Kopf, setzte sich zwischen seine Augen und zwang auch ihn, zum Königsschloß zu gehen. Per ging wieder in die Küche und sagte, er komme mit einem kleinen Geschenk für den König, der solle das doch bitte nicht verschmähen. Der König freute sich über den Hirschen noch mehr als über das Rentier, und wieder fragte er, wer ihm ein so schönes Geschenk geschickt habe.

»Das ist vom Herrn Per«, sagte der Junge. Als aber der König wissen wollte, wo der Herr Per wohne, bekam er die gleiche Antwort wie am Tag zuvor, und dafür bekam Per noch mehr Trinkgeld.

Am dritten Tag kam die Katze mit einem Elch. Wie nun Per in die Küche vom Königsschloß kam, sagte er, er hätte noch ein kleines Geschenk für den König, der sollte das doch bitte nicht verschmähen. Da kam der König gleich in die Küche hinunter, und wie er den mächtigen, prächtigen Elch bekam, freute er sich so, daß er nicht wußte, auf welchem Fuß er stehen sollte, und dann gab er dem Per ein noch viel, viel größeres Trinkgeld, wohl hundert Taler. Er wollte aber endlich wissen, wo der Herr Per wohne, er forschte und fragte mal so und mal so. Aber der Junge sagte, nein, er dürfe gar nichts über seinen Herren sagen, das habe der strikt und streng verboten.

»So bitte doch den Herrn Per, er möge mich besuchen«, sagte der König. Ja, sagte der Junge, das wolle er wohl tun.

Wie er aber aus dem Königsschloß kam und die Katze traf, da sagte er: »Na, da hast du mir ja was eingebrockt. Nun will der König, daß ich ihn besuche, und ich hab nichts anderes anzuziehen als diese Lumpen, in denen ich gehe und stehe.«

»Ach, mach dir darüber keine Gedanken«, sagte die Katze, »in drei Tagen sollst du Pferd und Wagen haben und so schöne Kleider, daß das Gold nur so heraustropft. Dann kannst du den König wohl besuchen. Aber was du auch beim König zu sehen bekommst, du mußt immer sagen, daheim hättest du's noch viel schöner und feiner. Das darfst du nicht vergessen!« Nein, meinte Per, das könne er wohl gerade noch behalten.

Wie nun drei Tage um waren, kam die Katze mit Pferd und Wagen und Kleidern und allem, was Per brauchte. Und alles war so prächtig, wie man's kaum je gesehen hat. So fuhr Per los, und die Katze sprang nebenher.

Der König empfing ihn mit allen Ehren, aber was er ihm auch anbieten und zeigen mochte, Per sagte nur immer, das sei ja alles recht nett, aber daheim hätte er es doch noch schöner und feiner. Dem König gefiel das gar nicht, aber Per blieb dabei. Endlich wurde der König so verdrießlich, daß er sich nicht länger beherrschen konnte.

»Jetzt will ich mit dir heimfahren«, sagte der König, »und sehen, ob es stimmt, daß bei dir alles viel besser und schöner ist. Aber hast du gelogen, so gnade dir Gott, mehr sage ich dir nicht.«

»Na, jetzt hast du mir aber wirklich was eingebrockt«, sagte Per zur Katze, »nun will der König mit mir heimfahren, aber mein Zuhause zeig' ich ihm doch wohl besser nicht.«

»Ach, mach dir darum keine Sorgen«, sagte die Katze, »fahr' nur hinterher, ich springe voraus!«

So reisten sie, vorneweg fuhr Per, dem lief die Katze voraus, dahinter kam der König mit seinem Gefolge gefahren. Als sie ein gutes Stück gefahren waren, kamen sie zu einer riesengroßen Herde schönster Schafe, deren Wolle war so lang, fast bis zum Boden.

»Sagst du, wenn der König dich fragt, daß diese Herde dem Herrn Per gehört, so geb' ich dir diesen silbernen Löffel«, sagte die Katze zum Hirten – den Löffel hatte sie aber im Königsschloß mitgehen lassen. Ja, das wollte der auch gern dafür tun.

Wie nun der König kam, sagte er zu dem Hirtenjungen: »Na, ob ich wohl je eine so schöne große Schafherde gesehen habe? Wem gehört die denn, mein Kleiner?«

»Das ist die von dem Herrn Per«, sagte der Junge.

Nach einer Weile kamen sie zu einer Herde schöner gescheckter Kühe, die waren so fett, daß sie glänzten.

»Sagst du, wenn der König dich fragt, daß dieses ganze Vieh dem Herrn Per gehört, so geb' ich dir diese silberne Kelle«, sagte die Katze zum Hirtenmädchen – die Kelle hatte sie auch im Königsschloß mitgehen lassen. »Ja, das mach' ich gern!« sagte das Mädchen.

Wie nun der König kam, wunderte er sich sehr über die große schöne Herde, so prächtige Kühe, meinte er, hätte er noch nie gesehen, und er fragte das Mädchen, das sie hütete, wem dies gescheckte Vieh gehöre.

»Ach, das ist das vom Herrn Per«, sagte das Mädchen.

So fuhren sie weiter und kamen dann zu einer großen, großen Pferdeherde, es waren die schönsten Pferde, die man sich vorstellen kann – groß und fett und sechs von jeder Farbe, rote und fahle und blaue.

»Sagst du, wenn der König dich fragt, daß diese Pferde dem Herrn Per gehören, so geb' ich dir diesen silbernen Becher«, sagte die Katze zum Hirten – den Becher hatte sie natürlich auch im Königsschloß mitgehen lassen. Ja, das wollte er wohl machen, sagte der Bursche.

Wie nun der König kam, war er außer sich vor Staunen über die große schöne Pferdeherde, solche Pferde, sagte er, hätte er noch nie zu sehen gekriegt. Er fragte den Hirten, wem denn die roten und fahlen und blauen Pferde gehörten.

»Das sind die von dem Herrn Per«, sagte der Bursche.

Als sie nun noch ein Stück weitergefahren waren, kamen sie an ein Schloß; zuerst war da ein Tor aus Messing, dann eines aus Silber, und dann eines aus Gold. Das ganze Schloß war aus Silber und so blank, daß es in die Augen stach, denn die Sonne schien von oben drauf, als sie dorthin kamen.

Sie traten ein, und die Katze sagte zu Per, er solle sagen, hier wohne er. Von innen war das Schloß noch prächtiger als von außen; alles war von Gold, sogar die Stühle und Tische und Bänke.

Als der König herumgegangen war und sich alles von oben bis unten angesehen hatte, war er ganz beschämt.

»Nun ja, der Herr Per hat's wirklich noch schöner als ich«, sagte er, »nutzlos, das zu leugnen.« Und dann wollte er wieder heimfahren. Doch Per bat ihn, zu bleiben und mit ihm zu Abend zu essen, und das tat der König denn auch, aber er sah die ganze Zeit sauer und verdrossen aus.

Während sie nun bei Tische saßen, kam der Troll, dem das Schloß gehörte, und pochte an das Tor: »Wer ißt da mein Essen und trinkt meinen Met, ihr Schweine werdet's gleich erleben, wer euch den Hals umdreht!« brüllte der Troll.

Gleich wie die Katze ihn hörte, lief sie zum Tor. »Langsam, langsam, warte mal. Soll ich dir nicht erzählen, was der Bauer mit dem Winterroggen macht?« sagte die Katze. »Also, erst muß der Bauer den Acker pflügen, dann fährt er Mist darauf, und dann muß er wieder pflügen ... und dann ... und dann ... und dann ...«

Inzwischen ging die Sonne auf. »Sieh dich mal um«, sagte die Katze zum Troll, »dann kannst du hinter dir eine entzückend schöne Jungfrau sehen!«

Da drehte der Troll sich um und schaute geradewegs in die Sonne – und da zerplatzte er.

»Das ist nun alles dein«, sagte die Katze zum Herrn Per, »und nun mußt du mir den Kopf abschlagen, das ist der einzige Lohn, den ich verlange für das, was ich für dich getan hab'.«

»Nein«, sagte der Herr Per, »so etwas tu ich nicht.«

»Nun«, sagte die Katze, »tust du's nicht, so kratz' ich dir die Augen aus.«

Ja, da mußte der Herr Per es wohl tun, ob er wollte oder nicht: Er schlug der Katze den Kopf ab. Aber gleich stand da vor ihm die schönste Prinzessin, die man je gesehen hat, und der Herr Per verliebte sich auf der Stelle in sie.

»Ja, all diese Pracht hat früher einmal mir gehört«, sagte die Prinzessin, »aber der Troll hatte mich verzaubert, so mußte ich als Katze bei deinen Eltern sein. Nun kannst du machen, was du willst, nimm mich zur Frau oder auch nicht. Denn nun bist du König über das ganze Reich!« sagte die Prinzessin.

Naja, es war aber so, daß der Herr Per sie nur zu gern zur Frau haben wollte. Und dann wurde Hochzeit gefeiert, und das Fest dauerte acht Tage, aber länger konnt' ich wirklich nicht bei dem Herrn Per und seiner Frau Gemahlin bleiben.

Märchen aus Norwegen

Die spukenden Füchse im Moor

Es saß einmal eine lustige Gesellschaft junger Leute beisammen, die sich Spukgeschichten erzählten. Dabei wurde tüchtig gezecht, viel gegessen und getrunken, und das Vergnügen dieses Abends ließ für die munteren Jünglinge nichts zu wünschen übrig.

Bei den vielerlei Erzählungen wurde namentlich der gespenstischen Füchse gedacht, die durch ihre Zauberkraft unglaubliche Dinge vollführen, der Menschen Sinne vollkommen gefangen halten und die ärgsten Neckereien, ja grausame Quälereien ausüben. Hin und her ward über diese Füchse, welche gewöhnlich weiß von Farbe sind, geredet; doch einer der jungen Leute, namens Tokutaro, war ungläubig und wollte durchaus nichts von solchen Dingen hören. Er behauptete, es sei lächerlich, sich vor Füchsen zu fürchten.

»Ich mache mich anheischig«, rief er prahlerisch, »durch das nächste Moor zu gehen, wo die Füchse doch besonders zahlreich hausen sollen, ohne daß mir einer derselben ein Haar krümmt.«

»Sei kein Narr«, entgegnete ihm einer der anderen, »und sei nicht so vermessen! Wenn du das tun wolltest, und zwar um Mitternacht, so würdest du gewiß das Abenteuer nicht ungefährdet bestehen, und die Füchse würden es schwerlich dabei bewenden lassen, dir bloß ein Haar zu krümmen.«

Diese Worte stachelten den Ungläubigen erst recht zum Widerspruch an; es wurde noch ein Weilchen hin und her geredet und schließlich eine Wette eingegangen, deren Betrag Tokutaro zu zahlen hatte, wenn die Füchse ihm einen Streich spielten; im umgekehrten Falle, wenn er unangefochten zurückkehrte, waren die anderen verpflichtet, ein Fäßchen Wein zu bezahlen, das in jedem Falle getrunken werden sollte.

Als die Mitternacht heranrückte, machte sich der mutige Tokutaro auf den Weg. Wohlgemut schritt er auf das Moor zu, welches mit Sumpfeibengestrüpp bewachsen war, durch dessen Zweige der Wind strich und unheimlich rauschte. Doch der junge Mann behielt kaltes Blut; ihm däuchte die Mitternacht nicht eben anders als die Zeit des hellen Tages, und deshalb ging er ruhig weiter. Freilich dauerte es nicht lange, bis er einen weißen Fuchs nicht weit von sich in das Dickicht schlüpfen sah, und als gleich darauf ein hübsches Mädchen auf ihn zutrat, mußte er lachen. »Ich kenne eure Schliche«, dachte er, »und lasse mich nicht so leicht anführen!« Das junge Mädchen, das ihm bekannt war, bat ihn um Begleitung, und da das Haus ihrer Eltern nicht weit entfernt war, so war Tokutaro gern bereit, diesem Wunsche nachzukommen. Er ging neben dem Mädchen und sprach mit ihm dies und jenes, war aber dabei fest überzeugt, daß seine Bekannte nur eine Täuschung und daß es in Wahrheit ein verzauberter Fuchs sei. Als sie nun die Wohnung der Eltern des Mädchens erreicht hatten, trat er mit demselben ein und begrüßte die Eltern, die ihm verbindlich dankten, daß er ihre Tochter beschützt und nach Hause begleitet habe. Doch dann hatte das Mädchen für einen Augenblick den Rücken gewandt, so winkte Tokutaro den Eltern geheimnisvoll zu, und als sie sich mit ihm in ein anderes Gemach begeben, verkündete er ihnen ohne alle Umstände, daß dies Mädchen, das er zu ihnen gebracht, gar nicht ihre Tochter sei, sondern ein verzauberter Fuchs, den er in dem unheimlichen Moor getroffen habe. Die Eltern des Mädchens hörten diese Worte mit großer Verwunderung; doch als er ihnen diese Sache so glaubwürdig er konnte und mit allen Einzelheiten vorstellte, da überzeugten sie sich, daß es damit seine Richtigkeit habe. Was hatten sie nicht schon für Streiche gehört, welche die gespenstischen Füchse den Menschen gespielt hatten, mit denen sie um Mitternacht zusammengekommen waren? Ihre Tochter, welche zu Freunden gegangen war, hatte ohnedies erst am folgenden Tage zurückzukehren versprochen; nein, es war in der Tat nicht wohl möglich, daß sie selbst es war, obwohl die Gestalt und die Manieren des Spukbildes ganz die ihrigen waren. So erlaubten sie denn dem Tokutaro, den verzauberten Fuchs aus seiner angenommenen Gestalt herauszutreiben, wenn er es vermöchte. Tokutaro ging sogleich ans Werk.

»Ich will dem Schelme schon forthelfen«, sprach er und begann dem Mädchen, das sich soeben auf sein Lager begeben hatte, mit verschiedenen Quälereien zuzusetzen. Er verbrannte ihr die Haut mit glühenden Kohlen, schlug es, bis die Haut wund ward, doch der Fuchs zeigte sich nicht. Da endlich fing Tokutaro an, das Mädchen zu würgen. Das arme Geschöpf schrie mörderlich, allein er hörte nicht darauf und dämpfte ihr die Kehle so gewaltig, daß es seinen Geist aufgabe. Mit den Worten »Ich kann es nicht länger aushalten, ich muß sterben!« ließ es seinen Kopf sinken und war tot.

Nun sah die Sache freilich sehr böse für Tokutaro aus, denn die Leiche des Mädchens gab den schlagendsten Beweis, daß es wirklich die Tochter des Hauses gewesen war. Ein Fuchs wäre vermutlich längst davongelaufen, und man hätte von dem Mädchen nichts mehr gesehen; kam aber der Fuchs ums Leben, so war der Zauber gebrochen und seine Leiche wäre alsdann an die Stelle des Spukbildes getreten. Als nun aber die Eltern den schrecklichen Tod ihrer Tochter erkannten, da fingen sie an, gar jämmerlich zu wehklagen, und machten den jungen Tokutaro verantwortlich für seine Untat, wie sie sagten.

»Du mußt nun auch sterben«, riefen sie, »denn du allein bist Schuld an ihrem frühen Tode!«

Und dann überfielen sie ihn, banden ihm Hände und Füße und wollten ihm gerade den Garaus machen, als plötzlich heftig gegen die Schutzläden des Hauses geklopft wurde. Die alten Leute sahen nach der Ursache und führten einen Priester herein, der um Einlaß gebeten hatte. Der Priester sah die unglückliche Lage des Tokutaro und erkundigte sich nach der Ursache derselben. Die Eltern erzählten die schreckliche Begebenheit vom Anfang bis zum Ende; Tokutaro hörte gesenkten Hauptes zu, ohne ein Wort hineinzureden, denn er war vor Schrecken über den Ausgang seines Abenteuers ganz starr. Der Priester aber, als er alles gehört, redete kraft seines Amtes zum Frieden und bat um Tokutaros Leben.

»Was nützt euch sein Tod?« sprach er. »Was hilft euch das Bewußtsein, eure Tochter gerächt zu haben? Nein, ich mache euch einen anderen Vorschlag, wie ihr den jungen lebenslustigen Mann strafen könnt, der allerdings sehr unklug, aber doch in guter Absicht gehandelt hat. Überlaßt ihn mir! Ich will ihn zum Priester weihen; dann hat er die beste Zeit und Gelegenheit, seine Tat zu bereuen und abzubüßen.«

Nach kurzem Bedenken gingen die alten Leute auf den Vorschlag ein, und damit sie auch sehen sollten, daß es dem Priester ernst sei, sein Vorhaben auszuführen, rief er einen in der Nähe befindlichen Mann herbei, der sofort Tokutaros Haupt kahlscheren mußte. Der Mann schien ein Begleiter des Priesters zu sein, der sich auf die Priestertonsur wohl verstand, denn er machte seine Sache sehr gut. Zuerst fiel das schöne Zöpfchen von Tokutaros Scheitel, darauf der übrige Haarwuchs an den Seiten und rückwärts, und alsdann wurde der kahle Schädel noch einmal spiegelglatt rasiert, so daß Tokutaro aussah, als wäre er schon seit langer Zeit Priester gewesen. Während der Prozedur murmelte der Priester unaufhörlich Gebete, die in ihrer eintönigen Weise fort und fort ertönten, bis das Schermesser den letzten Schnitt auf Tokutaros Schädel getan hatte. Da verschwand aber plötzlich alles rings umher; das Haus, die Eltern, der Priester und sein Begleiter, alle waren fort, und Tokutaro sah sich mitten in dem unheimlichen Moor und hörte das gellende Gebell der Füchse, das wie ein Gelächter durch die Einöde widerhallte. Er blickte sich nach allen Seiten verwundert um, er seufzte tief und war schon froh und glücklich, mit dem bloßen Schrecken davongekommen zu sein. Da aber strich er mit der Hand über seinen Kopf und fühlte statt seines schönen Haares die spiegelglatte Haut des geschorenen Schädels. Beschämt und sehr verlegen kam er in diesem Zustande zu seinen Freunden zurück, die ihn jubelnd empfingen und wacker verspotteten. Er aber ließ sie lachen und spotten, erzählte umständlich die ganze Begebenheit und bezahlte seine Wette. Später aber, als er zu Hause ruhig über die Geschichte nachgedacht, ging er hin und meldete sich zum Priesteramt. Er wollte in Wirklichkeit das sein, wozu man ihn in seinen schweren Ängsten bestimmt hatte, und da er nun doch einmal geschoren war, so machte er sich nichts daraus, auch die übrigen Zeremonien durchzumachen, durch welche er zum Priester geweiht ward.

Das ist so ein Streich der gespenstischen Füchse, der immerfort von den Japanern mit sichtlichem Vergnügen erzählt wird.

Märchen aus Japan

DER KÖNIG VON PAPIERLAND UND VON KUMMERLAND

Es war einmal ein lustiger Student, der wurde von der hohen Schule relegiert, weil er seinem Jugendübermut zu sehr den Zügel schießen ließ. Seine Bücher und alles, was seine ohnehin armen Eltern ihm mitgegeben hatten, als er auf die hohe Schule ging, war längst verkauft, und so zog er an einem rauhen Tag im dünnen Sammetröckchen und mit seiner Studentenkappe auf dem Kopf in die weite Welt.

Nachdem er eine Zeitlang gewandert war, kam er in einen großen Wald, und da fror ihn sehr. Die Nacht brach herein, und er wußte nicht, wohin er sein Haupt legen sollte. Da sah er auf einmal im Wald ein Häuschen stehen. Eine alte Hexe stand in der Tür, die winkte ihn zu sich, und er ging auch richtig zu ihr ins Haus. Darauf wies sie ihm sein Nachtlager an. Er schlief tief und fest bis zum andern Morgen und erhob sich neugestärkt, um weiterzuziehen. Da wollte die Hexe ihn nicht unbeschenkt gehen lassen und gab ihm einen Mantel, der ihn unsichtbar machte, sooft er ihn sich umhängte, einen Ring, der ihn allwissend machte, wenn er ihn an den Finger steckte, und eine Wurzel, vor der alle Türen aufsprangen.

Die Wurzel steckte der Student in seine Rocktasche, den Mantel aber hängte ihm die Alte gleich selbst um, und dabei sprach sie: »Es schadet nichts, wenn er dich sogleich jetzt auf deiner Reise unsichtbar macht, denn er hält auch warm und schützt dich vor dem Frost, der dich in deinem dünnen Röckchen gewaltig plagen würde.«

Von nun an sann der Student auf nichts als tolle Streiche. Er begab sich in die Königsstadt und ging dort geradewegs zur königlichen Schatzkammer. Diese sprang denn auch vor seiner Springwurzel sogleich auf, und weil ihn wegen seines Mantels niemand sehen konnte, bemerkte nicht einmal die Wache vor der Schatzkammer, daß sich die Tür aufgetan hatte. So nahm sich der Student am hellen Mittag so viel Geld aus der Schatzkammer mit, als er nur tragen konnte, und kehrte von nun an Tag für Tag dorthin zurück, um sich die Taschen zu füllen.

Fortan lebte er als ein großer Herr in der Residenz, und wenn er den Mantel nicht umhatte, erschien er gar prächtig gekleidet. Oft aber er ging er in seinem Mäntelchen am hellen Tage unsichtbar durch die Straßen, und dabei schaute er den Frauen so kühn und keck ins Gesicht, daß die Ehemänner ihm gewiß vor Eifersucht an die Gurgel gegangen wären, wenn sie ihn denn hätten wahrnehmen können. Aber damit war's ihm noch nicht genug: Einmal schlich er sich in seinem Mantel sogar zum König und stahl dem die Krone und das Seitengewehr, ohne daß der es merkte, denn er sah ja niemand neben sich.

Das war dem König natürlich nicht einerlei. Er beriet sich insgeheim mit seinen Ministern, und auf deren Vorschlag hin berief er nach der Sitzung die Prinzessin zu sich und sprach also zu ihr: »Mein Kind, wir wollen ein großes Fest veranstalten und dazu alle Welt einladen. Wer dann am Abend, wenn alle in unserem Garten lustwandeln, an dich herantritt und dir einen Kuß gibt, dem mache so leise als möglich mit Kohle einen Strich ins Gesicht, denn der ist der Kühnste von allen, die zu dem Feste kommen, und der hat ganz gewiß auch meine Krone und mein Seitengewehr geraubt. Ein anderer hätte sich's nicht unterstanden. So komme ich wieder zu Krone und Seitengewehr, welche ich auf jeden Fall wiederhaben muß, und du kommst zu einem Kusse, den ich dir sonst nicht eher gestattet hätte als bis zu deiner Verlobung mit einem mächtigen Prinzen.« Während der König so mit seiner Tochter gesprochen, trug unser Student aber den Ring am Finger, den ihm die Hexe gegeben hatte, und da wußte er jedes Wort, das der König zu der Prinzessin sprach.

Am Abend des Festes, als es dunkelte, gingen alle in den Lustgarten des Königs, um zu lustwandeln. Jeder Hofherr ging mit einer Hofdame, und der König führte die Frau Königin am Arm.

Wiewohl der Student ganz begierig war, der Königstochter einen Kuß zu geben, so hatte er doch, als sich die Gesellschaft in den Garten begab, erst noch seinen Mantel umgenommen. Unsichtbar ging er von einem Herrn zum andern und malte einem jeden einen Strich ins Gesicht, dem König aber zweie. Dann warf er seinen Mantel ab und schaute sich nach der Prinzessin um.

Die Prinzessin spazierte als einzige in der Gesellschaft allein herum. Einsam lustwandelte sie etwas abseits in den dunklen Laubengängen und wartete, wie der alte König ihr befohlen hatte, ob nicht jemand käme, der den Mut hätte, sie zu küssen. Da trat der Student zu ihr und gab ihr einen herzhaften Kuß, und sogleich malte die Königstochter ihm einen schwarzen Strich ins Gesicht.

Wie aber alle aus dem Garten in den hellerleuchteten Königssaal zurückkehren, da ist der Student nicht der einzige, der ein Strichlein im Gesicht hat, sondern alle Hofräte und alle Offiziere vom ältesten General bis zum jüngsten Fähnrich, der das Offiziersexamen noch nicht einmal bestanden hatte, trugen ihre schwarzen Striche. Den dicksten Strich aber hatten die Minister des Königs gerade unter der Nase, und sie schauten einander gar kurios an, als sie es bemerkten, denn jeder von ihnen dachte, daß sein Herr Kollege die Königstochter geküßt hätte …

Als die Königstochter im Saal die vielen schwarzen Striche sah und bemerkte, daß selbst jeder Hofrat und jeder Leutnant seinen Strich hatte, da verhüllte sie aus Scham ihr Antlitz vor ihrem Vater. Endlich sah sie ihm aber doch ins Gesicht, und da sah sie, daß der König zwei Striche hatte. Das sah just in dem Augenblicke auch der König in einem der vielen großen Wandspiegel, und darüber mußte er mit seiner Tochter herzlich lachen, denn die Prinzessin war des Königs Augapfel, und er allein küßte sie jeden Tag. Nun hätte die Königstochter aber gar zu gern gewußt, wer sie an diesem Abend in dem dunklen Laubengang geküßt hatte, denn der Kuß des Studenten hatte ihr sehr behagt und viel süßer geschmeckt als alle Küsse ihres Vaters, den sie doch herzlich liebte. So verhehlte sie ihrem Vater nicht, daß einer der Herren, die auf dem Feste zugegen waren, sie wirklich geküßt hatte, und der König war sogleich überzeugt, daß es der nämliche Wildfang gewesen sei, der ihm aus Übermut Krone und Seitengewehr geraubt. Weil nun aber der König die Krone, die schon seine Väter auf dem Haupte getragen, um jeden Preis wiederhaben wollte, und weil auch das Seitengewehr, das er so lange geführt, ihm gar lieb geworden war, so besprach er sich mit seiner Tochter und seinen Ministern. Darnach machte er bekannt, daß derjenige, der ihm seine Krone und sein Seitengewehr zurückbrächte, seine Tochter zur Frau haben sollte. Da verschwand der Student auf kurze Zeit vom Fest, und bald darauf brachte er des Königs Krone und Seitengewehr. Als er beides wiederbrachte, sprach der König zu ihm, wer so kühn sei, der müsse doch wohl auch von königlichem Geblüt sein, und er sah seinen künftigen Schwiegersohn fragend an. Da antwortete der Student: »Mein Vaterland ist Kummerland, und mein Königreich heißt Papierland.«

Der König aber, weil er nun einmal sein Wort gegeben hatte, forschte nicht weiter nach, wo diese Länder wohl lagen. Da wurde noch an demselben Abend die Verlobung des Studenten mit der Prinzessin gefeiert, und wenn die Prinzessin ihrem Bräutigam bei jedem Kuß, den er ihr an diesem Abend gab, einen Strich ins Gesicht gemalt hätte, so wäre er zuletzt im Gesicht gewiß so schwarz gewesen wie ein Schornsteinfeger.

Märchen aus Norddeutschland

WIE DIE MILCHSTRASSE AN DEN HIMMEL KAM

In jener alten Zeit, als die Erde noch ganz jung war, da bekam bei der Schöpfung jeder seine Aufgabe zugewiesen, und damals erhielt Ilmatütar, eine Tochter der Witterung, den Auftrag, die Vögel zu füttern und sie zu schützen. Sie empfing im Frühling die heimkehrenden Vögel und stärkte und fütterte sie, wenn sie auf ihrem Flug in den Norden ausruhten. Wenn dann der Herbst nahte, sammelte sie die Zugvögel wieder um sich und wies ihnen den Weg in die wärmeren Länder des Südens. Ilmatütar war die schönste der Himmelstöchter. Der Ruf ihrer Schönheit verbreitete sich über den ganzen Himmel, und so kamen eines Tages die Gestirne selber zu ihr und begehrten sie zur Braut.

Als erster kam der Abendstern, er schritt würdevoll daher und hielt in aller Form um ihre Hand an. Doch sie wies ihn sogleich ab und sprach: »Du bist doch nicht dein eigener Herr, bist lediglich der Begleiter der Sonne. Jemand wie du taugt wirklich nicht zu meinem Gemahl.«

Der Abendstern war noch nicht lange davongeschritten, da kam der Polarstern in einer glänzenden schwarzen Kutsche, die von sieben ebenso glänzenden Rappen gezogen wurde, vorgefahren, und er überreichte Ilmatütar sieben reiche Brautgeschenke. Doch sie sah sich die Geschenke des Polarsterns gar nicht erst an, sondern sprach: »Auch dich möchte ich nicht zum Manne. Du mußt doch stets am gleichen Platz am Himmel verharren und darfst dich nicht von der Stelle rühren, ein Leben an deiner Seite wäre mir wahrhaftig zu langweilig.«

Kurze Zeit später kam der Mond in einem silbernen Wagen, der von zwölf herrlichen Schimmeln gezogen wurde, dahergefahren, und er brachte zwölf kostbare Geschenke mit.

Doch Ilmatütar wies auch den Mond und seine Geschenke zurück. »Lieber Mond«, so sprach sie, »ich glaube, du taugst nun überhaupt nicht zum Ehemann, allzu veränderlich bist du. Mal bist du kugelrund, dann wieder sicheldünn, ein andermal läßt du dich überhaupt nicht sehen. Auf dich ist doch kein Verlaß.«

Nach einiger Zeit kam eine goldene Kutsche, bespannt mit vierundzwanzig Goldfüchsen, gefahren. Darin saß der Sonnenjüngling mit vierundzwanzig Brautgeschenken. Doch ihm erging es nicht besser als seinen Himmelsgefährten, die vor ihm um die Hand der Schönen angehalten hatten. »Auch deine Frau will ich nicht werden«, sprach sie. »Allzu hitzköpfig und heißblütig scheinst du mir, auch habe ich Angst, mich an deinen sengenden Strahlen zu verbrennen.« So fuhr auch der Sonnenjüngling wieder davon.

Nun verging einige Zeit, da kam eines Nachts ein diamantener Wagen, gezogen von tausend glänzenden Pferden, über den Himmel dahergejagt, und darin saß der Herr des Nordlichts, und er strahlte so hell, daß es die Augen blendete. Seine Diener sprangen sogleich vom Wagen und überreichten Ilmatütar zahllose kostbare Geschenke – Diamanten, Perlen, Edelsteine.

Vor diesem Bewerber verneigte sich Ilmatütar und sprach: »Ja, du bist der richtige für mich, deine Frau will ich werden. Du kommst über den Himmel gejagt, wann immer es dir gefällt, mit stets neuen Gefährten und in immer anderen prächtigen Gewändern, du bist der richtige Gemahl für mich.« Sie feierten gemeinsam das Fest der Verlobung und waren sehr glükklich miteinander. Doch nach Mitternacht nahm der Herr des Nordlichts Abschied und sprach: »Bald komme ich wieder. Bereite alles für das Hochzeitsfest vor und schmücke dich mit meinen Geschenken.« Dann brauste er in seinem diamantenen Wagen mit den tausend Pferden über das Himmelsgewölbe davon.

Ilmatütar bereitete alles für das Hochzeitsfest vor, sie legte den Brautschleier an und schmückte sich mit all den Diamanten, Perlen und Edelsteinen, die ihr der Herr des Nordlichts geschenkt hatte. Sie wartete und wartete, Tage und Nächte vergingen, aber der Herr des Nordlichts kam nicht wieder. Vor lauter Kummer und Enttäuschung begann Ilmatütar zu weinen. Der Winter ging vorüber, und das Frühjahr begann, und nun bestand keinerlei Hoffnung mehr, daß er in seinem prächtigen Wagen mit den blitzenden Rossen über den Himmel dahergejagt kommen würde.

Inmitten blühender Blumen saß Ilmatütar in ihrem Brautschmuck, doch vor lauter Kummer und Tränen sah sie gar nichts von der Pracht des Frühlings. Ja, sie vergaß sogar, für ihre Schützlinge, die Vögel, zu sorgen. Die waren gerade aus dem Süden herbeigeflogen, und weil ihnen niemand Futter brachte und den Weg wies, flatterten sie hungrig und hilflos umher. Und einige von ihnen flogen hoch hinauf in den Himmel und klagten dem Schöpfer ihre Not. Der hatte Mitleid mit den Vögeln und auch mit Ilmatütar. Sogleich sandte er seine Boten, die vier Winde, hinab zur Erde. Die hoben die weinende Ilmatütar behutsam von der Wiese auf, trugen sie empor und betteten sie auf das Himmelsgewölbe. Damit sie aber nicht wieder zur Erde zurückfalle, steckten sie ihren Brautschleier mit all den Diamanten, Perlen und Edelsteinen, mit denen sie geschmückt war, am Himmelsbogen fest. Staunend blickte Ilmatütar um sich, und als sie bemerkte, daß sie am Himmel war, wurde ihr Herz getröstet. Sie begann nun auch wieder, für ihre Schützlinge, die Vögel, zu sorgen.

Bis zum heutigen Tag leitet sie die Züge der Wandervögel, wenn sie in den Frühlings- und Herbstnächten unter ihrem Schleier dahinziehen. Wenn aber der Winter kommt, dann beginnt Ilmatütars Freudenzeit, denn da geschieht es immer wieder, daß der Herr des Nordlichts über das Himmelsgewölbe gejagt kommt und seine Braut besucht. Dann feiern die beiden ein freudiges Fest des Wiedersehens und schwören sich ewige Treue. Nur heiraten können sie nicht, denn der Schleier der Braut ist am Himmel festgesteckt. Bis zum heutigen Tag weht der zarte, durchsichtige Schleier von einem Himmelsende zum anderen, und ihr alle habt ihn sicherlich schon einmal gesehen. Er wird die »Milchstraße« genannt, und all die Diamanten, Perlen und Edelsteine, die der Herr des Nordlichts vor langer Zeit seiner Braut geschenkt hat, leuchten bis heute als funkelnde Sterne darin.

Märchen aus Estland

KARI HOLZROCK

Es war einmal ein König, dem war seine Frau gestorben. Von der hatte er eine Tochter, die war so gut und so schön, daß niemand gütiger und schöner sein konnte. Der König trauerte lange um die Königin, weil er sie sehr liebgehabt hatte, aber schließlich wurde er des einsamen Lebens überdrüssig und verheiratete sich wieder mit einer Königinwitwe, die hatte auch eine Tochter; aber die war ebenso häßlich und böse, wie die andere schön und gütig war. Die Stiefmutter und ihre Tochter waren auf die Königstochter neidisch, weil sie so schön war; doch solange der König zu Hause war, wagten sie ihr nichts anzutun, denn er hatte sie sehr gern. Nach einiger Zeit aber fing der König mit einem anderen König Krieg an und zog aus zur Schlacht. Da dachte die Königin, nun könne sie tun, was sie wollte, und ließ die Königstochter hungern und schlug und stieß sie in allen Ecken herum. Schließlich war alles zu gut für sie, und so mußte sie die Kühe hüten. Da ging sie mit den Kühen hinaus und weidete sie im Wald und auf dem Berg. Essen bekam sie wenig oder gar nicht. Da wurde sie blaß und mager und war fast immer betrübt und weinte. Unter der Herde war auch ein großer blauer Stier, der hielt sich immer sauber und blank und kam oft zu der Königstochter und ließ sich krauen. Einmal, als sie saß und weinte und betrübt war, kam er auch zu ihr und fragte, warum sie so traurig sei. Sie gab keine Antwort und weinte in einem fort. »Ich weiß schon, was dir fehlt«, sagte der Stier, »wenn du es mir auch nicht sagen willst, du weinst, weil die Königin so böse gegen dich ist und dich gern verhungern lassen möchte. Aber um Essen brauchst du dich nicht zu sorgen, denn in meinem linken Ohr liegt ein Tuch, wenn du das herausnimmst und es ausbreitest, kannst du zu essen bekommen, soviel du willst.« Das tat sie, nahm das Tuch heraus, legte es auf das Gras hin, und da deckte es sich mit den schönsten Gerichten, die man sich nur wünschen konnte: Wein und Met und Honigkuchen. Sie kam nun schnell wieder zu Kräften und wurde so voll und rot und weiß, daß die Königin und ihre zaundürre Tochter vor Neid grün und gelb wurden. Die Königin konnte nicht verstehen, wie ihre Stieftochter bei so schlechter Kost zu so gutem Aussehen kommen konnte. Da sagte sie zu einer Magd, sie solle ihr in den Wald nachgehen und aufpassen, wie das zusammenhinge; denn sie glaubte, daß jemand vom Gesinde ihr Essen zustecke. Die Magd ging ihr nun in den Wald nach und gab wohl acht, und da sah sie, wie die Stieftochter das Tuch aus dem linken Ohr des blauen Stieres zog und ausbreitete und wie es sich mit den schönsten Gerichten deckte und wie dann die Königstochter aß und sich gütlich tat. Das erzählte die Magd zu Hause der Königin.

Jetzt kam der König heim und hatte den anderen König, mit dem er Krieg geführt hatte, besiegt; da war die Freude groß im ganzen Schloß, und niemand war froher als die Königstochter. Aber die Königin stellte sich krank und gab dem Arzt viel Geld, damit er sagen sollte, sie könne nicht wieder gesund werden, wenn sie nicht von dem Fleisch des blauen Stieres zu essen bekäme. Die Königstochter und auch die anderen Leute fragten den Arzt, ob nichts anderes helfen könne, und baten für den Stier, denn alle hatten ihn gern und sagten, es gäbe keinen solchen mehr im ganzen Königreiche. Aber nein, er mußte geschlachtet werden, und er sollte geschlachtet werden, dagegen gab es keinen Ausweg. Als die Königstochter das hörte, wurde sie traurig und ging hinunter in den Stall zu dem Stier. Der stand und ließ den Kopf hängen und sah so betrübt aus, daß sie anfangen mußte zu weinen. »Warum weinst du?« fragte der Stier. Da sagte sie, der König sei heimgekommen, und die Königin hätte sich krank gestellt und den Arzt gezwungen, zu sagen, sie könne nicht wieder gesund werden, wenn sie nicht das Fleisch von dem blauen Stier zu essen bekäme, und nun solle er geschlachtet werden. »Wenn sie erst mich umgebracht haben, so werden sie bald auch dich umbringen«, sagte der Stier. »Wenn es dir aber recht ist, so machen wir uns heute nacht davon.« Die Königstochter meinte zwar, es sei schlimm, ihren Vater zu verlassen; aber immerhin sei es noch schlimmer, mit der Königin unter einem Dach zu bleiben, und also versprach sie dem Stier, mitzugehen.

Am Abend, als die anderen schliefen, schlich sich die Königstochter in den Stall hinunter zu dem Stier. Er nahm sie auf den Rücken und rannte davon, so schnell er nur konnte. Als die Leute nun am nächsten Morgen aufstanden und den Stier schlachten wollten, war er fort, und als der König aufgestanden war und nach seiner Tochter fragte, war sie ebenfalls weg. Der König schickte Boten nach allen Enden aus und ließ mit den Kirchenglocken nach ihr läuten, aber niemand hatte irgend etwas gesehen.

Inzwischen trabte der Stier mit der Königstochter durch viele Länder, und sie kamen an einen großen kupfernen Wald; die Bäume und Blätter und

Blumen und alles war aus Kupfer. Aber ehe sie ihn betraten, sagte der Stier zur Königstochter: »Wenn wir nun in den Wald hineinkommen, mußt du dich sehr in acht nehmen, damit du auch nicht ein Blättchen anrührst, sonst ist es aus mit mir und mit dir, denn hier wohnt ein Troll mit drei Köpfen, dem gehört der Wald.« Nein, gewißlich würde sie sich in acht nehmen und nichts anrühren. Sie war sehr vorsichtig und bog sich zur Seite und schob die Zweige mit den Händen weg; aber der Wald war so dicht, daß fast nicht durchzukommen war, und wie sehr sie sich auch in acht nahm, so riß sie doch ein Blatt ab und behielt es in der Hand.

»O weh, o weh«, rief der Stier, »was machst du da! Nun muß ich auf Leben und Tod kämpfen. Aber heb nur das Blatt gut auf!« Gleich darauf kamen sie ans Ende des Waldes, und da kam auch schon ein Troll mit drei Köpfen angestürzt. »Wer hat meinen Wald angerührt?« rief er. »Der Wald gehört ebensogut mir wie dir!« gab der Stier zur Antwort. »Das wollen wir erst sehen!« schrie der Troll. »Mir ist's recht«, rief der Stier. Da rannten sie aufeinander los, und der Stier stieß und schlug aus Leibeskräften. Aber der Troll war ebenso stark, und es dauerte den ganzen Tag, bis der Stier die Oberhand gewann. Da war er aber auch so voller Wunden und so schwach, daß er kaum mehr gehen konnte. Nun mußten sie einen ganzen Tag Rast machen; aber der Stier sagte zur Königstochter, sie solle das Salbenhorn nehmen, das an dem Gürtel des Trolls hing, und ihn mit der Salbe bestreichen. Darauf wurde er wieder stark und gesund, und am nächsten Tag zogen sie wieder weiter. Sie wanderten nun lange, lange Tage, und schließlich kamen sie an einen silbernen Wald; die Bäume und Zweige und Blätter und Blüten und alles war aus Silber.

Bevor der Stier den Wald betrat, sagte er zur Königstochter: »Wenn wir nun in diesen Wald kommen, mußt du dich um Gottes willen in acht nehmen; du darfst gar nichts anrühren und auch nicht einmal ein Blättchen abreißen, denn sonst ist es mit dir und mit mir aus. Hier wohnt ein Troll mit sechs Köpfen, und dem gehört der Wald, und gegen den werde ich wohl kaum aufkommen können.«

»Nein«, sagte die Königstochter, »ich will gewiß achtgeben und nicht das Geringste anrühren, wie du mir gesagt hast.« Aber als sie in den Wald kamen, war er so dicht, daß sie kaum durchkommen konnten. Sie war so vorsichtig, wie sie nur konnte, und wich den Zweigen aus und bog sie zur Seite mit den Händen; aber die Zweige schlugen ihr alle Augenblicke ins Gesicht, und trotz aller Vorsicht blieb ihr doch ein Blatt in der Hand.

»O weh, o weh!« rief der Stier. »Was hast du getan! Nun muß ich auf Leben und Tod kämpfen, denn der Troll mit den sechs Köpfen ist doppelt so stark, als der erste war; aber gib nur auf das Blatt acht und hebe es gut auf!«

Gleich kam der Troll angestürzt. »Wer hat meinen Wald angerührt?« schrie er. »Der Wald gehört ebensogut mir wie dir!« rief der Stier. »Oho, das wollen wir erst sehen!« rief der Troll. »Das soll mir recht sein!« sagte der Stier und fuhr auf den Troll los, bohrte ihm die Augen aus und rannte ihm die Hörner mitten durch den Leib, daß die Eingeweide heraushingen, aber der Troll war ebenso stark, und es dauerte drei volle Tage, bis der Stier ihm den Garaus gemacht hatte. Danach war er aber so schwach und matt, daß er sich kaum mehr rühren konnte, und so voller Wunden, daß das Blut nur so strömte. Da sagte er zur Königstochter, sie solle das Salbenhorn nehmen, das an dem Gürtel des Trolls hing, und ihn mit der Salbe bestreichen. Das tat sie, und da erholte er sich wieder; aber sie mußten doch noch eine Weile an Ort und Stelle bleiben, bis er imstande war weiterzuziehen.

Schließlich machten sie sich wieder auf den Weg; aber der Stier war noch schwach, und es ging langsam im Anfang. Die Königstochter wollte ihn schonen und sagte, sie sei jung und gut zu Fuß, sie könnte wohl gehen; aber er wollte das durchaus nicht zulassen; sie mußte sich doch auf seinen Rükken setzen. So wanderten sie lange Zeit und durch viele Länder, und die Königstochter wußte gar nicht, wo es hinging, aber zuletzt kamen sie an einen goldenen Wald; der war wunderschön, das Gold tröpfelte davon herab, denn die Bäume und Zweige und Blätter und Blüten waren alle aus purem Gold. Hier ging es geradeso wie im kupfernen Wald und im silbernen Wald. Der Stier sagte zur Königstochter, sie dürfe auf keinen Fall etwas anrühren, denn da wohne ein Troll mit neun Köpfen, dem gehöre der Wald; der sei viel größer und stärker als die beiden anderen zusammen, und er glaube nicht, daß er gegen diesen aufkommen könnte. Nein, sagte sie, sie wolle gewiß achtgeben und ganz sicherlich nichts anrühren. Aber als sie in den Wald kamen, war er noch dichter als der silberne Wald, und je weiter sie kamen, desto schlimmer wurde es; der Wald wurde immer dichter und verwachsener, und schließlich schien es, als ob man auf keine Weise mehr vorwärtskommen könne. Sie hatte große Angst, etwas abzureißen, und wand und bückte sich nach allen Seiten, um den Zweigen auszuweichen, und schob sie mit den Händen zur Seite. Aber alle Augenblicke schlugen sie ihr ins Gesicht, so daß sie nicht sehen konnte, wo sie hingriff, und ehe sie sich recht besann, hatte sie einen goldenen Apfel in der Hand. Nun hatte sie entsetzlich Angst und fing an zu weinen und wollte ihn wieder wegwerfen. Aber der Stier sagte, sie solle ihn behalten und wohl verstecken, und tröstete sie so gut er konnte. Aber er meinte doch, es würde einen harten Kampf geben, und war im Zweifel, ob es gut ablaufen würde.

Da kam schon der Troll mit den neun Köpfen angestürzt; der war so entsetzlich, daß die Königstochter ihn kaum ansehen konnte. »Wer hat meinen Wald angerührt?« schrie er. »Der Wald gehört mir ebensogut wie dir!« rief der Stier. »Das wollen wir erst sehen!« rief der Troll. »Mir ist's recht«, sagte der Stier, und damit rannten sie aneinander, daß es ganz entsetzlich war, und die Königstochter fiel beinahe in Ohnmacht. Der Stier bohrte dem Troll die Augen aus und rannte ihm die Hörner durch den Leib, daß die Eingeweide heraushingen; jedoch der Troll war ebenso stark, denn sobald der Stier den einen Kopf getötet hatte, bliesen die übrigen Köpfe wieder Leben hinein, und es dauerte wohl eine Woche lang, bis der Stier ihm den Garaus gemacht hatte. Aber danach war er auch so elend und schwach, daß er sich nicht mehr rühren konnte. Am ganzen Leib hatte er Wunden; er konnte nicht einmal mehr sagen, die Königstochter solle das Salbenhorn vom Gürtel des Troll nehmen und ihn mit der Salbe bestreichen; aber sie tat das von selbst, und da erholte er sich wieder. Doch sie mußten ganze drei Wochen Rast machen, bevor sie imstande waren, wieder aufzubrechen.

Endlich machten sie sich langsam wieder auf den Weg; denn der Stier sagte, sie müßten noch etwas weiter, und sie zogen über viele große Berge mit dichten Wäldern. Nach einer Weile kamen sie zu einem Felsen. »Siehst du etwas?« fragte der Stier. »Nein, ich sehe nichts als Himmel und Felsen«, sagte die Königstochter. Als sie aber höher stiegen, wurden die Berge flacher, so daß sie eine weitere Aussicht hatten. »Siehst du jetzt etwas?« fragte der Stier. »Ja, jetzt sehe ich ein kleines Schloß weit, weit in der Ferne«, sagte die Prinzessin. »Es ist aber doch nicht so klein«, sagte der Stier. Schließlich kamen sie zu einem großen Berg mit einer steilen Felswand. »Siehst du jetzt etwas?« fragte der Stier. »Ja, nun sehe ich das Schloß ganz nahe, das ist viel, viel größer«, sagte die Königstochter. »Dort sollst du hin!« sagte der Stier. »Gleich unter dem Schloß ist ein Schweinestall, wenn du da hineingehst, findest du einen hölzernen Rock, den mußt du anziehen und damit ins Schloß gehen und sagen, du hießest Kari Holzrock und bätest um einen Dienst. Jetzt aber nimm dein kleines Messer und schneide mir den Kopf ab; dann zieh mir das Fell ab und rolle es zusammen und lege es unter die Felswand. Darein aber lege das kupferne Blatt und das silberne Blatt und den

175

goldenen Apfel. Außen am Berge steht ein Stock, und wenn du etwas von mir willst, so brauchst du nur damit an die Bergwand zu klopfen.« Zuerst konnte sich die Prinzessin gar nicht dazu entschließen; als aber der Stier sagte, das sei der einzige Dank, den er wolle für alles, was er ihr Gutes getan hatte, konnte sie nicht anders. Es tat ihr von Herzen weh, aber trotzdem nahm sie ihr Messer und schnitt, bis sie dem großen Tier den Kopf abgeschnitten hatte und die Haut auch abgezogen war, und dann legte sie die an den Fuß der Bergwand und darein das kupferne Blatt und das silberne Blatt und den goldenen Apfel.

Als sie das getan hatte, ging sie nach dem Schweinestall; aber sie weinte sehr und war betrübt. Da zog sie den Holzrock an und ging darin zum Königsschloß. In der Küche bat sie um einen Dienst und sagte, sie heiße Kari Holzrock. Jawohl, sagte der Koch, einen Dienst könne sie wohl bekommen, wenn sie aufwaschen wolle, denn diejenige, welche das früher besorgt hatte, sei kürzlich davongelaufen. »Aber wenn du eine Weile hiergewesen bist, wirst du's wohl auch satt haben und uns davonlaufen«, sagte er. Nein, das werde sie gewiß nicht.

Sie war sehr fleißig im Aufwaschen. Am Sonntag wurde Besuch am Königshof erwartet; da bat Kari um Erlaubnis, dem Prinzen das Waschwasser hinaufbringen zu dürfen. Aber die anderen lachten sie aus und riefen: »Was willst denn du da? Glaubst du denn, der Prinz will von dir etwas wissen, so häßlich wie du bist?« Aber sie bat immerzu und erhielt schließlich die Erlaubnis. Als sie nun die Treppe hinaufrannte, rumpelte ihr Holzrock so sehr, daß der Prinz herauskam und fragte: »Wer bist denn du?« »Ich wollte Euch das Waschwasser bringen«, sagte Kari. »Glaubst du, ich will das Wasser haben, das du mir bringst?« rief der Prinz und schüttete ihr das Wasser über den Kopf. So mußte sie abziehen, aber sie bat um die Erlaubnis, in die Kirche zu gehen. Das wurde ihr auch erlaubt, denn die Kirche lag ganz nahe. Aber zuerst ging sie an die Felswand und klopfte mit dem Stock daran, wie der Stier gesagt hatte. Sogleich kam ein Mann heraus und fragte, was sie wolle. Die Königstochter sagte, sie dürfe in die Kirche gehen und die Predigt hören, aber sie habe keine Kleider zum Anziehen. Da gab der Mann ihr ein Kleid, das war so blank wie der kupferne Wald, und auch ein Pferd und einen Sattel. Als sie in die Kirche kam, sah sie so schön aus, daß alle Leute sich wunderten, wer sie wohl sein möge, und niemand hörte auf die Predigt, weil alle sie ansahen. Sogar dem Prinzen gefiel sie so gut, daß er kein Auge von ihr wenden konnte.

Als sie aus der Kirche ging, kam der Prinz hinter ihr drein und zog die Kirchentür hinter ihr zu, und da behielt er den einen Handschuh von ihr in der Hand. Als sie dann ihr Pferd bestieg, kam der Prinz wieder und fragte, woher sie sei. »Aus dem Waschwasserland«, sagte Kari; und während der Prinz den Handschuh herauszog und ihr geben wollte, sagte sie:

>*Licht vor mir, hinter mir Dunkelheit,*
>*Daß der Prinz nicht sieht, wohin ich reit'!*«

Der Prinz hatte noch nie einen so schönen Handschuh gesehen und reiste weit herum und suchte das Heimatland der vornehmen Dame, die ihren Handschuh im Stich gelassen hatte, aber kein Mensch konnte ihm sagen, wo es lag.

Am nächsten Sonntag sollte jemand hinaufgehen zum Prinzen und ihm ein Handtuch bringen. »Darf ich nicht hinaufgehen?« bat Kari. »Sonst nichts mehr!« sagten die anderen in der Küche. »Du hast ja gesehen, wie es dir das letztemal ergangen ist.« Kari aber bat immerzu und erhielt schließlich doch die Erlaubnis und rannte die Treppe hinauf, daß ihr Holzrock nur so rumpelte. Der Prinz streckte sofort den Kopf zur Tür heraus, und als er sah, daß es Kari war, riß er ihr das Handtuch aus der Hand und warf es ihr an den Kopf. »Mach, daß du fortkommst, du Scheusal!« rief er. »Glaubst du, ich will ein Handtuch, das du mit deinen schmutzigen Fingern angefaßt hast?«

Danach ging der Prinz in die Kirche, und Kari bat auch, man möge sie gehen lassen. Die Leute fragten, was sie denn in der Kirche wolle, sie hätte ja nichts anderes anzuziehen als den schwarzen häßlichen Holzrock. Aber Kari sagte, der Pfarrer predige so wunderschön, und sie höre so gern zu; schließlich wurde es ihr auch erlaubt. Sie ging an die Felswand und klopfte, und da kam der Mann heraus und gab ihr ein Kleid, das war viel schöner als das erste; es war über und über mit Silber gestickt und glänzte wie der silberne Wald, und ein prächtiges Pferd mit einer silbergestickten Decke und einem silbernen Zaum bekam sie auch. Als die Königstochter in die Kirche kam, standen die Leute noch vor der Kirchentür; alle fragten sich verwundert, wer sie wohl sei, und der Prinz kam gleich gelaufen und wollte ihr das Pferd halten, während sie abstieg. Aber sie sprang selbst ab und sagte, das sei nicht nötig, denn das Pferd sei so zahm, daß es stillstehe, wenn sie es befehle, und herkomme, wenn sie es wünsche. Dann gingen alle Leute in die Kirche. Aber fast niemand gab auf die Predigt acht, denn sie sahen alle nach

Kari, und der Prinz verliebte sich noch mehr in sie als das letztemal. Als die Predigt aus war und sie aus der Kirche ging und ihr Pferd besteigen wollte, kam der Prinz wieder und fragte, woher sie sei. »Aus dem Handtuchland«, sagte sie und ließ ihre Reitpeitsche fallen; als der Prinz sich nun bückte, um sie aufzuheben, sagte sie:

> *»Licht vor mir, hinter mir Dunkelheit,*
> *Daß der Prinz nicht sieht, wohin ich reit'!«*

Fort war sie, und der Prinz wußte nicht, wo sie hingekommen war. Er zog weit und breit in der Welt herum und suchte ihr Heimatland. Aber niemand konnte ihm sagen, wo es lag, und der Prinz mußte sich schließlich zufriedengeben. Am nächsten Sonntag sollte jemand zum Prinzen hinauf und ihm einen Kamm bringen; Kari bat, man möge sie gehen lassen, aber die anderen erinnerten sie, wie es ihr das letztemal gegangen sei, und schalten sie, weil sie sich vor dem Prinzen zeigen wollte, so häßlich und schwarz, wie sie war, und mit ihrem Holzrock. Aber sie bat immerzu, und schließlich ließen sie sie gehen mit dem Kamm. Als sie wieder die Treppe heraufgerumpelt kam, steckte der Prinz den Kopf zur Tür heraus, riß ihr den Kamm aus der Hand und schrie, sie solle machen, daß sie fortkomme. Darauf ging der Prinz in die Kirche, und Kari wollte auch gehen. Die anderen Leute fragten wieder, was sie denn in der Kirche zu suchen habe, häßlich und schwarz wie sie sei, sie habe ja nicht einmal Kleider, sich unter den Leuten zu zeigen. Der Prinz oder sonst jemand könnte sie leicht zu Gesicht bekommen, und da würden sie und die anderen unglücklich werden. Aber Kari sagte, die Leute hätten doch wohl anderes anzusehen als sie, und schließlich ließ man sie gehen.

Nun ging es genauso wie die beiden anderen Male. Sie ging an die Bergwand hin und klopfte mit dem Stock, und da kam der Mann heraus und gab ihr ein Kleid, das war noch viel schöner als die beiden anderen; es war aus purem Gold und Diamanten, und ein schönes Pferd mit goldgestickter Decke und goldenem Zaum bekam sie auch.

Als die Königstochter in die Kirche kam, standen der Pfarrer und die Gemeinde noch vor der Kirchtür und warteten auf sie. Der Prinz kam gleich gelaufen und wollte ihr das Pferd halten, aber sie sprang ab und sagte: »Nein, danke, das ist nicht nötig, mein Pferd ist so zahm, daß es stehenbleibt, wenn ich es sage.« Also gingen alle in die Kirche und der Pfarrer auf die Kanzel. Aber kein Mensch hörte auf die Predigt, weil alle Leute auf die Prinzessin sahen und sich wunderten, woher sie sei, und der Prinz war noch viel verliebter als die beiden letzten Male. Er gab auf gar nichts acht und schaute nur sie an.

Als die Predigt aus war und die Königstochter aus der Kirche ging, hatte der Prinz Teer auf den Boden der Vorhalle ausgegossen, damit er der Königstochter darüberhelfen könnte. Aber sie kümmerte sich nicht darum, trat mitten in den Teer und sprang hinüber; da blieb ihr der eine Goldschuh hängen, und als sie aufs Pferd gestiegen war, kam der Prinz aus der Kirche gerannt und fragte, woher sie sei. »Aus dem Kammland!« gab sie zur Antwort. Aber als der Prinz ihr den Goldschuh reichen wollte, sagte sie:

> *»Licht vor mir, hinter mir Dunkelheit,*
> *Daß der Prinz nicht sieht, wohin ich reit'!«*

Der Prinz wußte nun wieder nicht, wo sie geblieben war, und zog lange Zeit in der Welt herum und suchte das Kammland; aber da ihm kein Mensch sagen konnte, wo das lag, ließ er bekanntmachen, daß er diejenige heiraten wolle, der der goldene Schuh passe. Da kamen Schöne und Häßliche von allen Enden der Welt angelaufen; aber keine hatte einen so kleinen Fuß, daß sie den Goldschuh anziehen konnte. Schließlich kam auch Karis böse Stiefmutter mit ihrer Tochter, und der paßte der Schuh. Aber sie war häßlich und sah so ungut aus, daß der Prinz nur sehr ungern sein Versprechen einhielt. Immerhin wurde aber die Hochzeit gerüstet, und sie wurde mit dem Brautstaat geschmückt, aber als sie zur Kirche ritten, saß ein Vöglein auf einem Baum und sang:

> *»Ein Stück von der Ferse,*
> *Ein Stück von der Zeh,*
> *Kari Holzrocks Schuh*
> *Ist voll Blut, o weh!«*

Und als sie nachsahen, hatte der Vogel die Wahrheit gesagt, denn aus dem Schuh sickerte Blut. Da mußten alle Mägde und alle Frauen, die auf dem Schloß waren, den Schuh anprobieren, aber er wollte keiner passen. »Aber wo ist Kari Holzrock?« fragte der Prinz, denn er hatte das Vogellied verstanden und erinnerte sich gut daran. »Ach, die da!« sagten die anderen. »Das hat keinen Wert, sie kommen zu lassen, sie hat Füße wie ein Gaul.« – »Mag sein!« sagte der Prinz. »Aber da alle anderen ihn probiert haben, so soll sie ihn auch probieren. Kari!« rief er zur Tür hinaus, und Kari kam die Treppe heraufgetrampelt, daß es nur so dröhnte, als ob ein ganzes Regiment Dragoner ankäme. »Nun sollst du den Goldschuh anprobieren und Prinzessin werden!« sagten die anderen und trieben ihren Spaß mit ihr. Kari nahm den Schuh, stellte den Fuß ganz ohne Schwierigkeit hinein, warf den Holzrock ab und stand in ihrem goldenen Kleide da, daß es nur so glänzte, und am anderen Fuß hatte sie den gleichen Goldschuh. Der Prinz erkannte sie gleich und freute sich sehr, lief hin und nahm sie in den Arm und küßte sie. Und da erzählte sie ihm, daß sie eine Königstochter sei, und da freute er sich noch viel mehr, und dann hielten sie Hochzeit.

Schnipp Schnapp Schnaus,
Nun ist das Märchen aus.

Märchen aus Norwegen

ANHANG

Hans-Christian Kirsch

Laudatio auf Sigrid Früh

anläßlich der Verleihung des Wildweibchen-Preises 2003

Liebe Sigrid,

es ist mir eine besondere Ehre und Freude, Dich anläßlich der Überreichung des Wildweibchen-Preises 2003 preisen und loben zu dürfen. Wir sind alte Bekannte, haben zusammen für das Märchen viele Schlachten geschlagen, oder, um ein märchenhaftes Bild zu gebrauchen, uns an manchen Drachen gewagt. Laß mich, allem anderen voran, sagen, daß Du mir eine liebe Kollegin bist, erprobt in ihrer Gesinnung, ihrem Können, ihrer Loyalität. All dies sind keine selbstverständlichen Eigenschaften mehr in dieser Zeit, auch nicht einmal unter Künstlern. Und ich denke, auch dies werden die Wildweibchen und ihre diesseits-weltlichen Vertreter, die Juroren, in Betracht gezogen haben. Gewiß sind es auch diese individuellen Qualitäten, die sich in Deinem Erzählen spiegeln, von dem gleich noch mehr zu sagen sein wird.

Aber noch eines ist in diesem Zusammenhang zu erwähnen: Du bist eine Schwäbin. Es ist eines der literarischen Rätsel, an deren Lösung ich schon lange kaue: Warum ist Schwaben – nun mal abgesehen vom Odenwald – ein Land, in dem die Märchen und das Märchenerzählen so besonders gut gedeihen? Du hast mir gesagt, die Schwaben seien nüchterne Leute, aber doch mit einem Hang zum Spekulativ-Metaphysischen. In einer Deiner Anthologien heißt es dazu:

»Wohl kaum eine Landschaft hat gleich dem Schwabenland so viele Dichter und Denker hervorgebracht. Im ausgehenden achtzehnten und beginnenden neunzehnten Jahrhundert erlebte die schwäbische Geistesgeschichte, und mit ihr die Märchendichtung, eine Blütezeit. Die meisten dieser führenden Köpfe des alten Württemberg entstammten dem Bürgertum.

Trotz widersprüchlicher Denkungsart verbindet sie eine geistige Heimat: das Tübinger Stift, das ihre theologisch-pietistische Ausbildung typisch schwäbischer Art geprägt hat. So ist auch Tübingen, die alte schöne Universitätsstadt am Neckar, der Geburtsort der Schwäbischen Romantik. Gleich-

zeitig und nebeneinander entstanden von 1810–1830 Freundschaftsbünd-
nisse und literarische Zirkel, die zum geistigen Mittelpunkt der romantischen Bewegung in Württemberg wurden. Diese entwickelte sich zunächst
völlig unabhängig von der Heidelberger und Jenaer Romantik. Justinus Kerner, Ludwig Uhland, Karl Mayer, Gustav Schwab, Wilhelm Hauff, Her-
mann Kurz, Eduard Mörike, sie alle fanden sich in Tübingen als junge
enthusiastische Studenten zusammen.

Inbegriff des romantischen Lebensgefühls wurde das Märchen. Das
Sammeln von Volksdichtung, Volksmärchen und Sagen inspirierte die jun-
gen Romantiker zum Schreiben von eigenen Märchen, Kunstmärchen in
Prosa und lyrischer Form.«

Märchen zu sammeln und Kunstmärchen zu dichten, hat also in Schwaben
eine große Tradition, die von bedeutenden Dichtern betrieben wurde. Überhaupt war und ist Schwaben ein literarisches Kraftfeld. Man denke nur an
den Vers:

>»Der Schiller und der Hegel,
der Schelling und der Hauff,
das ist bei uns die Regel,
das fällt hier gar nicht auf.«

Schließlich ist zu vermerken, daß einer Deiner Vorfahren der schwäbische
Dichter Justinus Kerner war.

Trotz dieses Verweises in die Literaturgeschichte komme ich aber wohl
um eine persönliche Rätsellösung nicht ganz herum, und die sieht so aus:
Erst einmal und vor allem seid Ihr Schwaben gemütliche Leute. Zum zweiten: Ihr lebt in einer geschichtsgetränkten, romantischen Landschaft. Drit-
tens: der Wein. Viertens: die Liebe zu Eurem alemannischen Dialekt.

Märchen sind ja ursprünglich etwas mündlich Erzähltes. Und es gibt so
Worte im Alemannischen, die sind mündlich gesprochen von einer wunderbaren Anschaulichkeit, die das Schriftdeutsche nie erreicht.

Wenn also mit Dir auch die Erzählerin neben der Sammlerin geehrt
wird, die besonders viel zur Bewahrung des Märchen- und Sagengutes einer bestimmten Region in Deutschland getan hat, so stimmen das Thema
dieser Märchentage und Thematik der Preisträgerin in diesem Fall wirklich
wunderbar überein. Laß mich hier gleich sagen, welches unter deinen
Sammlungen mein Lieblingsbuch ist und weshalb ich es dem versammelten

Publikum besonders empfehle, nämlich die »Märchen aus der Schwäbischen Romantik«, auch auf ganz passende Weise bei einer der ehrwürdigsten Buchhandlungen Schwabens, nämlich bei Osiander in Tübingen, erschienen. Es handelt sich dabei um eine Sammlung von Kunstmärchen. Daß sie mein liebstes deutsches Märchen, nämlich Hauffs »Das kalte Herz« enthält, versteht sich von selbst. Aber Mörikes Chor der Sieben Nixen habe ich erst durch diese Anthologie kennengelernt: Er beginnt mit der Strophe:

»Manche Nacht im Mondenscheine
Sitzt ein Mann von ernster Schöne,
Sitzt der Magier Drakone
Auf dem Gartenhausbalkone
Mit Prinzessin Liligi;
Lehrt sie allda seine Lehre,
Von der Erde, von dem Himmel,
Von dem Traum der Elemente,
Vom Geschick im Sternenkreise.«

Da dachte ich mir: Nun ist klar, warum Sigrid Früh soviel zu erzählen hat. Sie ist diese Prinzessin Liligi. Darüber mußte Deinen vielen Bewunderern, liebe Sigrid, einmal die Augen geöffnet werden.

Verlassen wir Schwaben, so könnten wir uns mit Sigrid Früh auf eine »Märchenreise durch Deutschland« begeben oder auf eine »Märchenreise durch die vier Jahreszeiten«, so nämlich lauteten die Titel von zwei Bänden in der Märchensammlung bei Fischer Taschenbuch.

Eine besondere Vorliebe Sigrid Frühs gilt dem russischen Märchen. Und in diesem Herbst hat der Königsfurt Verlag in seiner Reihe »Märchenschätze« einen Band »Märchen von Tod und neuem Leben« veröffentlicht.

Eine besondere Erwähnung bedarf Sigrid Frühs Auseinandersetzung mit der Rolle der Frau im Märchen. Ich erwähne hier nur empfehlend die beiden Bände »Schwarze Madonna im Märchen« und der »Kult der drei heiligen Frauen«, beide erschienen in der edition amalia, Bern. Besonders letzteres Buch müßte für die Märchenforscher im Odenwald besonders interessant sein, denn da gibt es ja hier ganz in der Nähe in Mümling-Grumbach den Altar mit den drei Matronen, und wenn man sich in dem Dom zu Speyer umschaut, kann man den drei Göttinnen, nun in christliche Heilige verwandelt, begegnen. Starke Frauen, oder sagen wir besser, woher beziehen Frauen ihre Stärke? Das ist ein Thema, das Sigrid Früh, erzählend und Texte kommentierend, immer wieder beschäftigt hat. Das mag auch mit ihrem individuellen Lebensschicksal zu tun haben, viel mehr aber mit der Tatsache, daß Frauen in unserer Gesellschaft immer noch in vielen Bereichen und vielerlei Hinsicht benachteiligt sind, aber entdeckt haben, daß sie sich wehren und um ihre Gleichberechtigung kämpfen müssen.

Märchen vermitteln dabei – auf sagen wir unintellektuelle Weise – Bestärkung, weil sie ins Poetische übersetzt Traditionen von Gesellschaften bewahrt haben, in denen dem angeblich schwachen Geschlecht große Stärke zugeschrieben wurde. Und es ist wohl auch kein Zufall, daß über Generationen hin Frauen durch ihr mündliches Erzählen Märchen vor dem Untergang bewahrten.

Frauen, ich denke an das Frankreich zur Zeit Perraults, haben orientalische Märchenmotive als Camouflage benutzt, um ihre Beschwerden gegen die Rücksichtslosigkeit, mit der sie von der damaligen Männerwelt behandelt wurden, und ihre eigene Rechtlosigkeit vorzubringen. Diese Frauen hießen Marie-Jeanette L'Héritier (1661–1734), Henriette-Julie Comtesse de Murat (1686–1716) und Comtesse d'Aulnoy. Bei ihnen also wurde das Märchen zu einem geschlechtsspezifischen sozialen Protest.

An ihre Texte knüpften amerikanische und englische Autorinnen gegen Ende des 20. Jahrhunderts an, unter denen in Deutschland vor allem Angela Carter mit ihrer filmischen Umdichtung des Rotkäppchen-Märchens bekannt wurde. In dieser Tradition sehe ich auch die Editionstätigkeit Sigrid Frühs und ihre Märchenkommentierungen. Und – Verleger merkt auf! – es ist ein Desiderat an Sie, sich mit ihren französischen und anglo-amerikanischen Kolleginnen einmal kommentierend auseinanderzusetzen. Dies müßte unbedingt eine Frau tun, und Sigrid Früh wäre die rechte Frau dazu!

Bleibt von der Märchenerzählerin zu reden, was vielleicht das Schwierigste ist. Denn Märchenerzählen steht – so jedenfalls empfinde ich es – dem Musizieren nahe. Und Musik mit Worten zu beschreiben, ist ein ziemlich nutzloses Unterfangen. Aber dennoch: Wie erzählt sie, was macht den Reiz ihres Erzählstils aus? Natürlich ihr Temperament und ihre Warmherzigkeit, ihre Fähigkeit, sich auf jedes Publikum einzustellen. Im letzten Jahr fand sie hier in Reichelsheim bei einer nachmittäglichen Erzählstunde im »Schwanen« statt erwachsenen Zuhörern plötzlich Kinder vor. Kinder verstehen mehr, als Erwachsene meinen, sagt Sigrid Früh. Und ich füge hinzu: Es tut Erwachsenen gut, an ihre Kindheit erinnert zu werden.

Ihre Stimme hat etwas Schmeichelndes, es ist, als ob sie erzählend Butter und Honig auf das Graubrot unseres Alltags striche. Wer wäre da nicht dankbar. Sie hat, und das ist noch etwas anderes, Zugang zu den Herzen der Menschen, ohne Anbiederung, vielleicht aus einer breiten Lebenserfahrung heraus. Und sie kann jenes Stückchen Wunder beschwören, das jedes Märchen enthält und das gesprochen oder gelesen viel deutlicher hervortritt als beim stummen Lesen eines Textes.

Liebe Sigrid, Deine Verdienste um das Märchen, als Editorin und als Erzählerin, sind so zahlreich, daß Du es mir nachsehen mußt, wenn ich vieles nicht erwähnt habe. Aber eines ist für mich sicher – und Du wirst es selbst spüren bei jedem Erzählen, zu dem es ja auch bei diesen Märchentagen einige Gelegenheiten gibt: Du besitzt die seltene Kunst, für eine Stunde oder zwei, Menschen glücklich zu machen, sie in ihre Kindheit zurückzuversetzen, für sie Wunder wieder glaubhaft zu machen, ihre Anteilnahme am – wie es im Märchen so geht – manchmal schwierigen Schicksal anderer zu erwecken. Deshalb bist Du nicht nur unter Kolleginnen und Kollegen beliebt, sondern wirst von Deinem Publikum geliebt. Der Preis, den Du heute erhältst, ist ein konsequenter Ausdruck jenes Gefühls, das Hörer und Leser empfinden, wenn dein Name fällt. Es ist gut, daß es Dich gibt – und dies von einem Menschen sagen zu können, ist eine ganze Menge. Ich wünsche uns noch viele Erzählstunden von Dir und viele Kongresse der Europäischen Märchengesellschaft, die Du »programmierst« und leitest!

Laß mich der Preisgabe der Reichelsheimer einen kleinen Sonderpreis des Ehepaars Kirsch hinzufügen: ein russisches Märchenbuch, das uns gefiel, als wir kürzlich durch Sankt Petersburg streiften. Und im übrigen – wie die irischen Märchenerzähler einen Erzählabend beenden: God Bless und joy be with thee. Gesundheit und langes Leben und Freude seien mit dir!

QUELLENVERZEICHNIS

MÄRCHEN
MEINER KINDHEITSTAGE

Jungfrau Maleen
Brüder Grimm: Kinder- und Hausmärchen, Ausgabe letzter Hand,
Göttingen 1857.

Die Kristallkugel
Brüder Grimm: Kinder- und Hausmärchen, Ausgabe letzter Hand,
Göttingen 1857.

Das Märchen vom Ritter Blaubart
Ludwig Bechstein: Deutsches Märchenbuch, Leipzig 1857.

Der goldne Rehbock
Ludwig Bechstein: Deutsches Märchenbuch, Leipzig 1857.

Joringel und Jorinde
Johann Heinrich Jung-Stilling: Heinrich Stillings Jugend, Berlin,
Leipzig 1777.

Rattenkönig Birlibi
Ernst Moritz Arndt: Märchen und Jugenderinnerungen, Berlin 1843.

Der Grabhügel
Brüder Grimm: Kinder- und Hausmärchen, Ausgabe letzter Hand,
Göttingen 1857.

Die schöne junge Braut
Ludwig Bechstein: Deutsches Märchenbuch, Leipzig 1857.

Das Lumpengesindel
Brüder Grimm: Kinder- und Hausmärchen, Ausgabe letzter Hand,
Göttingen 1857.

Die Tiere auf dem Margrethimarkt
Josef Haltrich: Deutsche Volksmärchen aus dem Sachsenlande in
Siebenbürgen, Wien 1882.

Prinzessin Mäusehaut
Brüder Grimm: Urfassung nach der Originalhandschrift der Abtei
Ölenberg im Elsaß, Heidelberg 1927.

Das Nußzweiglein
Ludwig Bechstein: Deutsches Märchenbuch, Leipzig 1857.

MÄRCHEN,
DIE MEIN LEBEN PRÄGTEN

Der Ritt auf den Glasberg
Nach mündlicher Erzählung eines Mecklenburgers, der dieses Märchen in
seiner Jugend oft gehört hat; 1979 aufgezeichnet von Sigrid Früh.

Die Mausbraut
Nach mündlicher Erzählung einer Finnin, die dieses Märchen anläßlich
eines Kalevala-Abends vortrug; 1986 aufgezeichnet von Sigrid Früh.

Die Mohrenkönigin vom grünen Land
Walter Keller: Tessiner Märchen, Frauenfeld o. J.

Die Tochter des Erbsenkönigs
Ulysse Hinglais: Contes populaires du pays de Bitche, Paris 1867.
Aus dem Französischen übersetzt von Marlies Hörger.

Die Schwanenprinzessin
Nach mündlicher Erzählung eines polnischen Benediktiners während
eines Kongresses der Europäischen Märchengesellschaft in Straßburg;
1978 aufgezeichnet von Sigrid Früh.

Die Waldfrau
Joseph Wenzig: Westslawischer Märchenschatz, Leipzig 1857.

Das Eselein
Brüder Grimm: Kinder- und Hausmärchen, Ausgabe letzter Hand, Göttingen 1857.

Das Rosenmädchen
Josef Haltrich: Deutsche Volksmärchen aus dem Sachsenlande in Siebenbürgen, Wien 1882.

Der Schäferssohn und die zauberische Königstochter
Johann Wilhelm Wolf: Deutsche Hausmärchen, Göttingen und Leipzig 1851.

Der Teufel und der Goldhahn
Originaltitel: »Tischlein deck dich, Goldhahn und Knüppel aus dem Sack«; aus: Ludwig Strackerjan: Aberglaube und Sagen aus dem Herzogthum Oldenburg, Oldenburg 1909.

Die Geschichte vom armen Stanschu
Arthur und Albert Schott: Märchen aus der Walachei, Stuttgart 1842.

Tam Lin
J. F. Campbell: Popular Tales of the West Highlands, Edinburgh 1860–1862. Aus dem Englischen übersetzt von Marlies Hörger.

Wie die Geige auf die Welt kam
Nach mündlicher Erzählung eines jungen Sinti; 1983 aufgezeichnet von Sigrid Früh.

Wie Dummhans für ein Gerstenkorn ein Königreich bekam
Ulrich Jahn: Volksmärchen aus Pommern und Rügen, Norden und Leipzig 1891.

Peter und Lene
Karl Müllenhoff: Sagen und Märchen der Herzogtümer Schleswig, Holstein und Lauenburg, Schleswig 1921.

Der hoffärtige Rehbock
Angelika Merkelbach-Pinck: Volkserzählungen aus Lothringen, Münster 1967. Mit freundlicher Genehmigung der Europäischen Märchengesellschaft, Rheine. Aus dem Dialekt ins Schriftdeutsche übertragen von Sigrid Früh.

Der Kater und das Lamm

Aufgezeichnet in Agos, in der Gegend von Argelés (Hochpyrenäen) aus »Mélusine«, 1892. Aus dem Französischen übersetzt von Marlies Hörger.

Weiberlist

Enno Littmann: Arabische Beduinenerzählungen, Straßburg 1908.

Der Trunkenbold im Himmel

Nach mündlicher Erzählung eines alten Exilrussen in einer Gaststätte in Schlitz; 1980 aufgezeichnet von Sigrid Früh.

Die Schwanenkinder des Lir

Nach mündlicher Erzählung eines irischen Studenten; 1979 aufgezeichnet von Sigrid Früh.

Der Krug der alten Frau

Max Jasinski: Contes de la vieille France, Paris 1911. Aus dem Französischen übersetzt von Marlies Hörger.

Hansel und die drei Schwanenfrauen

Nach mündlicher Erzählung eines alten Bauern aus der Nähe von Lützelburg in Lothringen; 1975 aufgezeichnet von Sigrid Früh.

Märchen
von Freunden

Der Herr Per

P. Chr. Asbjörnsen/J. Moe: Samlede Eventyr, Oslo 1995.
Übersetzt und bearbeitet von Heinrich Dickerhoff.

Die spukenden Füchse im Moor

Leo Frobenius: Die reifere Menschheit. Bilder des Lebens, Treibens und Denkens der Halbkulturvölker, Hannover 1902.
Ausgewählt von Wolfgang Schultze.

Der König von Papierland und von Kummerland
Heinrich Pröhle: Kinder - und Volksmärchen. Georg Olms Verlag Hildesheim, New York, 1975. Nachdruck der Ausgabe Leipzig 1853, S. 144–148.
Ausgewählt und bearbeitet von Hannelore Marzi.

Wie die Milchstraße an den Himmel kam
Nach mündlicher Erzählung einer Aussiedlerin aus dem Baltikum.
Nacherzählt und bearbeitet von Ulrike Krawczyk.

Kari Holzrock
Klara Stroebe/Reidar Th. Christiansen (Hrsg.): Norwegische Volksmärchen. Die Märchen der Weltliteratur, Diederichs, Düsseldorf 1967.
Ausgewählt von Slivia Studer-Frangi.